CONTEÚDO DIGITAL PARA ALUNOS

Cadastre-se e transforme seus estudos em uma experiência única de aprendizado:

1 Escaneie o QR Code para acessar a página de cadastro.

2 Complete-a com seus dados pessoais e as informações de sua escola.

3 Adicione ao cadastro o código do aluno, que garante a exclusividade de acesso.

2065596A2888815

Agora, acesse:
www.editoradobrasil.com.br/leb
e aprenda de forma inovadora e diferente! :D

Lembre-se de que esse código, pessoal e intransferível, é válido por um ano. Guarde-o com cuidado, pois é a única maneira de você utilizar os conteúdos da plataforma.

Editora do Brasil

CLÁUDIA MAGALHÃES
- Bacharel e licenciada em Ciências Sociais
- Professora da rede particular de ensino

MARCOS GONÇALVES
- Licenciado em Geografia e em Filosofia
- Pós-graduado em Metodologia Inovadora na Ação Docente
- Professor das redes municipal e particular de ensino

RAFAEL TANGERINA
- Bacharel e licenciado em Geografia
- Pós-graduado como analista ambiental
- Mestre em Geografia
- Professor da rede particular de ensino
- Coordenador educacional no Parque da Ciência da Secretaria de Educação do Estado do Paraná

ROSENI RUDEK
- Licenciada em Geografia
- Professora da rede particular de ensino

APOEMA
GEOGRAFIA
7

1ª edição
São Paulo, 2018

Dados Internacionais de Catalogação na Publicação (CIP)
(Câmara Brasileira do Livro, SP, Brasil)

Apoema : geografia 7 / Cláudia Magalhães....
[et al.]. – 1. ed. – São Paulo: Editora do Brasil, 2018. – (Coleção apoema)

Outros autores: Marcos Gonçalves, Rafael Tangerina, Roseni Rudek.
ISBN 978-85-10-06914-4 (aluno)
ISBN 978-85-10-06915-1 (professor)

1. Geografia (Ensino fundamental) I. Magalhães, Cláudia. II. Gonçalves, Marcos. III. Tangerina, Rafael. IV. Rudek, Roseni. V. Série.

18-19936   CDD-372.891

Índices para catálogo sistemático:
1. Geografia: Ensino fundamental 372.891
Maria Alice Ferreira – Bibliotecária – CRB-8/7964

© Editora do Brasil S.A., 2018
Todos os direitos reservados

Direção-geral: Vicente Tortamano Avanso

Direção editorial: Felipe Ramos Poletti
Gerência editorial: Erika Caldin
Supervisão de arte e editoração: Cida Alves
Supervisão de revisão: Dora Helena Feres
Supervisão de iconografia: Léo Burgos
Supervisão de digital: Ethel Shuña Queiroz
Supervisão de controle de processos editoriais: Marta Dias Portero
Supervisão de direitos autorais: Marilisa Bertolone Mendes

Supervisão editorial: Júlio Fonseca
Consultoria Técnica: Ana Paula Ribeiro
Edição: Guilherme Fioravante e Nathalia C. Folli Simões
Assistência editorial: André dos Santos Martins e Patrícia Harumi
Auxílio editorial: Marina Lacerda D'Umbra
Apoio editorial: Patricia Quero
Coordenação de revisão: Otacilio Palareti
Copidesque: Gisélia Costa e Ricardo Liberal
Revisão: Andréia Andrade e Elaine Silva
Pesquisa iconográfica: Elena Molinari e Odete Ernestina Pereira
Assistência de arte: Lívia Danielli
Design gráfico: Patrícia Lino
Capa: Megalo Design
Imagem de capa: Marcos André/Opção Brasil Imagens
Ilustrações: Alex Argozino, Cristiane Viana, Dancake/Shutterstock.com (textura da seção Cartografia em foco), Fabio Nienow, Jane Kelly/Shutterstock.com (ícones das seções), Luca Navarro, Luis Moura, Marcos de Mello, Paula Haydee Radi, Paulo Nilson, Rafael Herrera, Saulo Nunes Marques
Produção cartográfica: DAE (Departamento de Arte e Editoração), Alessandro Passos da Costa, Mario Yoshida, Robson Rosendo, Sonia Vaz
Coordenação de editoração eletrônica: Abdonildo José de Lima Santos
Editoração eletrônica: Select Editoração
Licenciamentos de textos: Cinthya Utiyama, Jennifer Xavier, Paula Harue Tozaki e Renata Garbellini
Controle de processos editoriais: Bruna Alves, Carlos Nunes, Jefferson Galdino, Rafael Machado e Stephanie Paparella

1ª edição / 2ª impressão, 2020
Impresso na Gráfica e Editora Pifferprint Ltda.

Rua Conselheiro Nébias, 887
São Paulo, SP – CEP 01203-001
Fone: +55 11 3226-0211
www.editoradobrasil.com.br

APRESENTAÇÃO

Caro estudante,

Geografia é uma das ciências que nos possibilitam entender melhor o mundo complexo e dinâmico em que vivemos. Por meio de seus conteúdos, podemos relacionar as informações que recebemos às situações que se apresentam em nosso cotidiano, assim percebemos o espaço como um elemento importante de nossa organização social.

Estudar Geografia permite identificar algumas razões pelas quais as nações passam por mudanças históricas, econômicas, territoriais e políticas. Implica estudar o espaço geográfico, ou seja, o espaço organizado pela sociedade, resultado da ação humana sobre a natureza.

A Geografia é um importante caminho para desenvolver a cidadania, fortalecer a ética e incentivar o respeito às diferenças, sejam elas culturais, políticas ou religiosas, combatendo, assim, as desigualdades econômicas e as injustiças sociais.

O trabalho desenvolvido nesta coleção proporciona uma reflexão sobre a realidade e sobre o papel que cada um de nós desempenha na sociedade. Assim, convidamos você a ampliar sua visão de mundo por meio de uma viagem na construção do conhecimento geográfico.

Os autores

SUMÁRIO

Unidade 1 – O território brasileiro 8

Capítulo 1 – Localização e extensão territorial ... 10
O território brasileiro 10
Localização, extensão e limites 11
• Extensão territorial e pontos extremos 13
Cartografia em foco 15
• Território e qualidade de vida 16
Os fusos horários e o território brasileiro 17
• Linha Internacional de Data (LID) 20
Atividades 21

Capítulo 2 – Evolução das fronteiras 22
Formação do território 22
De olho no legado – Salvador e a invasão holandesa 24
Brasil: tratados e limites 26
O Brasil de hoje 27
Viver 28
Atividades 29

Capítulo 3 – Regiões brasileiras 30
Região e regionalização 30
• Diferentes regionalizações do Brasil 30
De olho no legado – Os quatro Brasis 33
• Regiões naturais: os domínios morfoclimáticos 34
Atividades 35

Capítulo 4 – Territórios e grupos sociais 37
Povos e comunidades tradicionais 37
Terras Indígenas 39
Terras Quilombolas 41
Atividades 43
Retomar 44
Visualização 46

Unidade 2 – Aspectos naturais do território brasileiro 48

Capítulo 5 – Relevo 50
Estrutura geológica do Brasil 50
Cartografia em foco 53
Altitudes e formas de relevo no Brasil 54
• Altitudes 54
• Formas de relevo no Brasil 55
Relevo e ação humana 58
Atividades 59

Capítulo 6 – Hidrografia 60
As águas do Brasil 60
Os rios brasileiros 62
• Uso e qualidade das águas dos rios 62
• Regiões hidrográficas do Brasil 64
   Bacia Amazônica 65
   Bacia do Tocantins-Araguaia 66
   Bacia do Parnaíba 66
   Bacia do São Francisco 67
Viver 68
   Bacia Platina 69
Caleidoscópio – São Francisco, o rio-mar 70
As águas subterrâneas 72
Atividades 73

Capítulo 7 – Clima e formações vegetais 74
Diversidade natural 74
Tipos de clima 76
• Clima e coberturas vegetais brasileiras 77
• Climograma 80
De olho no legado 81
Cartografia em foco 82
Atividades 83
Retomar 84
Visualização 86

Unidade 3 – População brasileira 88

Capítulo 8 – Origem do povo brasileiro 90
Uma formação mestiça 90
• Grupos originários 90
De olho no legado 92
Os imigrantes 93
Pontos de vista 95
Atividades 96

Capítulo 9 – Distribuição e dinâmica da população 97
População e sua distribuição pelo território 97
Crescimento populacional 99
Estrutura etária e ocupacional 101
Viver – Terceira idade no Brasil
ainda tem desafios 103
Migrações internas 104
Atividades 105

Capítulo 10 – Indicadores socioeconômicos 106
Desigualdade social
e distribuição de renda 106
Mortalidade infantil e analfabetismo 108
Viver – Conheça alguns direitos
da mulher grávida 109
Índice de Desenvolvimento Humano (IDH) 110
Atividades 112
Retomar **114**
Visualização **116**

Unidade 4 – Brasil: rural e urbano 118

Capítulo 11 – Espaço agropecuário 120
Paisagens e contrastes do espaço rural 120
Agronegócio e modernização agrícola 123
Criação de animais 124
Cartografia em foco 126
Atividades 127

Capítulo 12 – Industrialização 128
Atividades industriais 128
Histórico da industrialização brasileira 130
Atividades 132

Capítulo 13 – Espaço urbano 133
Paisagens urbanas no Brasil 133
Origem das cidades e urbanização 134
Cartografia em foco 136
Rede urbana brasileira 137
Atividades 139

Capítulo 14 – Desigualdades no campo e na cidade 140
Crescimento econômico e desigualdade 140
A questão agrária 141
Questões urbanas 142
Pontos de vista 144
De olho no legado – O descaso com
a habitação popular e os problemas
sociais e ambientais 146
Viver 146
Atividades 147
Retomar **148**
Visualização **150**

Unidade 5 – Brasil: infraestrutura 152

Capítulo 15 – Matriz energética 154
Energia e sociedade 154
Diferentes fontes e usos de energia 155
- Fontes de energia não renováveis no Brasil ... 157
  - Petróleo 157
  - Carvão mineral 158
  - Gás natural 158
  - Energia nuclear 159
- Fontes não renováveis
  e impactos socioambientais 160
Atividades 161

Capítulo 16 – Energia e sustentabilidade 162
Fornecimento sustentável de energia 162
- Fontes de energia renováveis no Brasil 163
  - Energia hidráulica 163
  - Energia solar 164
  - Energia eólica 164
  - Energia da biomassa e os biocombustíveis 165
Atividades 166

Capítulo 17 – Redes de transporte
e de comunicação 167
Transportes no Brasil 167
- Transporte rodoviário 169
- Transporte ferroviário 170
- Transporte hidroviário 172
- Transporte aéreo 174
Comunicação 175
Viver 177
Atividades 178
Retomar 180
Visualização 182

Unidade 6 – Centro-Sul 184

Capítulo 18 – Localização, ocupação
e povoamento 186
Centro-Sul: localização 186
A história da ocupação
e do povoamento do Centro-Sul 187
Cartografia em foco 189
- Construção de Brasília 190
Atividades 191

Capítulo 19 – Indústria e urbanização 192
Centro-Sul: história da industrialização 192
Dinamismo industrial 194
Cartografia em foco 196
Urbanização e expansão
das cidades no Centro-Sul 197
Viver 200
Atividades 201

Capítulo 20 – Espaço da produção
agropecuária 202
Desenvolvimento agropecuário 202
Agricultura 203
Pecuária 205
Atividades 207
Retomar 208
Visualização 210

Unidade 7 – Nordeste ... 212

Capítulo 21 – Localização, ocupação e povoamento ... 214
Nordeste: localização ... 214
A história da ocupação e do povoamento do Nordeste ... 215
Fluxos migratórios e concentração populacional ... 218
De olho no legado – O rio São Francisco e seus caminhos ... 219
Atividades ... 221

Capítulo 22 – Regiões Nordestinas ... 223
Regionalização ... 223
Zona da Mata ... 224
Cartografia em foco ... 225
Agreste ... 226
Viver – Feira de Mangaio ... 227
Sertão ... 228
Meio-Norte ... 229
Atividades ... 230

Capítulo 23 – Espaço da produção ... 231
Economia e concentração de riqueza ... 231
Agropecuária ... 232
Indústria e extrativismo mineral ... 234
Extrativismo vegetal ... 235
Viver ... 235
Atividades ... 236

Capítulo 24 – A seca e os projetos hídricos ... 237
A questão da seca ... 237
Viver ... 240
Atividades ... 242
Retomar ... **244**
Visualização ... **246**

Unidade 8 – Amazônia ... 248

Capítulo 25 – Localização, ocupação e povoamento ... 250
Amazônia: localização e reconhecimento ... 250
Povoamento indígena ... 252
Viver ... 254
A ocupação europeia ... 256
Atividades ... 258

Capítulo 26 – Natureza, biodiversidade e exploração de recursos ... 259
Floresta Amazônica ... 259
As águas ... 263
De olho no legado ... 265
Viver ... 266
Atividades ... 267

Capítulo 27 – Atividades econômicas ... 268
Extrativismo vegetal e mineral ... 268
Cartografia em foco ... 270
A pesca e o potencial hidráulico ... 271
• Extrativismo animal ... 271
• Hidrelétricas ... 271
Agropecuária ... 272
Indústria e urbanização ... 273
Atividades ... 275

Capítulo 28 – Degradação, conservação e sustentabilidade ... 276
A questão ambiental ... 276
Projetos de sustentabilidade ... 278
Atividades ... 279
Caleidoscópio – Habitantes da floresta ... 280
Retomar ... **282**
Visualização ... **284**
Referências ... **286**

UNIDADE 1

> **Antever**

1 Há uma imensa variedade de paisagens em nosso país e grande diversidade cultural. Como isso fica evidente no conjunto de imagens?

2 Qual é a percepção que os estrangeiros têm do Brasil? Pesquise em diferentes meios de comunicação como é a imagem de nosso país no exterior.

3 E você, o que sabe sobre nosso povo e território?

Muitas vezes, as pessoas constroem uma imagem do Brasil que, não raramente, é influenciada por estereótipos e generalizações bastante superficiais. Com sua grande dimensão territorial, o Brasil é constituído de ampla variedade de paisagens e de um povo com características culturais diversas, que produz e organiza o espaço geográfico por meio de complexas e múltiplas relações estabelecidas entre seus membros e a própria natureza.

O Brasil é formado por uma ampla variedade de paisagens e culturas. Vista aérea da Floresta Amazônica. Parauapebas (PA), 2017. Percussionistas tocam em frente aos edifícios coloniais do Pelourinho. Salvador (BA), 2018. Ponte estaiada Octavio Frias de Oliveira, na Marginal Pinheiros. São Paulo (SP), 2018.

O território brasileiro

CAPÍTULO 1
Localização e extensão territorial

O território brasileiro

Você sabe o que é um território? Chamamos de **território** o espaço delimitado cuja posse pertence a uma pessoa ou coletividade. Também existem territórios de organizações, de instituições e de países. Neste primeiro capítulo, você vai compreender as relações entre o espaço geográfico e o poder exercido pelo **Estado Nacional**, entendido aqui como território no qual a sociedade está politicamente organizada, com leis e governos próprios, cuja soberania é reconhecida internacionalmente.

No entanto, para melhor compreender o que é um território, é preciso diferenciar limite, divisa e fronteira. **Limite** é uma linha imaginária que separa dois territórios e, portanto, é a delimitação de uma área construída por acordos e tratados. **Divisa** é a parte visível do limite: um rio, um marco construído, uma montanha etc. Já a **fronteira** corresponde à área ou faixa de terra que se estende ao longo do limite entre territórios vizinhos, sendo marcada por intenso intercâmbio econômico e cultural.

A linha amarela na imagem de satélite (à esquerda) mostra os limites territoriais entre Brasil, Paraguai e Argentina, 2018.

Encontro do Rio Iguaçu com o Rio Paraná sinaliza a divisa entre os três países. Foz do Iguaçu (PR), 2015.

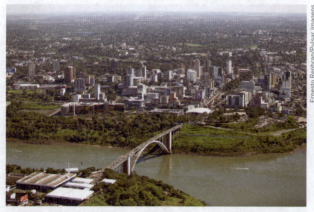

No primeiro plano da imagem: paisagem da Ciudad del Este, no Paraguai; no segundo plano: paisagem da cidade de Foz do Iguaçu, no Brasil. Ciudad del Este, Paraguai, 2015.

Ponte da Amizade, sobre o Rio Paraná, que liga o Brasil e o Paraguai. Foz do Iguaçu (PR), 2017.

Podemos dizer que o termo **limite** está relacionado com um traçado preciso, linear, evidentemente definido no terreno. A expressão **fronteira**, por sua vez, possui maior abrangência e refere-se a uma faixa. No Brasil, a faixa de fronteira definida pela Constituição de 1988 apresenta largura de 150 km e 16 886 km de extensão, envolvendo vários municípios de nosso país.

Fonte: Lygia Terra, Regina Araújo, Raul Borges Guimarães. *Conexões: estudos de Geografia Geral e do Brasil.* São Paulo: Moderna, 2009. p. 89.

Localização, extensão e limites

Provavelmente, ao utilizar um globo terrestre ou mapa-múndi, você teve curiosidade de procurar alguns países dos quais ouviu falar ou gostaria de conhecer. Mas você saberia localizar com facilidade o país onde mora? Observe o planisfério a seguir. Ele apresenta a localização dos seis continentes terrestres, ou seja, as grandes porções de terras emersas, e destaca o território do Brasil.

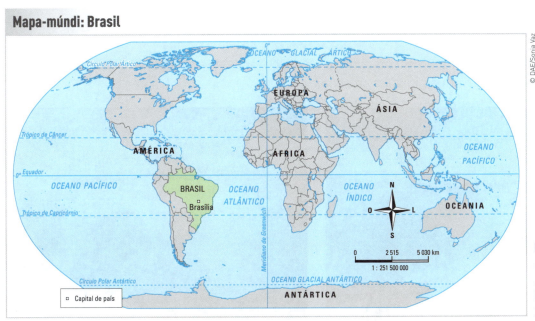

Fonte: *Atlas geográfico escolar: Ensino Fundamental do 6º ao 9º ano.* Rio de Janeiro: IBGE, 2010. p. 79.

zoom
1. Em que continente o Brasil se localiza?
2. Que porção ele ocupa nesse continente?
3. Qual é a posição geográfica do Brasil no mundo?

Como você pôde verificar observando o planisfério, o território brasileiro localiza-se no continente americano e ocupa a porção centro-oriental da **América do Sul**. O Brasil situa-se a oeste do Meridiano de Greenwich e, portanto, totalmente no Hemisfério Oeste ou Ocidental. Ao norte, o país é atravessado pela Linha do Equador. Desse modo, 93% de seu território se concentra no Hemisfério Sul.

Com grande dimensão territorial, o Brasil faz parte de três hemisférios – o Norte, o Sul e o Ocidental – e é atravessado ao sul pelo Trópico de Capricórnio. Então a maior parte de seu território localiza-se na **zona tropical do planeta** e o restante dele, na **zona temperada sul**.

Observe o mapa a seguir.

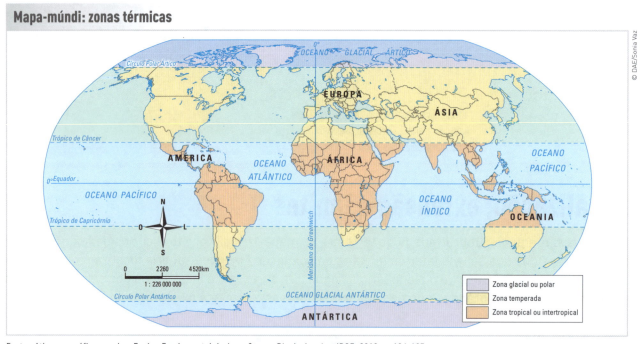

Fonte: *Atlas geográfico escolar: Ensino Fundamental do 6º ao 9º ano*. Rio de Janeiro: IBGE, 2010. p. 104-105.

A localização do território brasileiro confere ao país grande diversidade de paisagens naturais, conforme podemos observar nas imagens a seguir.

Coqueiral na Praia do Gunga. Barra de São Miguel (AL), 2017.

Geada na Serra Gaúcha. Bento Gonçalves (RS), 2016.

Extensão territorial e pontos extremos

Ao localizar o Brasil no planisfério, você deve ter percebido a grandeza de sua extensão territorial. Ele é o único país atravessado tanto pela Linha do Equador como pelo Trópico de Capricórnio.

Nosso país está entre os maiores do mundo em extensão territorial, com uma área de 8 515 767 km². Para você ter ideia dessa dimensão, dentro do território brasileiro caberiam pelo menos 15 territórios iguais ao da França.

Ele é o quinto país mais extenso do mundo, menor apenas do que Rússia, Canadá, Estados Unidos e China. Observe no mapa a seguir os cinco maiores territórios do mundo.

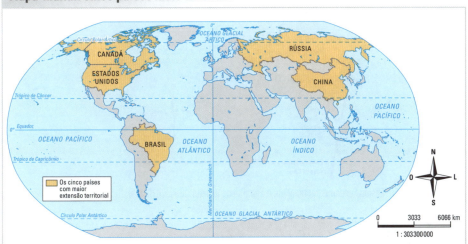

Mapa-múndi: cinco países mais extensos

Rússia	17 098 240 km²
Canadá	9 984 670 km²
EUA	9 831 510 km²
China	9 600 001 km²
Brasil	8 515 759 km²

Fonte: *Atlas geográfico escolar*. 7. ed. Rio de Janeiro: IBGE, 2016. p. 34.

Agora observe um mapa ilustrativo que compara a extensão territorial brasileira com a de outros países sul-americanos.

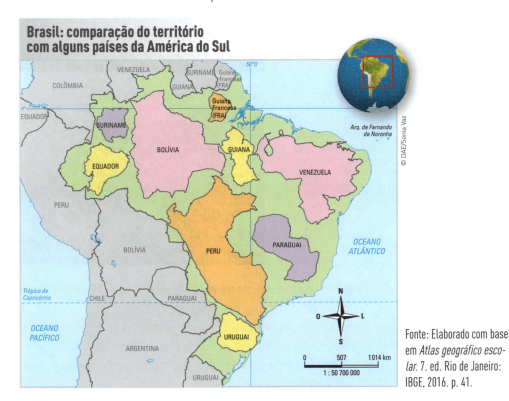

Brasil: comparação do território com alguns países da América do Sul

Fonte: Elaborado com base em *Atlas geográfico escolar*. 7. ed. Rio de Janeiro: IBGE, 2016. p. 41.

Ampliar

Mapa compara o tamanho dos estados brasileiros à extensão de outros países

https://revistagalileu.globo.com/Sociedade/Urbanidade/noticia/2016/04/mapa-compara-o-tamanho-dos-estados-brasileiros-extensao-de-outros-paises.html

Confira no *site* o mapa do Brasil que compara o tamanho dos estados brasileiros com o de alguns países do mundo.

Mapa comparativo entre países

www.indexmundi.com/map/?v=5&l=pt

Mapa interativo sobre dimensões territoriais de países.

A grande extensão territorial brasileira pode ser percebida também ao analisarmos a distância que separa os pontos extremos do país, isto é, os locais mais afastados ao norte, ao sul, a leste e a oeste. Observe o mapa e as imagens a seguir.

Fonte: *Atlas geográfico escolar*: Ensino Fundamental do 6º ao 9º ano. Rio de Janeiro: IBGE, 2010. p. 8.

Cachoeira de Aron-
-Garen, no Rio Ailã. A nascente desse rio é o ponto mais extremo ao norte do Brasil. Uiramutã (RR), 2014.

Barra do Arroio Chuí, ponto mais extremo ao sul do Brasil. Chuí (RS), 2017.

Nascente do Rio Moa, no Parque Nacional da Serra do Divisor, ponto mais extremo ao oeste do Brasil. Cruzeiro do Sul (AC), 2017.

Praia da Ponta do Seixas, o ponto mais extremo (em áreas continentais) ao leste do Brasil. João Pessoa (PB), 2016.

Entretanto, quais são as implicações em ser um país de grande extensão territorial? Que vantagens isso traz para nós, brasileiros? Podemos citar pelo menos dois aspectos nesse sentido: maior área disponível para o desenvolvimento de atividades econômicas e maior quantidade e diversidade de recursos naturais. Por outro lado, uma grande extensão territorial implica a existência de uma ampla fronteira – o que dificulta a fiscalização e o controle da circulação de produtos e pessoas – bem como enormes distâncias entre as áreas de produção e consumo.

Cartografia em foco

Observe a localização do Brasil no mapa político da América do Sul.

Fonte: *Atlas geográfico escolar*. 7. ed. Rio de Janeiro: IBGE, 2016. p. 41.

1. De acordo com as direções cardeais e colaterais, identifique e escreva o nome dos países que têm limite com o Brasil ao norte, noroeste, oeste, sudoeste e sul.
2. Quais países sul-americanos não têm limite com o Brasil?
3. Em quais direções o território brasileiro é banhado pelo Oceano Atlântico?
4. Por que podemos dizer que o Brasil é um país de dimensões continentais?
5. Identifique os pontos extremos do Brasil e escreva o nome dos estados onde eles se localizam.

Território e qualidade de vida

Como estudamos anteriormente, o extenso território brasileiro apresenta grande variedade de paisagens e recursos naturais. Essa diversidade é favorável ao país, pois a sociedade constrói o espaço em que vive e obtém os recursos necessários para sua sobrevivência por meio das relações que os seres humanos estabelecem entre si e com a natureza.

Contudo, a grande extensão territorial não gera desenvolvimento econômico nem qualidade de vida por si só, ela apenas aumenta as possibilidades. Para que um país se desenvolva economicamente, inúmeros outros fatores são determinantes. Há países com pequena extensão territorial que, se comparados a outros que ocupam espaços maiores, oferecem melhor qualidade de vida à população.

O Brasil, com seu extenso território, apresenta condições naturais favoráveis para se desenvolver social e economicamente. No entanto, a concretização desse potencial depende, principalmente, das relações que os seres humanos estabelecem entre si e com o espaço que ocupam. Portanto, posição geográfica e território extenso não significam necessariamente desenvolvimento socioeconômico, nem garantem boa qualidade de vida.

Leia o trecho da notícia que traz informações sobre a desigualdade de renda no Brasil, segundo pesquisa do Instituto Brasileiro de Geografia e Estatística (IBGE).

[...] em 2017, a massa de rendimento domiciliar *per capita* do país foi de 263,1 bilhões. [...] Se todas as pessoas que têm algum tipo de rendimento no Brasil recebessem o mesmo valor mensal, ele seria de R$ 2.112, mas não é isso que acontece. A metade dos trabalhadores com menores rendimentos recebe, em média, R$ 754, enquanto o 1% com os maiores rendimentos ganha, em média, R$ 27.213, ou seja, 36,1 vezes mais.

Outra forma de observar a distribuição de rendimento no Brasil é através da renda domiciliar *per capita*, que é calculada da seguinte forma: soma-se todos os rendimentos de um domicílio e divide-se pelo número de moradores.

Em 2017, o rendimento médio domiciliar *per capita* foi de R$ 1.271. Mas, da massa de R$ 263,1 bilhões gerados, os 20% da população com os maiores rendimentos ficaram com uma parte superior à dos 80% com os menores rendimentos. [...]

10% da população concentram quase metade da renda do país. *Agência IBGE Notícias*, 11 abr. 2018. Disponível em: <https://agenciadenoticias.ibge.gov.br/agencia-noticias/2012-agencia-de-noticias/noticias/20844-10-da-populacao-concentram-quase-metade-da-renda-do-pais>. Acesso em: jul. 2018.

1. Seguindo as orientações do professor, junte-se aos colegas e organizem-se em pequenos grupos. O objetivo é elaborar painéis informativos com base nas informações apresentadas no trecho da notícia, com o seguinte tema: "Brasil – um país de contrastes". Para isso, cada grupo deverá pesquisar – em revistas, jornais ou na internet – imagens, gráficos, tabelas, mapas, charges, entre outros gêneros textuais que apresentem aspectos sociais satisfatórios e não satisfatórios do Brasil. Cada figura deve ser acompanhada de legenda explicativa.

Os fusos horários e o território brasileiro

Você já observou que os países apresentam diferentes horários? A tira a seguir exemplifica essa questão.

Em nosso país também podemos verificar diferenças de horários.

A grande extensão longitudinal do Brasil, ou seja, a extensão no sentido leste-oeste, determina um fato muito significativo: nem todas as localidades do território brasileiro apresentam a mesma hora. Por exemplo, no ponto extremo leste, Ponta do Seixas (PB), o Sol aparece no horizonte mais de três horas antes de surgir no ponto extremo oeste, nascente do Rio Moa, na Serra da Contamana (AC).

Por que isso acontece?

Como você já sabe, a forma da Terra se assemelha a uma esfera achatada nos polos. Um dos principais movimentos que a Terra executa é o de rotação, ou seja, o giro em torno de si mesma, de oeste para leste, como um pião. Esse movimento tem a duração aproximada de 24 horas (ou um dia) e é responsável pelos diferentes fusos horários do Brasil e do mundo.

Portanto, para fazer o movimento de rotação, isto é, para girar 360°, a Terra leva 24 horas. Assim, o planeta pode ser dividido em 24 partes ou fusos, cada um dos quais corresponde a uma hora e tem largura equivalente a 15° de longitude.

Observe a figura a seguir.

Terra: fusos horários

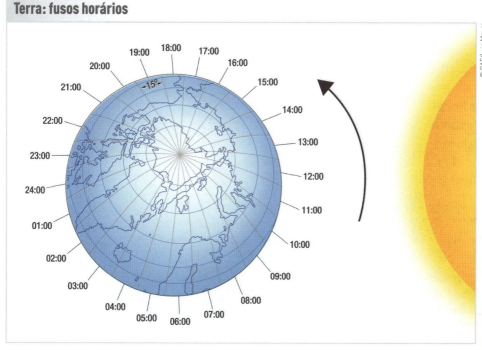

A Terra tem 24 fusos horários, e cada um deles corresponde a 15 graus de longitude.

Fonte: *Atlas geográfico escolar.* 7. ed. Rio de Janeiro: IBGE, 2016. p. 33-35.

Agora observe no mapa a seguir como os fusos horários ficam distribuídos no planisfério.

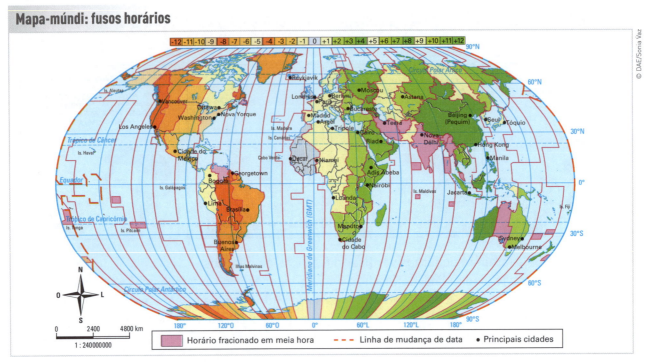

Fonte: *Atlas geográfico escolar*. 7. ed. Rio de Janeiro: IBGE, 2016. p. 35.

O Meridiano de Greenwich (0°) é o marco inicial. Tendo Greenwich como referência, as localidades a leste apresentam horas adiantadas, e as localidades a oeste registram horas atrasadas em relação a ele.

As linhas meridianas que separam os fusos horários da Terra não correspondem aos limites territoriais dos países. Por isso, como você pode observar no mapa, na prática os países fazem as adaptações de acordo com seu território para que os limites dos fusos horários coincidam com os limites dos estados ou do país.

Em relação ao Brasil, devido à grande extensão longitudinal (de oeste a leste), existem no território **quatro fusos horários**: três na área continental e um na área das ilhas oceânicas, todos eles atrasados em relação ao horário do Meridiano de Greenwich.

Observe o mapa ao lado e as fotografias da página seguinte.

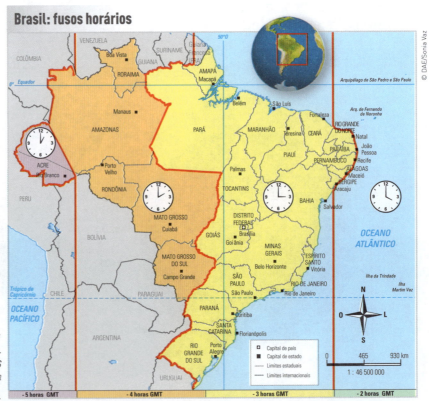

Fontes: Observatório Nacional. *Hora legal brasileira*. Disponível em: <http://pcdsh01.on.br/FusoBR_HVCorrente.htm>. Acesso em: jul. 2018; *Atlas geográfico escolar: Ensino Fundamental do 6º ao 9º ano*. Rio de Janeiro: IBGE, 2010. p. 8.

Passarela Joaquim Macedo sobre o Rio Acre, às 15h30 do dia 20/9/2018, em Rio Branco (AC).

Fim de tarde, às 17h30 do dia 20/9/2018, em João Pessoa (PB).

ZOOM

1. Por que há essa diferença de horário entre duas localidades fotografadas simultaneamente?
2. Com base no mapa de fusos horários brasileiros, qual é a diferença de horas entre uma localidade e outra?
3. Em que fuso horário brasileiro se localizam, respectivamente, as duas localidades?

Muitos países adotam o **horário de verão**, inclusive o Brasil, para economizar energia elétrica nos horários de pico. Para isso, nos meses em que há maior luminosidade diária, os relógios são adiantados uma hora em relação ao horário legal do país. No Brasil, isso ocorre de outubro a fevereiro. Devido à localização de boa parte dos estados brasileiros na zona térmica tropical, onde essa variação de luminosidade diária é muito pequena ao longo do ano, o horário de verão é adotado apenas em alguns deles. Veja no mapa abaixo.

Ampliar

Acerte o seu relógio

www.apolo11.com/tictoc/fuso_horario.php

Site que apresenta horários do Brasil em tempo real.

Fonte: Rodolfo F. Alves Pena. Horário de Verão. *Brasil Escola*. Disponível em: <https://brasilescola.uol.com.br/geografia/horario-verao.htm>. Acesso em: jul. 2018.

Linha Internacional de Data (LID)

A linha vertical imaginária que corresponde à longitude 180° (exatamente oposta ao Meridiano de Greenwich) foi denominada **Linha Internacional de Data**, durante a Conferência Internacional do Meridiano de 1884, realizada em Washington, Estados Unidos. Essa linha, também conhecida como antimeridiano, serve de referência para o término e início de um novo dia. Assim, trata-se de uma linha imaginária na superfície terrestre que implica a mudança obrigatória de data ao ser atravessada.

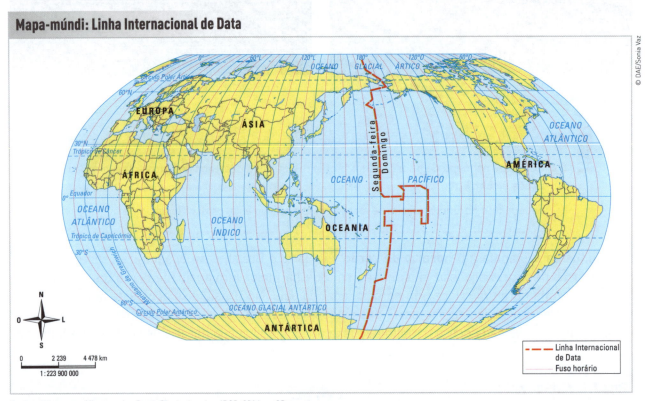

Fonte: *Atlas geográfico escolar*. 7. ed. Rio de Janeiro: IBGE, 2016. p. 35.

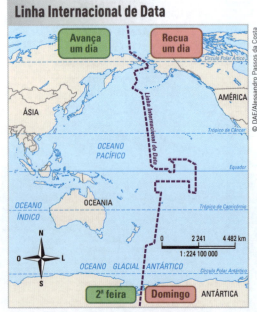

Fonte: *Atlas geográfico escolar*. 7. ed. Rio de Janeiro: IBGE, 2016. p. 35.

A LID está localizada no Oceano Pacífico e seu traçado foi feito de forma irregular para não atravessar nenhuma ilha (mapa acima). Ao cruzá-la de leste para oeste, recuamos um dia no calendário; já no sentido contrário, ou seja, de oeste para leste, avançamos um dia (mapa à esquerda).

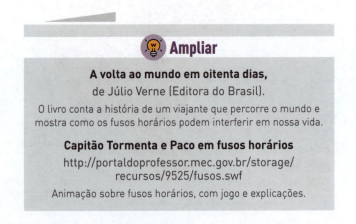

Ampliar

A volta ao mundo em oitenta dias, de Júlio Verne (Editora do Brasil).

O livro conta a história de um viajante que percorre o mundo e mostra como os fusos horários podem interferir em nossa vida.

Capitão Tormenta e Paco em fusos horários

http://portaldoprofessor.mec.gov.br/storage/recursos/9525/fusos.swf

Animação sobre fusos horários, com jogo e explicações.

Atividades

1. Cada país apresenta características próprias no que se refere à extensão territorial e posição geográfica no globo terrestre. Com base nos números 1, 2 e 3 elabore uma legenda com o nome dos hemisférios em que se localizam as terras brasileiras.

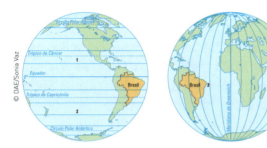

2. Observe abaixo o mapa da América do Sul.

Fonte: *Atlas geográfico escolar*. 7. ed. Rio de Janeiro: IBGE, 2016. p. 41.

a) Escreva o nome dos oceanos e das linhas imaginárias que estão indicados por números no mapa.

b) Com base no reconhecimento das linhas imaginárias 3 e 4, em qual zona térmica localiza-se a maior parte do território brasileiro?

c) Que países sul-americanos não fazem limite com o Brasil?

3. Observe o mapa a seguir.

Fonte: Lygia Terra, Regina Araújo, Raul Borges Guimarães. *Conexões: estudos de Geografia Geral e do Brasil*. São Paulo: Moderna, 2009. p. 89.

a) O que é um território?

b) Qual a diferença entre limite e fronteira?

c) Quais países fazem fronteira com o Brasil nas direções norte e sul?

d) Qual país apresenta a maior faixa de fronteira com o Brasil na direção oeste?

4. Por que as horas do Brasil estão atrasadas em relação ao horário do Meridiano de Greenwich?

5. Com qual objetivo foi estabelecido o horário de verão no Brasil? Que estados brasileiros adotam esse horário?

6. Consulte o mapa-múndi com fusos horários e o mapa de fusos horários do Brasil (página 18) para responder às questões a seguir.

Se em Londres (Meridiano de Greenwich) forem 14h, que horas serão, desconsiderando o horário de verão, em:

a) Brasília? d) São Paulo?
b) Boa Vista? e) Recife?
c) Rio Branco? f) seu município?

21

CAPÍTULO 2
Evolução das fronteiras

Formação do território

A organização territorial brasileira nem sempre foi como a conhecemos hoje. O espaço geográfico do país foi sendo construído ao longo de sua história, de acordo com as relações sociais e de trabalho que aqui se estabeleceram. A forma atual do Brasil, o maior país da América do Sul, foi se definindo no decorrer dos mais de 500 anos de sua história.

Observe este mapa, elaborado em 1502:

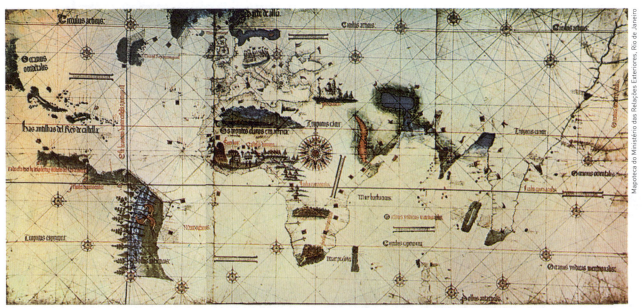

Mapa de Cantino, 1502. Primeiro mapa com a configuração geral da costa meridional da América do Sul. Também é considerado o primeiro a representar as terras que viriam a ser o Brasil.

O mapa acima mostra as noções que os portugueses tinham das terras existentes na América e no restante do mundo logo após terem chegado aqui, no início do século XVI. Quando os portugueses chegaram às terras que viriam a se tornar o Brasil, existiam vários povos indígenas que há muito tempo habitavam o território. Estima-se que havia mais de mil povos, com organização, línguas, costumes e culturas diferentes entre si.

Antes da ocupação portuguesa da América, a paisagem era marcada pelo predomínio da natureza, pois os povos que aqui viviam pouco alteraram o espaço original. Com a chegada dos colonizadores, gradualmente ocorreram mudanças nas paisagens, já que eles tinham uma forma diferente de se relacionar com a natureza.

No século XVI, a ocupação efetiva do território pelos portugueses limitava-se ao litoral, onde ocorria o plantio da cana-de-açúcar, especialmente no Nordeste. O açúcar era um produto muito procurado na Europa. Sua produção foi a principal atividade econômica do Brasil até aproximadamente 1680, e visava a exportação para a metrópole.

Na primeira metade do século XVI, o governo português dividiu o território da Colônia em **capitanias hereditárias** – faixas de terras que o rei de Portugal entregou a alguns homens de sua confiança para que as ocupassem e administrassem. Eles eram chamados de capitães ou donatários, e as terras eram passadas do pai para o filho mais velho – por isso foram chamadas hereditárias.

Observe, no mapa de 1574 (abaixo), como era a divisão das terras ocupadas pelos portugueses na época. As terras da América tinham sido divididas entre portugueses e espanhóis, em 1494, por uma linha imaginária – estabelecida no Tratado de Tordesilhas – que passava 370 léguas a oeste das Ilhas de Cabo Verde (África). As terras descobertas a leste dessa linha pertenceriam a Portugal, e o restante, a oeste, à Espanha. A porção de terras que pertencia a Portugal e constituía a colônia portuguesa era menor em relação às terras pertencentes à Espanha, como é possível observar no mapa.

Luís Teixeira. Capitanias hereditárias, c. 1573-1590.

A primeira forma de ocupação dos portugueses com objetivo de fixação no território ocorreu com a implantação dos engenhos de cana-de-açúcar, principalmente no litoral nordeste da Colônia. Antes disso, o território foi ocupado para exploração do pau-brasil (árvore nativa muito valorizada na Europa para produção de corante) por meio das feitorias, fortificações comerciais que eram instaladas provisoriamente em determinados locais do litoral e, depois, abandonadas.

Entre 1580 e 1640, questões relacionadas à sucessão do trono em Portugal levaram à união dos países ibéricos (Espanha e Portugal) sob a coroa espanhola. Isso porque o rei de Portugal não teve descendentes diretos; seu parente mais próximo era o rei da Espanha, que se declarou herdeiro do trono português. Durante esse período, nas terras que mais tarde configurariam o Brasil, ocorreram várias invasões europeias, com destaque para as holandesas e francesas.

De olho no legado

Salvador e a invasão holandesa

Já na década de 1560 o número de índios no entorno de Salvador havia diminuído consideravelmente, permitindo um primeiro surto do desenvolvimento da economia açucareira nas terras próximas da cidade. Convém ressaltar que a liberação dessas terras foi resultado das guerras contra os indígenas (especialmente aquelas comandadas por Mem de Sá, a exemplo da guerra do Curupeba, a guerra do Jaguaripe e do Paraguaçu, entre outras), reforçadas pelas epidemias, grandes aliadas dos colonizadores na conquista dos povos nativos [...]. Como resultado da política mais agressiva implementada por Mem de Sá, a maior parte do recôncavo estava apta a receber os engenhos de açúcar já na década de 1570 [...].

Invasão holandesa à cidade de Salvador, em 1624. Gravura colorizada de Claes Jansz Visscher e Hessel Gerritsz. Salvador, c. 1624.

Transposta essa etapa de conquista do território, passaram os colonizadores a implantar seus engenhos e toda a estrutura necessária para seu funcionamento: mão de obra escrava indígena e africana, animais de tração e de corte, combustível vegetal, embarcações, etc. Numa associação de fatores internos e externos (a comercialização da produção açucareira sempre esteve atrelada ao mercado internacional, variando de acordo com os processos políticos e econômicos do Atlântico), a economia açucareira deslanchou a partir de 1570, tendo um crescimento acelerado até o ano de 1620 [...].

Todo esse desenvolvimento aguçou ainda mais a atenção e cobiça dos corsários que, além do pau-brasil, desejavam agora o açúcar e uma série de artigos que poderiam ser facilmente encontrados nos armazéns e navios ancorados no porto. [...]

A partir de 1580, os ataques estrangeiros aumentaram bastante em decorrência da União Ibérica. Se já eram frequentes os confrontos com embarcações francesas ao longo do litoral da colônia, a união das duas Coroas trouxe para Portugal e suas possessões os inimigos da Espanha, como a própria França, a Inglaterra e a Holanda. Assim, ataques que antes se concentravam nas áreas de domínio espanhol, estenderam-se aos domínios portugueses na América [...].

Ricardo Behrens. *Salvador e a invasão holandesa de 1624-1625*. Salvador: Pontocom, 2013. p. 33-36.

1. Por que, já na década de 1570, as terras no entorno de Salvador estavam "liberadas" para a implantação de engenhos?
2. Quais condições naturais favoreciam o cultivo da cana-de-açúcar no Brasil Colonial?
3. O que motivou economicamente as invasões holandesas no nordeste do Brasil Colonial?
4. Qual a relação entre a União Ibérica e os ataques estrangeiros na região que corresponde hoje ao Nordeste?
5. O Brasil ainda exporta cana-de-açúcar. Pesquise sobre o tema e aponte os estados que se destacam por serem grandes produtores nos dias atuais. Mencione também as principais rotas de exportação desse produto nas relações comerciais que o Brasil estabelece com o mundo.

Além do cultivo da cana-de-açúcar, durante os séculos XVI, XVII e XVIII, a ocupação do território ocorreu por diferentes motivos e de várias formas. Por exemplo: as terras ao norte foram ocupadas inicialmente para exploração das chamadas "drogas do sertão" (cacau, cravo, canela, castanha-do--pará, baunilha, urucum, entre outras especiarias) na Amazônia; o interior do Nordeste foi ocupado devido à atividade de criação de gado; as terras que hoje formam as regiões Sudeste e Centro-Oeste do Brasil tiveram sua ocupação relacionada, principalmente, à descoberta de ouro e pedras preciosas em áreas pertencentes aos atuais estados de Minas Gerais e Goiás. A exploração dessas riquezas impulsionou fortemente o desenvolvimento econômico local, dando origem a diversas outras atividades, em especial de agricultura e pecuária, voltadas a atender às necessidades da população da região mineradora. A partir do século XIX, a cafeicultura passou a ser o principal motor da ocupação do território no eixo São Paulo–Rio de Janeiro.

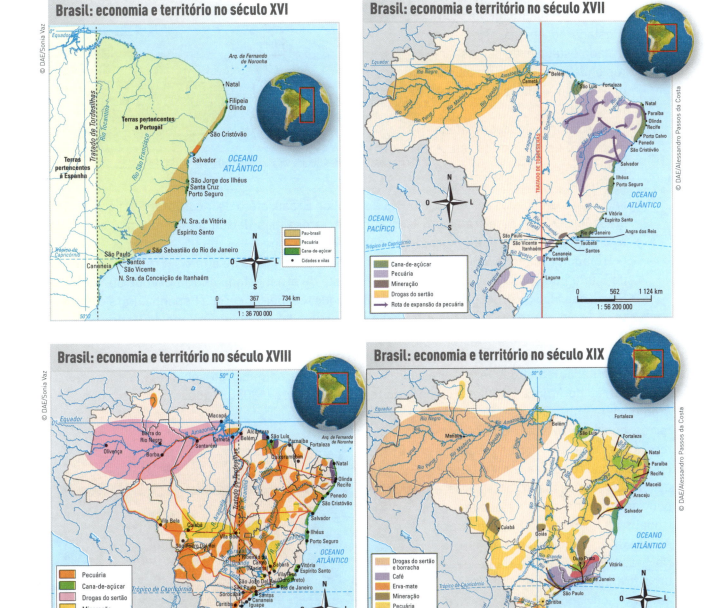

Fonte dos mapas: José Jobson de A. Arruda. *Atlas histórico básico*. 17. ed. São Paulo: Ática, 2011. p. 36, 38, 41 e 43.

Brasil: tratados e limites

No século XVIII foram assinados muitos tratados que delimitaram as terras brasileiras. Observe no mapa os limites estabelecidos por esses tratados.

- O Tratado de Utrecht, assinado em 1713 por Portugal, Espanha e França, definiu o Rio Oiapoque como limite entre o Brasil e a Guiana Francesa. O Brasil incorporou ao seu território as terras que atualmente formam o estado do Amapá. O mesmo tratado estabeleceu que as terras onde hoje se localiza o Uruguai seriam cedidas pela Espanha a Portugal.
- Em 1750 foi assinado o Tratado de Madri, entre Portugal e Espanha, legalizando a ocupação territorial portuguesa em direção às áreas situadas ao centro, a oeste e ao sul do Brasil, além de incorporar terras da região amazônica. Com esse tratado, o Meridiano de Tordesilhas deixou de ser o limite oficial do território português, que praticamente dobrou de tamanho.
- O Tratado de Madri foi anulado em 1761, mas na prática pouco se alterou. Em 1777, o Tratado de Santo Ildefonso estabeleceu que a parte oeste do atual estado do Rio Grande do Sul (Sete Povos das Missões), ocupada por colonos portugueses, pertenceria à Espanha. Para o restante do Brasil, as fronteiras acabaram ficando conservadas como no Tratado de Madri.
- O Tratado de Badajoz, assinado em 1801, reincorporou ao território brasileiro a área dos Sete Povos das Missões, estabelecendo definitivamente a dimensão territorial no sul do Brasil.

Fonte: José Jobson de A. Arruda. *Atlas histórico básico*. 17. ed. São Paulo: Ática, 2011. p. 40.

A delimitação atual das terras brasileiras só se efetivou no início do século XX, com a anexação de terras do Amapá (1900) e a compra do território do Acre (1903). A questão do Acre provocou uma disputa entre Bolívia e Brasil. As terras que hoje formam o Acre pertenciam à Bolívia e foram invadidas por seringueiros brasileiros. Depois de um conflito armado, brasileiros e bolivianos assinaram o Tratado de Petrópolis, determinando que, em troca da anexação daquela área ao território brasileiro, o Brasil teria de pagar uma grande quantia em dinheiro ao governo boliviano, além de construir a Estrada de Ferro Madeira-Mamoré para conceder liberdade de navegação à Bolívia e para que esse país tivesse acesso ao mar pelo Rio Amazonas.

Trabalhadores durante a construção da Estrada de Ferro Madeira-Mamoré: assentamento dos trilhos no Rio Abunã, c. 1909-1910.

O Brasil de hoje

O Brasil é uma **república** federativa composta da união de 27 unidades federadas (26 estados e um Distrito Federal) e 5570 municípios. Cada uma dessas unidades federadas tem sua própria Constituição, mas todas elas devem estar de acordo com a Constituição Federal, que declara o que compete à União, aos estados e aos municípios.

A Constituição é considerada a Lei Maior, que assegura os direitos individuais dos cidadãos e cidadãs e estabelece a forma e o regime de governo, o sistema eleitoral e a organização dos poderes.

> **Glossário**
> **República:** forma de governo em que o chefe de Estado é eleito pelo povo ou por seus representantes para governar por um período determinado.

Assim, a república brasileira apresenta um governo central e um governo para cada unidade da federação. Embora os estados federados disponham de certo grau de autonomia, eles estão subordinados à União. Hoje, no Brasil, os representantes são eleitos pelo povo por voto livre, secreto e direto, em intervalos regulares, ou seja, é uma república representativa.

Observe o mapa político do Brasil.

Fonte: *Atlas geográfico escolar.* 7. ed. Rio de Janeiro: IBGE, 2016. p. 90.

Viver

A Constituição é um conjunto de leis que regem o país, estabelecendo direitos e deveres do cidadão e do Estado. No decorrer de sua história, o Brasil já teve várias constituições. A atual foi promulgada em 5 de outubro de 1988 e teve várias emendas constitucionais. Vamos conhecer alguns direitos e deveres dos cidadãos brasileiros:

Glossário

Iniciativa popular: pode ter início por meio da apresentação, à Câmara dos Deputados, de um projeto de lei assinado por, no mínimo, 1% do eleitorado nacional, distribuído pelo menos por cinco estados.

Plebiscito: convocação para realização de consulta popular por meio de voto (sim ou não) antes de uma decisão legislativa ou administrativa especialmente importante.

Referendo: consulta à população após uma decisão legislativa ou administrativa especialmente importante. Cabe ao povo, pelo voto, aprovar (referendar) ou rejeitar a decisão.

[...]
Art. 5º Todos são iguais perante a lei, sem distinção de qualquer natureza, garantindo-se aos brasileiros e aos estrangeiros residentes no País a inviolabilidade do direito à vida, à liberdade, à igualdade, à segurança e à propriedade [...].

Art. 6º São direitos sociais a educação, a saúde, a alimentação, o trabalho, a moradia, o transporte, o lazer, a segurança, a previdência social, a proteção à maternidade e à infância, a assistência aos desamparados, na forma desta Constituição.

[...]
Art. 14. A soberania popular será exercida pelo sufrágio universal e pelo voto direto e secreto, com valor igual para todos, e, nos termos da lei, mediante:
I – **plebiscito**;
II – **referendo**;
III – **iniciativa popular**.
§1º O alistamento eleitoral e o voto são:
I – obrigatórios para os maiores de dezoito anos;
II – facultativos para:
a) os analfabetos;
b) os maiores de setenta anos;
c) os maiores de dezesseis e menores de dezoito anos.
[...]

Constituição da República Federativa do Brasil, promulgada em 1988.

Brasil. Presidência da República. *Constituição da República Federativa do Brasil de 1988*. Disponível em: <www.planalto.gov.br/ccivil_03/constituicao/constituicao.htm>. Acesso em: maio 2018.

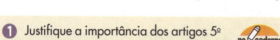

1. Justifique a importância dos artigos 5º e 6º para o exercício da cidadania.
2. Quem é o governador do estado onde você mora? Quando ele foi eleito e até quando se estende seu mandato?
3. Quem é o prefeito do município onde você mora? Quando foi eleito e até quando irá seu mandato?
4. Quantos vereadores há no município onde você mora? Informe-se na Câmara Municipal.
5. Qual é a função de cada um desses representantes?

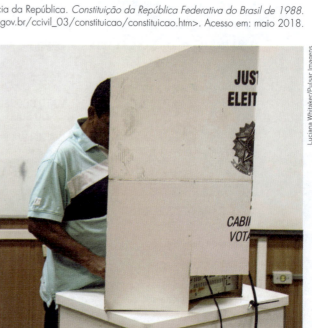

Eleitor vota em urna eletrônica. Rio de Janeiro (RJ), 2016.

1. Qual foi a primeira forma de organização político-administrativa brasileira? Explique.

2. Observe o mapa da página 25 "Brasil: economia e território no século XVIII" e indique quais foram as atividades econômicas responsáveis pela ocupação do interior do Brasil ao longo daquele século.

3. O estabelecimento de fronteiras é o resultado de tratados firmados ao longo da história, que podem ser alterados de acordo com o interesse das partes envolvidas. As fronteiras brasileiras com os países vizinhos foram sendo definidas, especialmente no século XVIII, por meio desses tratados. Responda:

   a) O que definiu o Tratado de Utrecht?

   b) Que tratado estabeleceu definitivamente as fronteiras do sul do Brasil e quando foi assinado?

   c) Quando ocorreu a última alteração na fronteira internacional brasileira e qual foi o motivo?

4. Observe a sequência dos mapas e faça o que se pede.

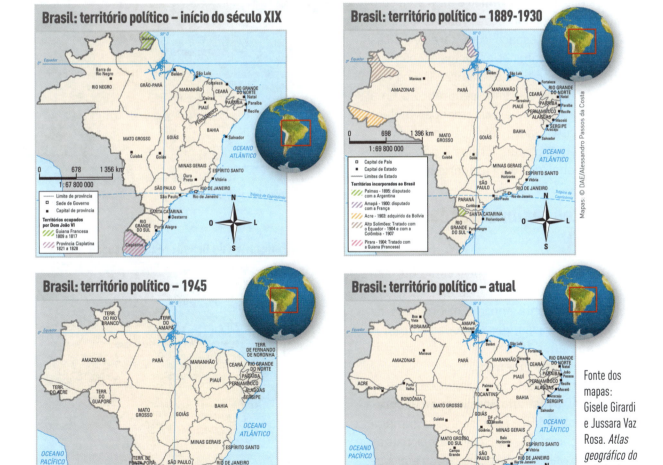

Fonte dos mapas: Gisele Girardi e Jussara Vaz Rosa. *Atlas geográfico do estudante*. São Paulo: FTD, 2011. p. 16, 20-21.

a) Compare as configurações territoriais brasileiras ao longo do tempo. No estado onde você mora, houve alguma alteração? Se sim, qual foi?

b) Agora, escreva o que você aprendeu do processo de construção do território brasileiro.

29

CAPÍTULO 3
Regiões brasileiras

Região e regionalização

O espaço geográfico não é igual em todos os lugares, e pode ser dividido e agrupado em áreas de acordo com alguns critérios, considerando as diferenças e semelhanças. Ao fazer isso, passamos a distinguir as chamadas regiões geográficas. A **região** é uma área com características geográficas próprias, ou seja, uma porção do espaço com características que a individualizam nos aspectos econômico, cultural, humano e físico-natural. Dessa forma, regionalizar o espaço geográfico é uma maneira de estudar e compreender melhor suas particularidades. Neste capítulo, você vai conhecer diferentes formas e possibilidades de regionalização do território brasileiro.

Diferentes regionalizações do Brasil

Como você estudou nos capítulos anteriores, o Brasil tem grande extensão territorial e apresenta enorme diversidade de paisagens. Por isso, para estudar e organizar esse imenso território, buscou-se dividi-lo em unidades menores.

Após muitos estudos e propostas, na década de 1940 o **Instituto Brasileiro de Geografia e Estatística** (IBGE) apresentou a primeira regionalização oficial do Brasil. A regionalização de 1945 (veja o mapa acima) levou em consideração as características naturais do país. A uniformidade dos elementos da natureza (sobretudo relevo, clima e vegetação) agrupava os estados brasileiros em cinco grandes regiões – Norte, Nordeste (subdividida em duas partes), Leste (subdividida em duas partes), Centro-Oeste e Sul.

Fonte: Gisele Girardi e Jussara Vaz Rosa. *Atlas geográfico do estudante.* São Paulo: FTD, 2011. p. 21.

Fonte: Gisele Girardi e Jussara Vaz Rosa. *Atlas geográfico do estudante.* São Paulo: FTD, 2011. p. 21.

O objetivo dessa divisão em regiões foi facilitar o trabalho de organização dos dados estatísticos e planejar as ações do governo, além de oferecer suporte ao estudo da geografia do Brasil.

Em decorrência das mudanças ocorridas no espaço geográfico brasileiro ao longo das décadas de 1950 e 1960, em 1969 foi oficializada uma nova divisão regional, que entrou em vigor em 1º de janeiro de 1970.

A regionalização do Brasil implantada em 1970 era justificada por uma nova realidade nacional. A Região Sudeste, por exemplo, agrupou os estados que começavam a se destacar pela industrialização – São Paulo, Rio de Janeiro e Minas Gerais. Dessa forma, a regionalização levava em consideração não apenas o quadro natural do país, mas suas novas características socioeconômicas.

A partir do fim da década de 1970, ocorreram algumas modificações político-administrativas no Brasil, mas apenas uma delas, a criação do estado do Tocantins, alterou a divisão regional:

- criação do estado de Mato Grosso do Sul, desmembrado de Mato Grosso, em 1979;
- elevação do território de Rondônia (administrado pelo governo federal) à categoria de estado, em 1981;
- criação do estado do Tocantins (desmembrado de Goiás, em 1988), que passou a pertencer à Região Norte;
- criação dos estados de Roraima e Amapá, em 1988, que antes eram territórios federais.

Observe o atual mapa regional oficial do Brasil, segundo o IBGE.

Fonte: *Atlas geográfico escolar*. 7. ed. Rio de Janeiro: IBGE, 2016. p. 94.

Em 1967, o geógrafo Pedro Pinchas Geiger elaborou uma proposta de regionalização geoeconômica que divide o país em três **complexos regionais**, estabelecidos com base nas semelhanças sociais, econômicas e históricas dos espaços:

- Amazônia: região de baixa densidade demográfica, com economia baseada no extrativismo, afastada do centro econômico nacional;
- Nordeste: região de baixa produtividade agrícola e indústria incipiente, com graves problemas sociais;
- Centro-Sul: região moderna e dinâmica, com expressiva atividade econômica (industrial e agrícola) e infraestrutura de comunicações.

Fonte: *Atlas geográfico escolar*. 7. ed. Rio de Janeiro: IBGE, 2016. p. 152.

Como você pode observar no mapa, essa divisão não segue os limites políticos dos estados, reconhecendo que um mesmo estado pode abrigar espaços com diferentes características. Os três grandes complexos regionais – Amazônia, Nordeste e Centro-Sul – são resultados da evolução econômica e social do Brasil, refletindo suas diferentes formas de ocupação e produção ao longo da história.

De olho no legado

Os quatro Brasis

Poderíamos assim, grosseiramente – e como sugestão para um debate –, reconhecer a existência de quatro Brasis: uma Região Concentrada, formada pelo Sudeste e pelo Sul, o Brasil do Nordeste, o Centro-Oeste e a Amazônia.

A Região Concentrada, abrangendo São Paulo, Rio de Janeiro, Minas Gerais, Espírito Santo, Paraná, Santa Catarina e Rio Grande do Sul, caracteriza-se pela implantação mais consolidada dos dados da ciência, da técnica e da informação.

Nessa Região Concentrada do país, o meio técnico-científico-informacional se implantou sobre um meio mecanizado, portador de um denso sistema de relações, devido, em parte, a uma urbanização importante, ao padrão de consumo das empresas e das famílias, a uma vida comercial mais intensa. [...]

A cidade de São Paulo continua sendo, nesse novo período, o polo nacional. Todavia, enquanto ascendem as atividades terciárias e de serviço, a indústria continua crescendo em terra paulista, embora sua velocidade seja menor. São Paulo mantém sua posição hierárquica sobre a vida econômica nacional. [...]

Milton Santos e María Laura Silveira. O Brasil: território e sociedade no início do século XXI.
Rio de Janeiro: Record, 2006. p. 268-269.

Fonte: Milton Santos e María Laura Silveira. *O Brasil: território e sociedade no início do século XXI*. 16. ed. Rio de Janeiro: Record, 2012. p. LXIV.

1 Quais são os estados que fazem parte da Região Concentrada?

2 De acordo com o texto, qual foi o critério adotado nessa forma de regionalização?

3 Na visão dos autores, por que a cidade de São Paulo é considerada o grande polo nacional?

Regiões naturais: os domínios morfoclimáticos

Considerando a diversidade das paisagens naturais do Brasil, o geógrafo Aziz Ab'Saber regionalizou o país em **domínios morfoclimáticos**. Essa regionalização adota como base de classificação a semelhança de relevo, clima, vegetação, solo e hidrografia no território brasileiro.

Esses domínios se caracterizam por representar a combinação de um conjunto de elementos da natureza que interagem e formam uma unidade paisagística. Ab'Saber identificou seis domínios morfoclimáticos: Amazônico, Cerrado, Mares de Morros, Caatingas, Araucárias e Pradarias.

Observe o mapa ao lado.

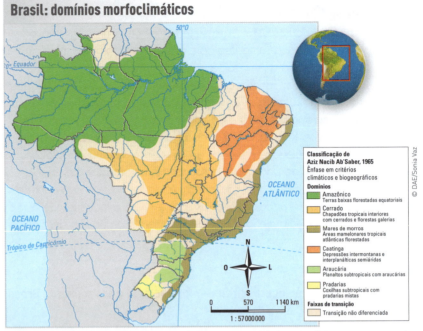

Fonte: Aziz Ab'Saber. *Os domínios de natureza no Brasil: potencialidades paisagísticas.* 7. ed. São Paulo: Ateliê Editorial, 2012. p. 16.

Domínio	Características	Fotografia
Amazônico	Abrange o norte do Brasil e é formado, na maior parte, por terras baixas. Apresenta clima e floresta equatorial.	Porto de Moz (PA), 2017.
Cerrado	Mais comum na porção central do Brasil, caracteriza-se pelo relevo de chapadões, com vegetação predominante do cerrado (savana brasileira) e clima tropical.	Alto Paraíso de Goiás (GO), 2017.
Mares de Morros	Serras da encosta atlântica brasileira, com vegetação da Mata Atlântica e clima tropical úmido.	Ladainha (MG), 2018.

Domínio	Características	Fotografia
Caatinga	Situado no polígono das secas, interior do nordeste do país, é caracterizado por relevo de depressões e clima semiárido.	Rafael Jambeiro (BA), 2017.
Araucária	Ocupa os planaltos do sul do Brasil, com vegetação de araucárias e clima subtropical.	São José dos Ausentes (RS), 2017.
Pradarias	Localiza-se no extremo sul do país, no estado do Rio Grande do Sul. O clima é subtropical e há o predomínio de vegetação herbácea.	Santana do Livramento (RS), 2017.

Além desses domínios, existem também as faixas ou áreas de transição, como o Pantanal, o Agreste e a Mata dos Cocais. Essas formações apresentam características de dois ou mais domínios morfoclimáticos.

1 Explique o que é região e regionalização.

2 Observe os mapas a seguir. Cada um apresenta regionalizações diferentes do espaço brasileiro.

Fonte: *Atlas geográfico escolar*. 7. ed. Rio de Janeiro: IBGE, 2016. p. 94.

Fonte: *Atlas geográfico escolar*. 7. ed. Rio de Janeiro: IBGE, 2016. p. 152.

Fonte: Milton Santos e María Laura Silveira. *O Brasil: território e sociedade no início do século XXI*. 16. ed. Rio de Janeiro: Record, 2012. p. LXIV.

a) Diferencie os critérios de regionalização adotados nos dois primeiros mapas.

b) O que caracteriza a região concentrada no mapa de Milton Santos e María Laura Silveira?

c) De acordo com as regionalizações, onde se localiza o estado em que você mora?

3) O gráfico a seguir faz parte da Síntese de Indicadores Sociais do Brasil em 2017.

Fonte: IBGE. *Síntese de indicadores sociais*. Disponível em: <www.ibge.gov.br/estatisticas-novoportal/sociais/protecao-social/9221-sintese-de-indicadores-sociais.html?=&t=resultados>. Acesso em: jul. 2018.

a) Qual foi o tipo de regionalização adotada para essa pesquisa?
b) Qual região apresenta o maior número de habitantes que vivem com menos de US$ 1,9 por dia?
c) Qual a região que apresenta o menor número de habitantes nessa linha de pobreza?
d) Converse com seu professor e colegas sobre as causas e consequências da pobreza no Brasil e registre suas conclusões.

4) Observe o mapa abaixo.

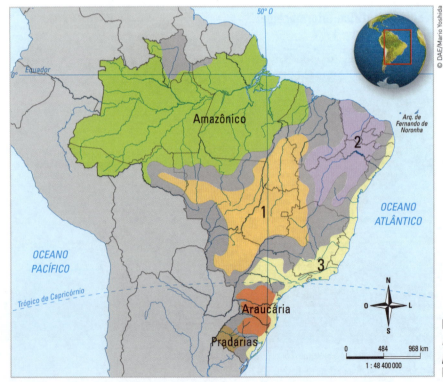

Fonte: Aziz Ab'Saber. *Os domínios de natureza no Brasil: potencialidades paisagísticas*. 7. ed. São Paulo: Ateliê Editorial, 2012. p. 16.

a) Qual foi o critério adotado nessa regionalização do Brasil?
b) Escreva um título para esse mapa.
c) Identifique o nome das regiões 1, 2 e 3 indicadas no mapa.

CAPÍTULO 4
Territórios e grupos sociais

Povos e comunidades tradicionais

Agora que você já estudou a formação do território nacional brasileiro ao longo da história e algumas possibilidades de sua regionalização, cabe aprender, neste capítulo, a importância dos territórios (espaços caracterizados pela posse) para alguns **povos** e **comunidades tradicionais** de nosso país.

Observe as imagens. O que elas têm em comum?

Indígenas de etnia yawalapiti, da Aldeia Tuatuari, celebram a Tapanawana (festa do peixe). Parque Indígena do Xingu, Gaúcha do Norte (MT), 2017.

Quilombola faz farinha na comunidade kalunga de Sucuri. Monte Alegre de Goiás (GO), 2018.

Pescador de comunidade ribeirinha na Reserva de Desenvolvimento Sustentável Mamirauá. Tefé (AM), 2017.

Pescadores recolhem barco após pesca de arrasto na Praia do Xodó. Marataízes (ES), 2016.

Todas as imagens referem-se a territórios de povos e comunidades tradicionais do Brasil. Esses territórios equivalem aproximadamente a um quarto da área do país. Mas o que significa povos e comunidades tradicionais?

Povos e comunidades tradicionais são grupos culturalmente diferenciados e que se reconhecem como tais. Possuem formas próprias de organização social, ocupam territórios e usam recursos naturais para a reprodução cultural, social, religiosa, ancestral e econômica, recorrendo a conhecimentos e práticas gerados e transmitidos pela tradição.

Coleta de castanha-do-pará. Laranjal do Jari (AP), 2017.

Esses grupos sociais compreendem povos indígenas, quilombolas, ribeirinhos, caiçaras, seringueiros, quebradeiras de coco-babaçu, apanhadores de flores sempre-vivas e outros grupos de origem camponesa. Embora oprimidos por questões econômicas, possuem histórico de resistência além de grande riqueza cultural. Conforme os dados do Programa das Nações Unidas para o Desenvolvimento (PNUD), as Comunidades Tradicionais constituem uma população de aproximadamente 5 milhões de brasileiros. Por seus processos históricos e condições de pobreza e desigualdade, essas pessoas viveram em isolamento geográfico ou cultural, tendo pouco acesso às políticas públicas de caráter universal, o que as colocou em situação de maior vulnerabilidade socioeconômica. Além disso, enfrentam discriminação racial, étnica e religiosa.

Atualmente, diante da expansão das atividades agropecuárias voltadas à exportação e da mineração – além da implementação de **unidades de conservação** –, povos e comunidades tradicionais brasileiras vêm lutando para preservar seus modos de vida e garantir o direito de uso ancestral de seus territórios. Entre os principais direitos sociais devidos às populações tradicionais, estão:

- reconhecimento dos territórios tradicionalmente ocupados e a posse da terra;
- livre uso dos recursos da natureza, como a água e os demais componentes da biodiversidade silvestre e cultivada;
- reconhecimento das técnicas sociais e formas de manejo do território e da biodiversidade nele disponível, principalmente pela legislação ambiental;
- preservação das tradições culturais, incluindo a proteção do conhecimento tradicional;
- valorização, por meio de educação diferenciada, das diversas formas de ser e fazer;
- acesso a políticas públicas específicas, como educação e saúde, que contemplem a história, cultura e diversidade dos modos de vida de cada povo;
- participação na elaboração e implementação de leis que lhes dizem respeito.

Nas imagens a seguir, cercas e avisos indicam os limites de territórios indígenas e quilombolas.

Glossário

Unidades de conservação: espaços territoriais, incluindo seus recursos ambientais, com características naturais relevantes, que têm a função de assegurar a representatividade de amostras significativas e ecologicamente viáveis das diferentes populações, habitats e ecossistemas do território nacional e das águas jurisdicionais, preservando o patrimônio biológico existente.

Placa de identificação na entrada da aldeia Tekoa Itakupe, da etnia guarani. São Paulo (SP), 2018.

Placa de boas-vindas à Comunidade Quilombola Chacrinha dos Pretos. Belo Vale (MG), 2016.

Agora que você já conhece a definição de populações tradicionais e quais são elas, assim como os impasses e conflitos que colocam em risco o modo de vida delas, vamos ver algumas questões envolvendo particularmente territórios de povos indígenas e de comunidades quilombolas em nosso país.

Terras Indígenas

As **Terras Indígenas** são territórios legalmente demarcados pelo Estado brasileiro, que tem o dever de protegê-los. Assim, não é permitida a entrada de pessoas não indígenas nessas áreas, a menos que tenham autorização da comunidade indígena ou da Funai (Fundação Nacional do Índio).

Comunidade da etnia ingarikó, na Terra Indígena Raposa Serra do Sol. Uiramutã (RR), 2017.

O mapa abaixo mostra onde estão localizadas as Terras Indígenas do Brasil. Esses territórios estão situados em vários estados brasileiros, com diferentes graus de ocupação. É importante lembrar que os povos indígenas já habitavam essas terras antes mesmo de existirem o país e os estados da federação como os conhecemos atualmente.

Fonte: *Atlas geográfico escolar*. 7. ed. Rio de Janeiro: IBGE, 2016. p. 112.

Nas regiões de fronteiras internacionais, ocorre algo semelhante. Pessoas de um mesmo povo indígena podem estar situadas em países diferentes. Os guaranis, por exemplo, vivem em cinco países sul-americanos: Brasil, Bolívia, Paraguai, Uruguai e Argentina. Já os yanomâmis vivem no norte do Brasil e na Venezuela.

Fonte: *Mapa Guarani Continental 2016*. Instituto Socioambiental, 2016. Disponível em: <www.socioambiental.org/pt-br/mapas/mapa-guarani-continental-2016>. Acesso em: jun. 2018.

Indígena da etnia guarani-kaiowá, na Aldeia Jaguapiru. Dourados (MS), 2016.

Fonte: *Território e Comunidades Yanomami – Brasil-Venezuela 2014*. Instituto Socioambiental, 2014. Disponível em: <www.socioambiental.org/pt-br/mapas/territorio-e-comunidades-yanomami-brasil-venezuela-2014>. Acesso em: jun. 2018.

Indígenas yanomâmi, na Aldeia Ariabú. Santa Isabel do Rio Negro (AM), 2017.

Terras Quilombolas

Você sabe o que significa quilombola? Pois bem, essa palavra deriva de **quilombo** – um termo usado, durante séculos, para se referir às comunidades de negros que fugiam da escravidão. As palavras quilombo e mocambo – ambas de origem *bantu* e que se referem a acampamentos e aldeias – foram usadas para denominar essas comunidades.

Hoje não existem mais escravizados, mas os quilombolas – aqueles que pertencem às comunidades remanescentes de quilombos – continuam lutando pelo direito à terra e pela preservação de sua cultura.

No mapa abaixo, podemos verificar a quantidade de terras quilombolas por estado brasileiro nos dias atuais, assim como seu estágio de reconhecimento perante o Incra.

Fonte: Comissão Pró-Índio de São Paulo. Disponível em: <comissaoproindio.blogspot.com/2017/06/terras-quilombolas-confira-o-balanco-de.html>. Acesso em: set. 2018.

Para entendermos as comunidades quilombolas atuais, é preciso recorrer ao contexto histórico do Brasil Colonial e Imperial. Essas áreas de resistência à escravidão difundiram-se pelo país ao longo dos séculos. No século XVI, em Alagoas, na Serra da Barriga, foi formado o maior e mais conhecido quilombo no Brasil – o Quilombo dos Palmares, que resistiu mais de cem anos antes de ser destruído. Pesquisadores acreditam que ali viviam mais de 20 mil pessoas. Seus grandes líderes, Ganga-Zumba e Zumbi dos Palmares, lutaram para manter o território que demarcaram para viver em liberdade e também para garantir a autonomia de seus companheiros quilombolas.

Nos séculos XVII e XVIII outros quilombos foram surgindo com a expansão das fazendas de gado e lavouras de arroz e algodão, alcançando também as áreas de mineração em Goiás, Mato Grosso e Minas Gerais. Entre esses estão o Quilombo do Quariterê, em Mato Grosso, e o Quilombo do Ambrósio, em Minas Gerais. No século XIX, surgiram quilombos em meio às fazendas de café de São Paulo e do Rio de Janeiro.

Raizeira da Comunidade Kalunga de Vão de Almas. Cavalcante (GO), 2017.

Extração de carne de caranguejo no Quilombo de São Francisco do Paraguaçu. Cachoeira (BA), 2016.

Moradia de pau a pique no Quilombo Cangume. Itaóca (SP), 2017.

Casa de madeira no Quilombo do Curiaú. Macapá (AP), 2014.

Pela forte ligação com seu passado, essas comunidades continuaram sendo chamadas de quilombolas ao longo dos anos. As tradições de seus antepassados foram transmitidas de pai para filho, e o grupo também adotou e criou novos costumes.

A Constituição Brasileira de 1988 garante aos quilombolas o direito de herdar as terras ocupadas por seus antepassados, assim como o reconhecimento de sua cultura como patrimônio cultural da nação. O reconhecimento da propriedade definitiva e a regularização fundiária dessas comunidades são atribuições do Estado brasileiro, que deve emitir os respectivos títulos a fim de garantir a propriedade coletiva dessas comunidades.

Ampliar

Minas faz ciência

http://minasfazciencia.com.br/2018/02/05/pesquisadores-montam-mapas-de-povos-tradicionais-brasileiros/

Traz informações importantes sobre o uso da cartografia para o fortalecimento da identidade cultural de povos e comunidades tradicionais do Brasil.

Atividades

1 O que são povos e comunidades tradicionais? Cite exemplos.

2 Qual a importância da demarcação de território para os povos e as comunidades tradicionais?

3 Cite três direitos sociais relacionados a povos e comunidades tradicionais no Brasil.

4 Leia o texto, analise o gráfico e responda a seguir.

> [...] Nos anos 1950, para tentar desenvolver e integrar a região por meio da concessão de incentivos fiscais, o governo brasileiro criou o conceito de Amazônia Legal, que abrange uma área com pouco mais de 5 milhões de quilômetros quadrados (dois terços do País). Esse território inclui os estados do Amazonas, Pará, Roraima, Rondônia, Acre, Amapá, Tocantins, Mato Grosso e grande parte do Maranhão. [...]
>
> De acordo com o Parágrafo 1º do Artigo 231, as terras tradicionalmente ocupadas pelos índios são aquelas "por eles habitadas em caráter permanente, as utilizadas para suas atividades produtivas, as imprescindíveis à preservação dos recursos ambientais necessários ao seu bem-estar e as necessárias a sua reprodução física e cultural, segundo seus usos, costumes e tradições".
>
> [...]
>
> Muitas terras indígenas, entretanto, têm sido invadidas por grileiros, madeireiros, fazendeiros, garimpeiros, pescadores e caçadores em busca dos recursos naturais ali preservados. [...]
>
> Arnaldo Carneiro Filho e Oswaldo Braga de Souza. *Atlas de pressões e ameaças às Terras Indígenas na Amazônia brasileira.* São Paulo: Instituto Socioambiental, 2009. p. 8 e 12.

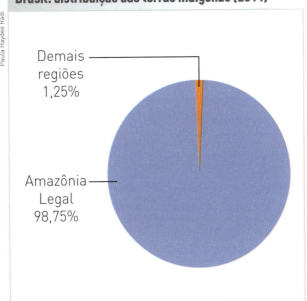

Fonte: Ministério da Justiça, 2014. Disponível em: <www.brasil.gov.br/cidadania-e-justica/2014/07/levantamento-demarca-situacao-de-terras-indigenas-regularizadas>. Acesso em: jul. 2018.

a) Qual é a importância das terras indígenas para a manutenção desses povos?

b) Quais são os estados brasileiros que fazem parte da Amazônia Legal?

c) De acordo com o texto, por que a região amazônica apresenta o maior número de terras indígenas?

d) O que mostra o gráfico?

e) Identifique, de acordo com o texto, ao menos dois fatores que causam problemas aos povos indígenas no que diz respeito à manutenção de seus territórios.

5 Analise o mapa do Brasil da página 41, que trata da distribuição das terras quilombolas, e responda às questões.

a) Quais são os dois estados que apresentam o maior número de terras quilombolas já tituladas?

b) Quais são os dois estados que apresentam o maior número de terras quilombolas em processo de titulação?

c) No estado onde você mora existem terras quilombolas?

Retomar

1 Com base na observação dos mapas das páginas 11 e 12, faça o que se pede.

a) Em que continente está localizado o Brasil?

b) Que oceano banha o Brasil?

c) Em relação aos hemisférios terrestres, qual é a posição geográfica do Brasil?

d) Em quais zonas climáticas o território brasileiro se localiza?

2 Com base na observação do mapa da página 15, cite um país que faz fronteira com o Brasil nas seguintes direções:

a) norte;

b) sul;

c) oeste;

d) noroeste;

e) sudoeste.

3 Identifique os pontos extremos do Brasil e escreva o nome dos estados onde eles se localizam.

4 Utilize o mapa-múndi com a indicação dos fusos horários e o mapa de fusos horários do Brasil (ambos na página 18) para responder às questões a seguir.

Se em Brasília forem 10h, em época fora do horário de verão, que horas serão em:

a) Curitiba (PR)?

b) Manaus (AM)?

c) Londres (Reino Unido)?

d) Los Angeles (Estados Unidos)?

e) Sydney (Austrália)?

f) Tóquio (Japão)?

g) Cairo (Egito)?

h) Mumbai (Índia)?

5 De acordo com a regionalização do IBGE (mapa da página 31), em qual região estão localizados os seguintes estados:

a) Paraná e Santa Catarina;

b) Maranhão e Alagoas;

c) Acre e Rondônia;

d) Espírito Santo e Minas Gerais;

e) Mato Grosso e Goiás.

6 Quais são as diferenças entre a regionalização atual do IBGE e as regiões geoeconômicas propostas por Pedro Geiger?

7 Qual o critério adotado na regionalização do Brasil proposta por Milton Santos e María Laura Silveira?

8 Qual é o critério adotado pelo geógrafo Aziz Ab'Saber em sua regionalização do Brasil?

9 Considere que o trajeto entre os pontos A e B foi percorrido por uma pessoa. Escreva o nome das regiões pelas quais ela se deslocou, considerando tanto a regionalização do IBGE como a regionalização geoeconômica.

Fonte: *Atlas geográfico escolar*. 7. ed. Rio de Janeiro: IBGE, 2016. p. 90.

10 Observe a imagem ao lado e depois faça o que se pede.

a) Essa imagem se refere a um povo tradicional do Brasil? Justifique.

b) Que outros grupos sociais do Brasil são reconhecidos como povos e comunidades tradicionais? Cite pelo menos três exemplos.

c) Qual é a importância da demarcação de terras para uso exclusivo desses grupos sociais?

Grupo de meninas kayapó da Aldeia Moikarako. São Félix do Xingu (PA), 2016.

11 Analise o gráfico e responda a seguir.

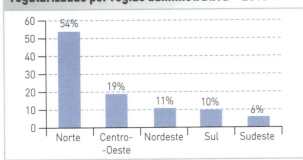

Fonte: Funai, 2018. Disponível em: <www.funai.gov.br/index.php/indios-no-brasil/terras-indigenas>. Acesso em: ago. 2018.

a) Que tipo de regionalização foi adotada na divulgação das informações?

b) Quais são as regiões com maior e menor número de terras indígenas regularizadas?

c) Na região em que se localiza o estado onde você mora, qual é o percentual de terras indígenas regularizadas?

Visualização

A seguir apresentamos um mapa conceitual sobre o tema estudado nesta unidade. Trata-se de uma representação gráfica que organiza o conteúdo, composto de uma estrutura que relaciona os principais conceitos e as palavras-chave. Essa ferramenta serve como resumo e instrumento de compreensão dos textos, além de possibilitar consultas futuras.

UNIDADE 2

> **Antever**
>
> **1** Quanto às formas de relevo, o que você observa na fotografia?
>
> **2** No que se refere às formações vegetais, o que é possível observar na imagem?
>
> **3** Quais elementos dessa paisagem você observa no lugar onde vive?

As paisagens do território brasileiro são bastante diversas. Essa diversidade revela a atuação de diferentes processos da natureza e a ação das sociedades que ocupam o nosso território sobre as terras, as águas, os elementos climáticos e as formações vegetais do nosso país.

As paisagens naturais do Brasil estão constantemente sujeitas a alterações pela dinâmica e evolução da própria natureza e, também, pela ação dos seres humanos. As modificações decorrentes das atividades humanas acarretam muitas questões ecológicas e socioambientais.

Vista aérea do Rio Paranã. Monte Alegre de Goiás (GO), 2018.

Aspectos naturais do território brasileiro

CAPÍTULO 5

Relevo

Estrutura geológica do Brasil

As diferentes formas da superfície terrestre constituem o **relevo**. É sobre ele que as pessoas se estabelecem, constroem e reconstroem o espaço geográfico. No relevo, e sob ele, há um arranjo de rochas cujo tipo varia de acordo com a origem e o processo de formação.

O embasamento rochoso do Brasil foi formado há bilhões de anos, junto com a maior parte das massas continentais do planeta. As rochas mais antigas encontradas aqui têm em torno de 3,4 bilhões de anos e fizeram parte da Pangeia, depois, da Gondwana e, mais tarde, do bloco continental sul-americano.

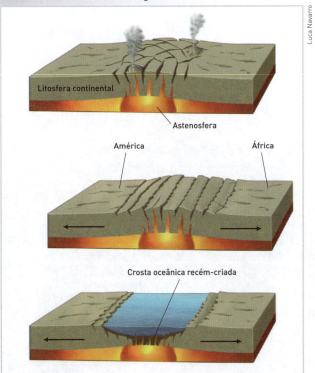

Fragmentação de massa continental e desenvolvimento de margens continentais

Fonte: Wilson Teixeira et al. *Decifrando a Terra*. 2. ed. São Paulo: Companhia Editora Nacional, 2009. p. 105.

Permiano inferior – Era Paleozoica – 255 milhões de anos

Fontes: FGEL-Uerj. Disponível em: www.fgel.uerj.br/dgrg/webdgrg/Timescale/Permiano.html>; Paleomap Project. Disponível em: <www.scotese.com/earth.htm>. Acessos em: jul. 2018.

Observe no quadro comparativo algumas características ou acontecimentos que marcaram a estrutura geológica do Brasil ao longo de sua formação.

Eras geológicas e principais acontecimentos no Brasil e no mundo

Eras	Características e acontecimentos	
	Gerais	No Brasil
Cenozoica	• Formação das cordilheiras atuais: Alpes, Andes, Himalaia, Rochosas (Período Terciário) • Intensas glaciações. Na América do Norte, a glaciação chegou à região dos Grandes Lagos	• Formação das bacias sedimentares terciárias e quaternárias (Pantanal, Amazônia etc.) • Atividade vulcânica e formação de ilhas vulcânicas (Arquipélago de Fernando de Noronha, Ilha da Trindade e outras)
Mesozoica	• Intensa atividade vulcânica • Início da separação dos continentes • Formação do petróleo • Formação de bacias sedimentares	• Derrames basálticos na Região Sul (formação do planalto arenito-basáltico) • Formação do petróleo • Formação de bacias sedimentares
Paleozoica	• Desenvolvimento do processo de sedimentação e formação de bacias sedimentares • Formação de jazidas carboníferas	• Formação de bacias sedimentares antigas • Formação de bacias carboníferas no sul do país
Arqueozoica e Proterozoica (Pré-Cambriano)	• Formação das rochas mais antigas (magmáticas) • Formação dos escudos cristalinos • Formação de minerais metálicos	• Formação dos escudos cristalinos (brasileiro e guiano) • Formação das jazidas minerais metálicas • Formação das serras do Mar e Mantiqueira

Fonte: Viktor Leinz e Sérgio Estanislau do Amaral. *Geologia Geral*. 12. ed. São Paulo: Nacional, 1995.

Estrutura geológica é a base de um terreno e corresponde à sua composição rochosa, resultante da dinâmica geológica da natureza. A estrutura geológica brasileira decorre de transformações ao longo de milhões e milhões de anos. As rochas que compõem essa estrutura podem estar dispostas em camadas ou não; são de diferentes tipos, idades e têm origem em diferentes processos naturais. Sua importância está relacionada à presença de riquezas minerais e a seu papel na constituição do relevo e do solo de determinada região.

Observe no mapa a seguir a distribuição das estruturas geológicas dos continentes.

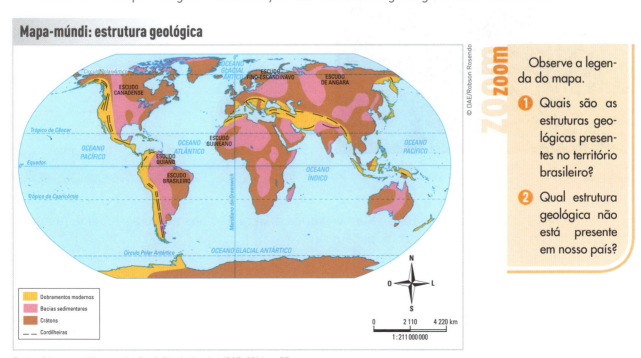

Observe a legenda do mapa.

1. Quais são as estruturas geológicas presentes no território brasileiro?
2. Qual estrutura geológica não está presente em nosso país?

Fonte: *Atlas geográfico escolar*. 7. ed. Rio de Janeiro: IBGE, 2016. p. 57.

Região da Serra da Mantiqueira. Extrema (MG), 2016.

Vista aérea dos rios São Lourenço, Rio Piquiri e Corixo Negro. Poconé (MT), 2017.

Os **maciços antigos** ou **escudos cristalinos** são o embasamento rochoso mais antigo e rígido da crosta terrestre; foram formados no Pré-Cambriano até o início da Era Paleozoica. São constituídos de **rochas cristalinas magmáticas** e **metamórficas**. Nos maciços do Proterozoico formaram-se importantes recursos minerais metálicos, como ferro, manganês, estanho, alumínio, ouro, entre outros. Esses maciços de rochas mais antigas deram origem a planaltos, montanhas baixas e, eventualmente, algumas depressões.

As **bacias sedimentares** são mais recentes do que os escudos cristalinos; sua formação teve início nas eras Paleozoica, Mesozoica e Cenozoica. São depressões preenchidas por **rochas sedimentares** (consolidação de fragmentos **minerais** de rochas erodidas e sedimentos orgânicos) que deram origem a planaltos sedimentares, planícies e depressões. As principais reservas petrolíferas e carboníferas do mundo encontram-se nas bacias sedimentares.

Os **dobramentos modernos** são estruturas rochosas recentes, formadas há aproximadamente 60 milhões de anos, sobretudo no período Terciário da Era Cenozoica. As forças horizontais desencadeadas pelo deslocamento das placas tectônicas formaram as cordilheiras ou dobramentos, como a Cordilheira dos Andes. Localizado no centro da placa Sul-Americana, o território do Brasil não foi afetado por essas forças e, portanto, não apresenta as montanhas jovens criadas por esse tipo de estrutura geológica.

Glossário

Mineral: elemento de composição química que se encontra naturalmente na crosta terrestre, resultante de processos inorgânicos.

As **rochas** são agregados naturais de um ou vários minerais e constituem parte fundamental da crosta terrestre. Conforme a origem, podem ser:
- magmáticas ou ígneas: formadas pelo resfriamento e pela solidificação do magma no interior da crosta ou na superfície;
- metamórficas: formadas pela transformação de outras rochas devido ao aumento da pressão e às altas temperaturas no interior da Terra;
- sedimentares: formadas pelo acúmulo e compactação de sedimentos de outras rochas e de material orgânico.

Cartografia em foco

Observe os mapas e faça uma leitura das informações contidas neles. Em seguida, responda às questões.

Brasil: estrutura geológica

Fonte: Vera Caldini e Leda Ísola. *Atlas Geográfico Saraiva*. 4. ed. São Paulo: Saraiva, 2013. p. 34.

1. O que cada um dos mapas representa?

2. De que forma os minerais metálicos e os combustíveis fósseis foram representados no mapa 2?

3. Que tipos de mineral predominam no território brasileiro? Em que tipos de terreno geológico são encontrados?

4. Nos mapas podemos observar a relação entre os tipos de rocha/período e a ocorrência mineral? Utilize como exemplo a Região Sul do Brasil para justificar sua resposta.

Brasil: recursos minerais

Fonte: Vera Caldini e Leda Ísola. *Atlas Geográfico Saraiva*. 4. ed. São Paulo: Saraiva, 2013. p. 35.

Altitudes e formas de relevo no Brasil

Altitudes

Devido ao embasamento geológico bastante antigo, à reduzida atividade vulcânica e tectônica e à intensa ação dos processos erosivos – com destaque para os rios e os elementos do clima –, o relevo brasileiro apresenta **altitudes modestas**.

Quase todo o território brasileiro situa-se em altitudes inferiores a 800 metros. De acordo com o Anuário Estatístico do IBGE, apenas 8% do total estão acima dessa altitude. Apenas dois picos se aproximam de 3 mil metros de altitude: o **Pico da Neblina** (2 994 m) e o Pico 31 de Março (2 973 m), ambos localizados na fronteira do Brasil com a Venezuela.

Brasil em relevo
www.cnpm.embrapa.br/projetos/relevobr/index.htm

Mapa interativo da Embrapa com as formas de relevo dos estados brasileiros.

Fonte: *Atlas geográfico escolar*. 7. ed. Rio de Janeiro: IBGE, 2016. p. 88.

1. De que forma as altitudes brasileiras foram representadas no mapa?
2. Que altitudes predominam no Complexo Regional Amazônico?
3. Com o auxílio do professor, pesquise a altitude do seu município. Ela está abaixo ou acima do limite de altitude média do território brasileiro?

Formas de relevo no Brasil

As classificações do relevo brasileiro, em geral, foram elaboradas considerando dados obtidos em observações do nosso território. Muitos geógrafos estudaram e classificaram as formas de relevo no Brasil, em diferentes épocas.

Em outubro de 1970 foi criado o Projeto Radam (Radar na Amazônia), que objetivava o mapeamento da Região Amazônica e de áreas do Nordeste para obter dados sobre recursos minerais, solos, vegetação e uso da terra. Foram utilizadas imagens de radar, captadas por avião. A partir de 1975, o levantamento foi expandido para o restante do território nacional, passando a ser denominado Projeto Radambrasil.

Desse trabalho resultou um completo levantamento da **geomorfologia** e dos recursos naturais do país. As informações obtidas possibilitaram a identificação de unidades de relevo existentes em nosso território. Considerando o emprego dessa tecnologia, bem como a origem geológica e a ação dos agentes do clima, em 1995 foi divulgada a classificação do relevo brasileiro elaborada pelo geógrafo e professor Jurandyr Ross. Segundo essa classificação, as três formas de relevo predominantes no Brasil são: **planalto**, **planície** e **depressão**.

Observe no mapa essas três formas predominantes e as 28 unidades do relevo do país, estabelecidas conforme a classificação do professor Ross.

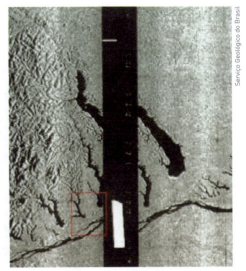

Filme original digitalizado do Projeto Radambrasil que mostra a imagem dos dois canais. Região de Linhares (ES). Disponível em: <http://marte.sid.inpe.br/col/dpi.inpe.br/marte/2011/07.27.23.38/doc/p0440.pdf>. Acesso em: set. 2018.

Glossário

Geomorfologia: configuração da superfície terrestre.

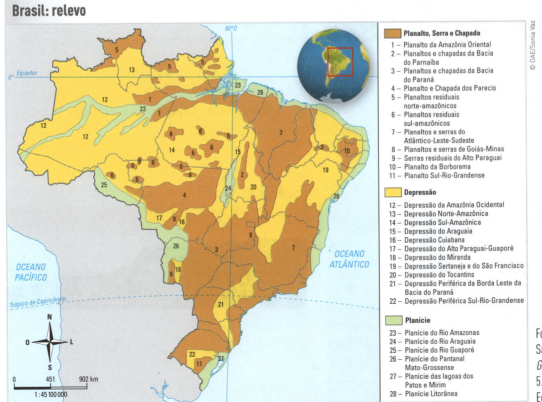

Fonte: Jurandyr L. Sanches Ross (Org.). *Geografia do Brasil.* 5. ed. São Paulo: Edusp, 2011. p. 53.

As **planícies** são áreas essencialmente planas e de baixa altitude formadas pela deposição recente de sedimentos de origem marinha e fluvial. Ocupam área relativamente pequena da superfície do território brasileiro.

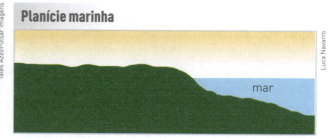

Vista aérea da Praia da Barra do Itariri. Conde (BA), 2018.

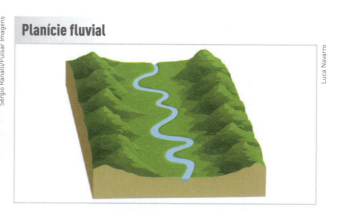

Vista aérea do Rio Kuluene na Terra Indígena do Xingu. Querência (MT), 2018.

Glossário

Platô: porção de terra elevada em relação ao nível da terra vizinha, de relevo plano.

Em contato direto com o oceano, com altitudes entre 20 e 50 metros, principalmente no litoral nordestino, aparecem os **tabuleiros** ou **platôs**, limitados por escarpas abruptas, denominadas barreiras.

Vista aérea da Praia da Lagoa Azeda. Jequiá da Praia (AL), 2017.

Os **planaltos** são a forma de relevo predominante em nosso país e correspondem às áreas em que o processo de erosão supera o de sedimentação. Podem apresentar chapadas (áreas elevadas e escarpadas com topo plano), serras (terreno acidentado com fortes declives) e **cuestas**.

> **Glossário**
> **Cuesta:** forma de relevo presente em terrenos rochosos de diferentes resistências ao processo erosivo. O declive escarpado relaciona-se com as rochas mais resistentes ao processo erosivo, o declive suave relaciona-se com as rochas de menor resistência à erosão.

Vista aérea da Serra do Espinhaço. Serro (MG), 2018.

Vista aérea do Parque Nacional da Chapada Diamantina. Palmeiras (BA), 2018.

As **depressões** correspondem a áreas mais ou menos planas rebaixadas pela erosão, geralmente localizadas entre as bacias sedimentares e os maciços cristalinos.

Vista aérea da comunidade Travessão de Ouro da etnia pipipã, localizada na Depressão Sertaneja e do Rio São Francisco. Floresta (PE), 2018.

Relevo e ação humana

No processo de construção do espaço geográfico do Brasil foram realizadas muitas alterações no relevo, visando à ocupação e à exploração dos espaços.

Mas, por mais que as formas originais do relevo tenham sido alteradas, é sobre ele que estamos assentados e organizamos nossos espaços. É sobre o relevo que organizamos as cidades e o campo, que modelamos as paisagens culturais.

A forma de ocupação do espaço e a distribuição dos elementos naturais e humanizados estão

Vista aérea de obras de terraplanagem em morro da cidade após retirada da terra. Belford Roxo (RJ), 2016.

associadas ao tipo de relevo. Em cidades localizadas em terrenos acidentados, por exemplo, o traçado das ruas acompanha as declividades, e as moradias são construídas preferencialmente nas partes mais elevadas. No campo, extensas áreas de planície favorecem a pecuária extensiva, da mesma forma que o tipo de solo favorece o cultivo de determinados produtos agrícolas.

Em muitas situações, a ocupação desordenada do relevo provoca impactos ambientais. O deslizamento de encostas é um fenômeno comum em áreas de relevo mais acidentado: a alteração da cobertura vegetal decorrente da expansão das cidades e das atividades agrícolas intensificou esse problema. A erosão acelerada nas áreas com maior declividade traz danos ao meio ambiente, degradando o solo e causando impactos na qualidade da água, por exemplo. A criação de Áreas de Preservação Permanente (APPs), com matas nas encostas e nos topos de morro, diminui o risco de deslizamentos e a perda da biodiversidade local. A lei estabelece que devem ser preservadas as encostas com declividade superior a 45° e as áreas em altitude superior a 1 800 metros, qualquer que seja a vegetação. Observe a ilustração.

Tipos de Área de Preservação Permanente (APP)

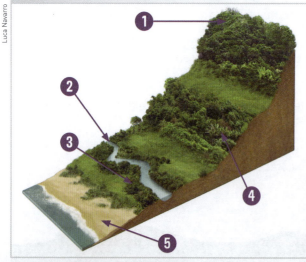

1. **Topos de morros, montes, montanhas e serras**
2. **Nascentes**
   Esta APP ocupa sempre um raio mínimo de 50 metros ao redor de nascentes.
3. **Mata ciliar**
   O tamanho desta APP depende da largura do curso-d'água:
   - de 30 metros para cursos-d'água com menos de 10 metros de largura;
   - de 50 metros para cursos-d'água com 10 a 50 metros de largura;
   - de 100 metros para cursos-d'água com 50 a 200 metros de largura;
   - de 200 metros para cursos-d'água com 200 a 600 metros de largura;
   - de 500 metros para cursos-d'água com largura superior a 600 metros.
   Ao redor das lagoas, lagos ou reservatórios de água naturais ou artificiais.
4. **Encostas**
   APP em regiões com declividade superior a 45°.
5. **Restingas**
   APP que cobre áreas fixadoras de dunas ou estabilizadoras de mangues.

Fonte: Brasil. Ministério do Meio Ambiente. Lei nº 12.651/2012. Código Florestal. Disponível em: <www.planalto.gov.br/ccivil_03/_Ato2011-2014/2012/Lei/L12651.htm>. Acesso em: jul. 2018.

Atividades

 no caderno

1. Explique o que é estrutura geológica.

2. Organize um quadro comparativo sobre as estruturas geológicas presentes em nosso país.

Estrutura geológica	Características	Presença de riquezas naturais
Bacias sedimentares		
Escudos cristalinos		

3. Justifique a baixa atividade tectônica no território brasileiro.

4. O corte topográfico e geológico, mostrado a seguir, representa o perfil feito por um pesquisador que se deslocou da área costeira para o interior do Brasil. Nesse corte, estão indicadas importantes formas de relevo (planície, tabuleiros, planalto e depressão). Observe.

Fonte: *Atlas geográfico escolar*. 7. ed. Rio de Janeiro: IBGE, 2016. p. 88.

a) Nomeie as formas de relevo indicadas pelos números 1 e 2.
b) Diferencie as formas de relevo indicadas.

5. Observe a sequência de imagens. Em seguida, responda às questões.

Fonte: Celso Santos Carvalho e Thiago Galvão. Prevenção de riscos de deslizamentos em encostas em áreas urbanas. In: Maria da Piedade Morais, Cleandro Krause e Vicente Correia Lima Neto (ed.). *Caracterização e tipologia de assentamentos precários: estudos de caso brasileiros*. Brasília: Ipea, 2016. p. 169-185.

a) Em sua opinião, que motivos levaram as pessoas a morar nesse lugar?
b) Cite dois fatores que levaram à ocorrência do deslizamento.
c) Que consequências ambientais e sociais esse evento provocou?

59

CAPÍTULO 6

Hidrografia

As águas do Brasil

O Brasil é um país privilegiado em relação à disponibilidade de água, pois conta com 15% das reservas de água doce do mundo. Toda essa água está concentrada nos **rios**, **lagos** (águas superficiais) e **aquíferos** (águas subterrâneas).

A riqueza hídrica brasileira está associada, sobretudo, ao fato de o país ter um imenso território e apresentar climas úmidos em vastas áreas. Parte de toda a água que cai sob forma de chuva escoa pela superfície e vai engrossar os rios; outra parte infiltra no subsolo e é armazenada como água subterrânea, vindo a abastecer fontes e nascentes. Por isso dispomos de tantos rios volumosos.

Casa em comunidade ribeirinha às margens do Rio Amazonas. Próximo à Itacoatiara (AM), 2017.

Vista aérea do encontro entre os rios Tietê e Pinheiros. São Paulo (SP), 2017.

O Brasil possui amplas **redes hidrográficas**. A maior delas – e também a maior do mundo – é a do Rio Amazonas, que concentra cerca de 72% da reserva brasileira de água.

Além da água superficial corrente, o país também conta com grande quantidade de **reservatórios artificiais,** que foram construídos para potencializar a disponibilidade hídrica. Em 2016 foram mapeados 19361 reservatórios artificiais no território brasileiro. Os reservatórios armazenam água nos períodos chuvosos e liberam parte desse volume nos períodos de estiagem, regularizando e diminuindo as oscilações dos volumes da água dos rios. Contudo, o sistema está condicionado ao regime das chuvas, e uma eventual sucessão de anos mais secos pode esvaziar os reservatórios.

O país também possui um imenso litoral banhado pelo Oceano Atlântico, com 7367 km de extensão.

As **águas oceânicas** próximas ao litoral de um país pertencem a ele e formam seu mar territorial. Além dessa região, o Brasil adquiriu o direito de soberania em relação à exploração dos recursos naturais em áreas oceânicas na chamada Zona Econômica Exclusiva (ZEE).

Observe no mapa a representação da extensão territorial marítima brasileira.

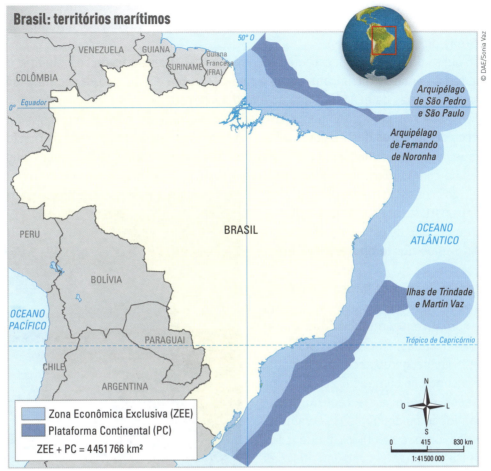

Fonte: Carlos Frederico Simões Serafim (Coord.). *O mar no espaço geográfico brasileiro*. Brasília: Ministério da Educação, 2005. v. 8. p. 17. (Coleção Explorando o Ensino). Disponível em: <http://portal.mec.gov.br/seb/arquivos/pdf/EnsMed/expensgeo_1e2.pdf>. Acesso em: ago. 2018.

A maior parte da população brasileira vive próxima ao Oceano Atlântico, a menos de 200 quilômetros do litoral. Muitas cidades localizadas à beira-mar se desenvolveram em razão das facilidades de transporte oferecidas pelo mar e dos recursos naturais nele obtidos; além disso, a região litorânea foi a principal área de povoamento no período colonial.

A grande área costeira do Brasil favorece as transações comerciais e o aproveitamento de atividades relacionadas ao mar, como a pesca, a aquicultura, a **navegação de cabotagem** e a extração de recursos minerais, como petróleo e sal.

Destacamos alguns dos principais portos marítimos do Brasil, do sul para o norte: Rio Grande (RS), São Francisco do Sul e Itajaí (SC), Paranaguá (PR), Santos (SP), Rio de Janeiro (RJ), Itaguaí (RJ), Vitória (ES), Salvador (BA), Aratu (BA) e Suape (PE).

Vista aérea do acesso ao Complexo Industrial Portuário Governador Eraldo Gueiros. Ipojuca (PE), 2015.

Glossário

Navegação de cabotagem: navegação doméstica, pela costa do país.

Os rios brasileiros

Os rios estão distribuídos irregularmente pelo imenso território brasileiro, e muitos deles percorrem também áreas de países vizinhos.

Cada rio ou curso de água possui características próprias, resultantes da combinação dos elementos naturais da região onde se formaram, como o relevo, o clima e a cobertura vegetal, com as consequências diretas e indiretas da ação humana ao longo de seu curso.

A maior parte dos rios brasileiros nasce em terrenos planálticos: serras, morros e colinas são os principais **centros dispersores** dos rios brasileiros. Ao percorrer relevo de planalto os rios formam quedas-d'água, o que favorece o aproveitamento hidráulico. Já os rios de planície favorecem a navegação.

Nas regiões de clima úmido, no Brasil, predominam rios caudalosos, perenes e com grande volume de água, abastecidos constantemente pela água das chuvas. Em contrapartida, em certas áreas da Região Nordeste, no período de estiagem, alguns rios chegam a secar. São os **rios temporários** ou **intermitentes**.

O volume de água dos rios também está condicionado a fenômenos naturais extremos, como a variabilidade climática. A diminuição das chuvas nas duas últimas décadas, nas regiões Nordeste, Sudeste e Centro-Oeste, gerou secas prolongadas e intensas. Essa condição climática rebaixou o nível dos rios, secou mananciais e reduziu drasticamente a quantidade de água nos reservatórios. Instalou-se então uma crise hídrica que comprometeu a oferta de água nas regiões afetadas, acarretando vários episódios de racionamento.

Rio Piranhas. Pendências (RN), 2018.

Uso e qualidade das águas dos rios

Os principais usos da água dos rios brasileiros são para abastecimento humano e animal, irrigação de lavouras, produção industrial, geração de energia, mineração, aquicultura, navegação, turismo e lazer.

A retirada e o consumo das águas dos rios no Brasil cresce a cada ano. Segundo relatório de 2017, da Agência Nacional de Águas, nas duas últimas décadas, a retirada de água teve um aumento de 80%, e deve crescer mais 30% até 2030. A urbanização e o desenvolvimento econômico de vários setores de atividades estão entre os principais fatores que levaram a esse aumento.

zoom

1. A força das águas dos rios constitui fonte de energia hidráulica. Como essa energia pode ser aproveitada?
2. Que tipo de relevo favorece o aproveitamento da energia hidráulica?
3. Que tipo de energia abastece a sua moradia? De onde ela provém?

Usina Hidrelétrica Engenheiro Souza Dias. Três Lagoas (MS), 2018.

Observe no infográfico a seguir o percentual de consumo de água no Brasil, em 2016, por setores.

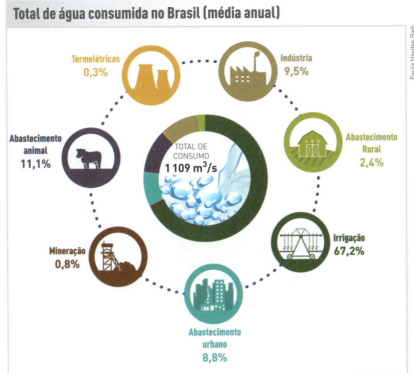

Glossário

Demanda Bioquímica de Oxigênio (DBO): mecanismos usados para medir a poluição das águas por matéria orgânica e a qualidade do tratamento de esgoto. Durante o tratamento, ao menos 60% da DBO precisa ser removida.

Efluente: resíduo proveniente das indústrias, dos esgotos e das redes pluviais que é lançado no meio ambiente, na forma de líquido ou de gás.

Fonte: Brasil. Agência Nacional de Águas. *Conjuntura dos recursos hídricos no Brasil 2017*: relatório pleno. Brasília: ANA, 2017. p. 54.

A qualidade da água superficial é condicionada por variáveis naturais – por exemplo, o regime de chuvas, o escoamento superficial, a geologia e a cobertura vegetal – e por impactos da ação humana – como o lançamento de **efluentes** provenientes de fontes poluidoras diversas, o manejo dos solos, entre outros.

Praticamente todos os rios próximos a cidades brasileiras estão poluídos por esgotos domésticos e/ou dejetos industriais. No Brasil, as cidades lançam 91 mil toneladas de **DBO** por dia de esgoto nos rios, e 45% desse total não recebe tratamento. A maioria das cidades brasileiras apresenta baixos níveis de remoção da carga orgânica – especialmente cidades das regiões Norte e Nordeste.

A água de chuvas ácidas, em regiões de poluição atmosférica, também polui os rios. No espaço rural, os rios são poluídos por compostos tóxicos provenientes de adubos e pesticidas utilizados na agricultura, ou pelo mercúrio utilizado nos garimpos.

A qualidade da água tem grande impacto na saúde pública e nas condições de vida da população. A água com propriedades adequadas também é essencial para o equilíbrio e o funcionamento dos ecossistemas. No ciclo hidrológico, a água flui pelos rios e outros corpos-d'água da bacia hidrográfica, tornando-se disponível às pessoas; por isso, o estado de conservação dos mananciais e dos ecossistemas em seu entorno condiciona sua qualidade. Nesse processo, é fundamental a manutenção da mata ciliar.

Para verificar as condições de qualidade das águas dos rios brasileiros, bem como determinar a quantidade disponível, existem órgãos públicos e privados responsáveis por um monitoramento hidrológico em todo o território nacional. Os dados do monitoramento são gerados por estações fluviométricas, estações pluviométricas e satélites. O investimento nesses recursos é muito alto, e poderia ser destinado a outros setores da sociedade se houvesse melhor uso e preservação da qualidade das águas dos rios brasileiros.

Lixo e entulho descartados na margem do Córrego Mulungu. Juazeiro (BA), 2016.

Regiões hidrográficas do Brasil

O território brasileiro foi dividido em 12 **regiões hidrográficas**, cada uma das quais corresponde a uma ou mais bacias hidrográficas. Bacia hidrográfica é a área drenada por um rio e seus afluentes.

Observe no mapa as regiões hidrográficas brasileiras. Identifique o principal rio das maiores bacias e o curso que percorrem no território brasileiro.

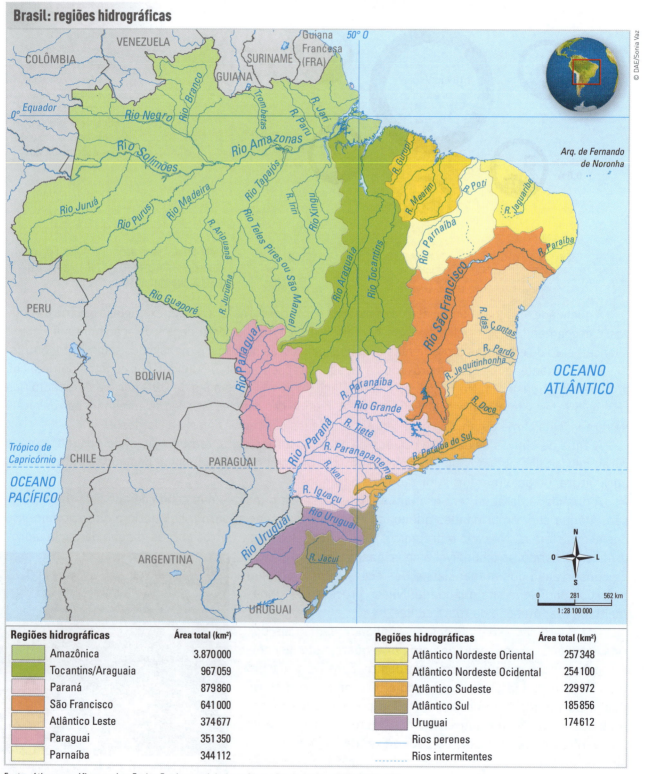

Fonte: *Atlas geográfico escolar: Ensino Fundamental do 6º ao 9º ano*. Rio de Janeiro: IBGE, 2010. p. 16.

Bacia Amazônica

Cerca de um quinto da água superficial do planeta encontra-se na Bacia Hidrográfica do Rio Amazonas, que drena 7 milhões de km² no Brasil e países vizinhos. Desse total, mais de 4 milhões de km² situam-se em território brasileiro.

O **Rio Amazonas** é o maior e mais volumoso rio do mundo. Ele nasce na Cordilheira dos Andes, no Peru, e recebe os nomes de Vilcanota, Ucaiali e Marañon ao longo de seu curso, até alcançar o território brasileiro. Ao entrar no Brasil, passa a se chamar Solimões até as proximidades da cidade de Manaus, onde encontra o afluente Rio Negro e recebe o nome de Rio Amazonas. Daí segue até a foz, no Oceano Atlântico, atravessando os estados do Amazonas e do Pará. É considerado um rio de planície, pois percorre uma extensa área de terreno plano e de baixa altitude.

A grandeza da Bacia Amazônica deve-se, sobretudo, à quantidade de água que ela recebe das chuvas e do degelo da Cordilheira dos Andes. Os dispersores de água dessa bacia encontram-se nos Andes, nos planaltos norte-amazônicos e no Planalto dos Parecis.

Os rios da Bacia Amazônica apresentam diferenças entre si, sobretudo em relação à tonalidade de suas águas.

O Rio Negro, por exemplo, é rico em matéria orgânica, mas suas águas são escuras, o que dificulta a penetração da luz. Os rios de águas claras, como o Solimões, favorecem boa penetração de luz, mas contêm baixo teor de nutrientes.

Por causa desses contrastes, no encontro do Rio Negro com o Rio Solimões, o Amazonas apresenta um notável fenômeno natural: o **encontro das águas**; as águas claras do Solimões e as águas escuras do Rio Negro correm lado a lado por vários quilômetros, até se misturarem.

Outro fenômeno natural característico é a **pororoca**: as águas do rio e do mar na maré enchente se encontram e formam ondas de alguns metros de altura, que se deslocam rio adentro com muita força e grande estrondo. Esse fenômeno é mais notável em determinadas épocas do ano, quando ocorrem as maiores marés.

Meninas ribeirinhas navegam em canoa de madeira no Rio Solimões. Uarini (AM), 2016.

Encontro das águas do Rio Negro com o Rio Solimões. Próximo a Manaus (AM), 2018.

Navio cargueiro no Rio Amazonas. Itacoatiara (AM), 2017.

Os afluentes do Rio Amazonas também estão entre os maiores rios do mundo. Os rios Negro, Tapajós, Xingu, Purus, além do próprio Amazonas, são navegáveis e percorridos pela população em seus deslocamentos cotidianos, desempenhando importante papel no transporte de pessoas e mercadorias.

O Rio Amazonas permite a entrada de navios de grande porte até a cidade de Manaus (AM), situada às margens do Rio Negro. A Bacia Amazônica abriga 44% dos portos públicos brasileiros, o que mostra a importância da navegação fluvial para o transporte regional de pessoas e mercadorias.

Os rios da bacia Amazônica possuem elevado potencial hidráulico. No entanto, as obras para a construção de usinas hidrelétricas na região têm forte impacto social e ambiental porque implicam na devastação de extensas áreas de floresta, comprometem os meios de subsistência das populações indígenas e de ribeirinhos, e ameaçam de extinção várias espécies da **fauna**. Foi o que ocorreu décadas atrás com a construção da Usina Hidrelétrica de Balbina (1985-1989), no estado do Amazonas, e mais recentemente com a Usina de Belo Monte (2011-2016), no Rio Xingu, no estado do Pará.

Glossário

Fauna: vida animal de determinada região.
Eclusa: sistema elevatório construído em rio onde há grande desnível de terreno para possibilitar a transposição e o tráfego de embarcações.

Bacia do Tocantins-Araguaia

Constitui a maior bacia hidrográfica totalmente brasileira. Ela é formada pelo **Rio Tocantins** e seus afluentes, dos quais o maior é o **Rio Araguaia**. O grande potencial hidroenergético dessa bacia é aproveitado pela Usina de Tucuruí. A construção dessa usina (1976-1984) foi um grande desastre social e ecológico: o reservatório inundou uma enorme extensão de áreas florestais que abrigavam populações indígenas e de ribeirinhos, aniquilando também uma infinidade de espécies animais e vegetais.

Na bacia do Tocantins-Araguaia, em 2010, foram inauguradas as **eclusas** de Tucuruí. Transpondo desníveis de 33 metros cada uma, elas são as maiores do mundo em desnível e favorecem a navegação em grandes trechos do Rio Tocantins.

Navio em eclusa da barragem de Tucuruí no Rio Tocantins, durante testes finais antes de sua inauguração. Tucuruí (PA), 2010.

Bacia do Parnaíba

O **Rio Parnaíba** serve como limite entre os estados do Piauí e do Maranhão e marca a transição entre o bioma da Caatinga e o da Floresta Tropical.

Ao desaguar no Oceano Atlântico, o rio divide-se em cinco braços que envolvem 73 ilhas, constituindo um dos maiores deltas do mundo e uma área litorânea de grande biodiversidade terrestre e aquática (marinha e fluvial).

Rio Parnaíba. Divisa entre os estados do Maranhão e Piauí, 2016.

Bacia do São Francisco

O **Rio São Francisco** é conhecido popularmente como "Velho Chico" pela população da Região Nordeste. Nasce na Serra da Canastra, no estado de Minas Gerais, e segue rumo ao norte até chegar a Pernambuco, quando se volta para leste e deságua no Oceano Atlântico, entre os estados de Alagoas e Sergipe. O São Francisco foi um importante caminho de penetração de colonizadores no interior da Região Nordeste. No período colonial, era chamado de Rio dos Currais, porque o gado era conduzido para o interior ao longo de seu curso.

Vista aérea de cidade na beira do Rio São Francisco. Belém do São Francisco (PE), 2018.

A nascente do Rio São Francisco, no estado de Minas Gerais, localiza-se em uma área de pluviosidade regular.

Por ter uma grande extensão navegável, constitui uma importante via de transporte na Região Nordeste. O Rio São Francisco também é utilizado para a geração de energia elétrica. Como apresenta trechos encachoeirados devido à borda de planaltos, foram construídas várias usinas hidrelétricas, que garantem energia para toda a região.

O represamento das águas do rio também favoreceu a irrigação de terras do Sertão próximas a seu curso. Desse modo, em torno de suas margens surgiu uma área verde de 30 mil hectares, com intensa produção agrícola. Um projeto em andamento desde 2007, de transposição das águas do São Francisco para abastecer o Sertão nordestino, deve garantir água para mais de 12 milhões de pessoas e irrigar 161 500 hectares até 2025.

Contudo, o avanço desses grandes empreendimentos, como as usinas hidrelétricas e a transposição do Rio São Francisco, também pode trazer consequências negativas. Um exemplo seria o desequilíbrio entre as espécies de peixes, causando impacto direto no modo de vida das comunidades tradicionais de pescadores. A irrigação excessiva tem sido o fator determinante do **estresse hídrico** nas bacias dos rios Grande e Verde Grande, afluentes do Rio São Francisco.

Outro problema que ocorre com frequência é a derrubada das matas ciliares e o consequente assoreamento do leito, fenômeno que prejudica a navegação e compromete a qualidade da água.

Glossário

Estresse hídrico: condição em que a procura por água e o consumo médio por habitante superam a capacidade de oferta.

Viver

Leia os textos a seguir, que trazem informações sobre a bacia do rio São Francisco.

Texto 1

[...] O rio São Francisco, esse gigante que percorre aproximadamente 2 800 km desde o Sudeste até o Nordeste, fora batizado por nossos ancestrais indígenas como rio Opará. Opará, que quer dizer "rio mar", carrega em sua história diversas lendas e mitos que compõem um dos mais belos imaginários da cultura popular brasileira.

Esse rio tem como mitologia fundadora a história de que, em um Chapadão – hoje Minas Gerais –, onde viviam diversas tribos indígenas, antigos guerreiros partiram em guerra rumo ao Norte. Eles eram tantos que seus passos abriram um enorme sulco na terra no longo caminho que percorreram. Entre eles, vivia uma bela índia chamada Iati, que, com a morte de seu amado índio guerreiro durante tal guerra, chorou tanto que suas lágrimas foram derramadas Chapadão abaixo, formando uma grande queda-d'água, cachoeira que hoje chamamos de Casca d'Anta, situada na Serra da Canastra. Segundo essa mitologia, as lágrimas transformadas em cascata percorreram todo o caminho deixado pelos guerreiros até desaguarem no mar e formarem, assim, o que atualmente conhecemos como rio São Francisco.

[...]

Ana Carolina Aguerri Borges da Silva. *As águas do Rio São Francisco*: disputas, conflitos e representações do mundo rural. Campinas, 2017. Dissertação (Doutorado em Ciências Sociais) – Instituto de Filosofia e Ciências Humanas, Universidade Estadual de Campinas. p. 53-54. Disponível em: <www.repositorio.unicamp.br/bitstream/REPOSIP/322631/1/Silva_AnaCarolinaAguerriBorgesDa_D.pdf>. Acesso em: jul. 2018.

Texto 2

[...]

As carrancas, por sua vez, são imponentes esculturas de madeira que representam um ser mítico e feroz com traços de homem e animal em seu semblante. Sua figura está diretamente ligada à navegação no São Francisco, sendo colocada na proa das embarcações tanto para adornar como para proteger os pescadores e barqueiros dos maus espíritos [...].

Inventário cultural do Rio São Francisco; Instituto Estadual do Patrimônio Histórico e Artístico de Minas Gerais. Belo Horizonte: Instituto Estadual do Patrimônio Histórico e Artístico de Minas Gerais, 2015. Disponível em: <www.iepha.mg.gov.br/images/com_arismartbook/download/8/Inventario%20Cultural%20do%20Sao%20Francisco.pdf>. Acesso em: jul. 2018.

Carranca utilizada em proa de navio. Petrolina (PE), 2016.

1. Identifique no texto 1 aspectos que evidenciam a relação entre a mitologia e as características naturais do Rio São Francisco.

2. Segundo o texto 2, o que as carrancas representam para os pescadores e navegantes? Pesquise outros elementos culturais relacionados ao Rio São Francisco e apresente aos colegas.

3. Pesquise imagens de vários aspectos do Rio São Francisco – naturais, sociais e econômicos – e exponham-nas no mural da sala de aula, acompanhadas de legenda que as identifique.

4. Você tem conhecimento de elementos culturais relacionados ao principal rio de seu município ou de algum rio próximo a ele? Pesquise e relate aos colegas.

Bacia Platina

A **Bacia Platina** é formada pelas bacias dos rios **Paraná**, **Paraguai** e **Uruguai**. Como a maior parte de seus cursos atravessa relevo acidentado de planalto, apresentam condições favoráveis para a construção de usinas hidrelétricas.

A Bacia do **Rio Paraná**, especialmente, apresenta o maior potencial hidrelétrico instalado do país, e as usinas aí implantadas nas últimas décadas contam com eclusas para facilitar a navegação. É nesse rio que está localizada a **Usina Binacional de Itaipu**, uma das maiores do mundo. Itaipu produz energia elétrica para o Paraguai e para os estados do Sul e Sudeste do Brasil. Dezenas de outras usinas instaladas no Rio Paraná e em seus principais afluentes fornecem energia para o Centro-Sul, região que concentra os maiores centros urbanos e econômicos do país.

Usina Binacional de Itaipu. Foz do Iguaçu (PR), 2018.

Barco na parte alta do Rio Paraguai com o Rio São Lourenço. Corumbá (MS), 2018.

O **Rio Paraguai**, que atravessa a planície do Pantanal Mato-Grossense, deságua no Rio Paraná, e também recebe as águas do **Rio Uruguai** pouco antes de chegar ao Atlântico, originando o Rio da Prata. Por essa razão, a Bacia Platina escoa grande parte dos produtos comercializados no Mercosul.

Conviver

O texto a seguir relata o maior desastre ambiental ocorrido no Brasil, na Bacia do Rio Doce, que faz parte da Bacia Costeira do Sudeste.

[...] O rompimento da barragem de Fundão, situada em Mariana, Minas Gerais, em 5 de novembro de 2015, liberou um volume estimado de 34 milhões de m³ de rejeitos de mineração, causando perdas de vidas humanas e diversos impactos socioeconômicos e ambientais na bacia do rio Doce. As ondas de lama e de cheia produzidas pelo rompimento percorreram mais de 650 km até a foz do rio no litoral do Espírito Santo. A alta carga de sedimentos que alcançou os corpos d'água da bacia causou a interrupção do abastecimento d'água das populações servidas pelo rio Doce além do comprometimento dos demais usos. [...]

Brasil. Agência Nacional de Águas. *Conjuntura dos recursos hídricos no Brasil 2017*: relatório pleno. Brasília: ANA, 2017. p. 49.

1. Com a orientação do professor, organize-se em grupo com os colegas e, com base na leitura do texto, pesquisem sobre esse desastre ambiental e socioeconômico ocorrido na Bacia do Rio Doce. Cada um ficará responsável por trazer dados, notícias e imagens sobre aspectos relacionados à localização e características naturais da bacia; as causas, responsabilidades e consequências jurídicas; as medidas tomadas para evitar que a tragédia se repita; a condição atual da bacia; e o atendimento da população afetada.

Caleidoscópio

SÃO FRANCISCO, O RIO-MAR

Antes de ser nomeado São Francisco, o rio já era chamado, pelas comunidades indígenas que vivem às suas margens, de Opará, palavra que significa "rio-mar".

O avanço de grandes empreendimentos, como usinas hidrelétricas e o projeto de transposição do rio, que tem o objetivo de solucionar o problema da seca no Nordeste, tem trazido consequências negativas à dinâmica natural do rio. Um exemplo é o desequilíbrio entre as espécies, causando impacto direto no modo de vida das comunidades tradicionais, que sempre tiveram o rio como fonte de alimento e renda.

Petrolina (PE), 2014.

Petrolina (PE), 2014.

Terra indígena Pankararu. Tacaratu (PE), 2014.

Por meio de um grande projeto de irrigação, uma região árida e seca do Sertão nordestino transformou-se em uma área verde de mais de 30 mil hectares com intensa produção agrícola. Atualmente, o Vale do São Francisco é um importante produtor de frutas e hortaliças, com mais de 50 tipos de culturas. Na sub-região compreendida entre Petrolina e Juazeiro destaca-se a maior produção de uva e manga do país, cujas frutas são exportadas e reconhecidas internacionalmente por sua qualidade.

Bom Jesus da Lapa

Carinhanha

Rio São Francisco

São Francisco

Pirapora

Três Marias

Represa de Três Marias

Já foram identificadas mais de 152 espécies de peixes nativos do São Francisco. Esses são os mais conhecidos.

 Curimatã-pacu
 Dourado
 Pirá
 Surubim
 Matrinxã
Piau-verdadeiro
Mandiaçu
 Mandi-amarelo

1:6 800 000

Fontes: Godinho, Hugo Pereira; Godinho, Alexandre Lima (Org.). *Águas, peixes e pescadores do São Francisco das Minas Gerais*. Belo Horizonte: PUC Minas, 2003. Disponível em: <www.sfrancisco.bio.br/arquivos/GodinhoH001.pdf>. Acesso em: set. 2018; César Nunes de Castro. *Transposição do Rio São Francisco: análise de oportunidade do projeto*. Instituto de Pesquisa Econômica Aplicada. 2011. Disponível em: <www.ipea.gov.br/portal/images/stories/PDFs/TDs/td_1577.pdf>. Acesso em: set. 2018; IBGE. No vale do São Francisco, Censo Agro colhe dados de frutas que ganham o mundo. Agência IBGE Notícias. Disponível em: <agenciadenoticias.ibge.gov.br/agencia-noticias/2012-agencia-de-noticias/noticias/18656-no-vale-do-sao-francisco-censo-agro-colhe-dados-de-frutas-que-ganham-o-mundo.html>. Acesso em: set. 2018; Regina Coeli Vieira Machado. *Carrancas do São Francisco*. Pesquisa Escolar Online, Fundação

Januária (MG), 2013.

As carrancas são o principal elemento cultural do Rio São Francisco. Elas tradicionalmente são colocadas em embarcações para simbolizar uma forma de afastar maus espíritos durante a atividade pesqueira ou no transporte de cargas e pessoas.

Muitas senhoras das comunidades que vivem às margens do São Francisco mantêm o costume de lavar e "bater a roupa" à beira do rio e, depois, deixá-la para quarar nas pedras próximas. Esse trabalho, tradicionalmente, é acompanhado de cantos que falam sobre o ofício e as distraem.

Januária (MG), 2013.

Delmiro Gouveia (AL), 2013.

Na divisa entre Bahia, Alagoas e Sergipe é possível apreciar os Cânions do São Francisco, paredões rochosos que formam um vale com 65 quilômetros de extensão, 170 metros de profundidade e de 50 a 300 metros de largura. Estima-se que essas formações tenham, aproximadamente, 60 milhões de anos, originadas pela ação da água do rio e do vento nas rochas. Durante um passeio náutico pelos cânions é possível contemplar a beleza exuberante dessas formações e da fauna e flora que as cerca.

1. Escreva em quais estados brasileiros localizam-se, respectivamente, a nascente e a foz do Rio São Francisco.

2. Qual é a importância do Rio São Francisco para o modo de vida das comunidades tradicionais?

3. Converse com os colegas e o professor sobre os prós e contras do projeto de transposição de águas do Rio São Francisco. Registre suas conclusões no caderno.

Joaquim Nabuco, Recife. Disponível em: <http://basilio.fundaj.gov.br/pesquisaescolar/>. Acesso em: set. 2018; Vanessa Empinotti. Quando ter água na torneira não é o suficiente: os diferentes significados da água em uma comunidade ribeirinha do Baixo Rio São Francisco. *IV Encontro Nacional da Anppas*. jun. 2008. Disponível em: <http://anppas.org.br/encontro4/cd/ARQUIVOS/GT12-440-961-20080510215052.pdf>. Acesso em: set. 2018; Tiago Sá Teles Cordeiro e Regina Celeste de Almeida Souza. A complexidade territorial do Canyon do Rio São Francisco e suas várias instâncias de governança para o turismo. *Revista de desenvolvimento econômico*, ano XVII, Edição especial. p. 361-376 dez. 2015. Disponível em: <https://revistas.unifacs.br/index.php/rde/article/viewFile/4012/2734>. Acesso em: set. 2018.

As águas subterrâneas

No Brasil, as reservas de água subterrânea são estimadas em 200 mil km³, sendo as mais expressivas o **Aquífero Guarani** e o **Sistema Aquífero Grande Amazônia (Saga)**. O Aquífero Guarani está localizado no sul da América do Sul e a maior parte de sua água está em rochas porosas. O Saga estende-se sob a Amazônia, da Ilha de Marajó ao sopé dos Andes, e é quatro vezes maior do que o Guarani. Como corre sob terreno arenoso, quando a chuva cai, penetra com facilidade no solo. A areia faz uma espécie de filtro natural e, assim, a água chega limpa no reservatório subterrâneo.

As águas subterrâneas no Brasil vêm sendo progressivamente exploradas para o abastecimento de cidades e núcleos urbanos, assim como para a indústria, a irrigação e o turismo.

Os aquíferos já abastecem de 30% a 40% da população do país, sobretudo em cidades de médio e pequeno porte, embora também atendam várias capitais. No estado de São Paulo, 70% dos núcleos urbanos são abastecidos total ou parcialmente pelas águas subterrâneas. Nas áreas secas do Nordeste, muitas comunidades rurais dependem das águas subterrâneas, usadas até para irrigação.

As águas subterrâneas termais ou minerais também são geradoras de turismo, como nas cidades de Caldas Novas (GO) e Poços de Caldas (MG), entre muitas outras em todo o Brasil.

Brasil: aquíferos

Fonte: Richey, A. S., Thomas, B. F., Lo, M.-H., Reager, J. T., Famiglietti, J. S., Voss, K., Swenson, S. and Rodell, M. (2015). *Quantifying renewable groundwater stress with GRACE*. Water Resources Research, 51, 5217–5238. Disponível em: <https://agupubs.onlinelibrary.wiley.com/doi/full/10.1002/2015WR017349>. Acesso em: ago. 2018.

De forma geral, as águas subterrâneas no Brasil são de boa qualidade e têm propriedades físico-químicas e bacteriológicas adequadas a diversos usos, incluindo o consumo. No entanto, muitas atividades humanas comprometem significativamente alguns aquíferos.

Atividades

1. Apresente quatro características da hidrografia brasileira.
2. Qual é a importância do relevo para o potencial hidráulico dos rios brasileiros?
3. Explique a frase: "Os rios são as 'estradas' da Amazônia".
4. Copie o esquema a seguir e preencha-o com as características das bacias hidrográficas.

Bacia hidrográfica	Localização	Características
Amazônica		
São Francisco		
Platina		

5. O Centro-Sul é uma região com muitos rios. Três deles servem de limites territoriais entre o Brasil e países vizinhos. Pesquise e identifique quais são esses rios e os territórios entre os quais eles estabelecem fronteiras.

6. As fotografias abaixo retratam atividades desenvolvidas no Rio São Francisco. Identifique quais são essas atividades e explique a importância delas para a economia nordestina.

Vista aérea da Usina Hidrelétrica Luiz Gonzaga no Rio São Francisco. Petrolândia (PE), 2018.

Barco no Rio São Francisco. Pirapora (MG), 2016.

7. Leia o texto a seguir e responda às questões.

[...] As camadas do solo funcionam como filtro que restringe a poluição dos aquíferos, porém, dependendo da concentração e características físico-químicas dos poluentes depositados no solo, esse filtro não é eficiente permitindo que os compostos atinjam águas subterrâneas. Como essas águas apresentam baixa capacidade de **depuração** devido à baixa atividade biológica e pequena capacidade de diluição, os poluentes são de difícil remoção. Nas áreas de afloramento das formações geológicas, onde a rocha está exposta ou apenas recoberta por camadas de solo, a recarga de aquíferos (infiltração de água) é direta, transformando essas áreas em pontos vulneráveis onde o risco de poluição se torna maior. As fontes de poluição estão diretamente relacionadas ao uso do solo. A disposição inadequada de resíduos sólidos e infiltração de efluentes, além de fontes difusas como a agricultura (adubação excessiva e uso inadequado de pesticidas) são algumas das atividades antrópicas responsáveis pela contaminação das águas subterrâneas. [...]

Sonia Santos, Luciana Camargo de Oliveira, Ademir dos Santos, Júlio César Rocha e André Henrique Rosa. Poluição aquática. In: André Henrique Rosa, Leonardo Fernandes Fraceto e Viviane Moschini-Carlos (Org.). *Meio ambiente e sustentabilidade*. Porto Alegre: Bookman, 2012. p. 43-44.

a) O que são os aquíferos? Quais são os maiores do Brasil?
b) Qual é a importância econômica das águas dos aquíferos?
c) De que forma os aquíferos são poluídos? Cite exemplos.
d) Por que a poluição dos aquíferos é de difícil remoção?

Glossário

Depuração: processo de remoção de impurezas.

CAPÍTULO 7
Clima e formações vegetais

Diversidade natural

O Brasil é um dos poucos países do mundo onde, em razão da variedade climática e da grande extensão territorial, é possível encontrar paisagens muito distintas.

Os elementos da natureza estão associados entre si. Por isso, as diferentes combinações de tipos de clima, de relevo e de solo resultaram no desenvolvimento de diferentes **formações vegetais**.

Observe nas fotografias a seguir duas paisagens do Brasil bem diferentes uma da outra.

Cabrobó (PE), 2018.

Bom Jardim da Serra (SC), 2016.

zoom

1. Compare as fotografias e descreva as paisagens.
2. Alguma dessas paisagens é parecida com a do lugar em que você mora?
3. Como você acha que é o clima dos lugares retratados nas fotografias?
4. Em que região do Brasil podemos encontrar paisagens como a da segunda fotografia?

O Brasil está entre os países **megadiversos** do mundo, ou seja, que apresentam grande variedade de espécies da fauna e da **flora**, compondo importantes ecossistemas. Ele faz parte do conjunto de 17 países que respondem por 70% da biodiversidade do planeta.

Para proteger as áreas naturais do país, foram criadas pelo governo federal as **Unidades de Conservação** (UC). Elas podem ser de dois tipos: **Unidades de Proteção Integral**, nas quais a proteção da natureza é o principal objetivo, e as **Unidades de Uso Sustentável**, que visam conciliar a conservação da natureza com o uso sustentável dos recursos naturais, em que a coleta e o uso dos recursos naturais são permitidos.

Selos alusivos à região do Pantanal, 2001.

Glossário

Flora: vida vegetal de determinada região.

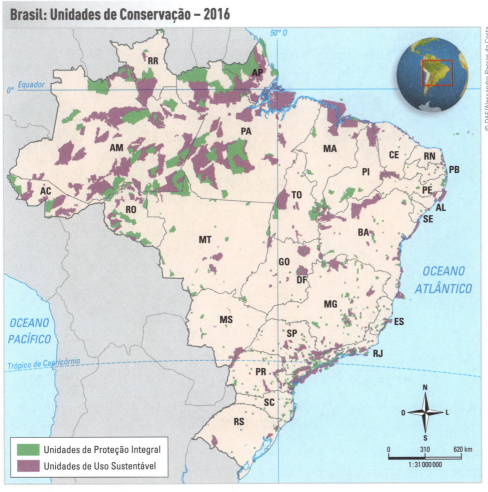

Fonte: Ministério do Meio Ambiente. *Sistema Nacional de Unidades de Conservação da Natureza (SNUC)*, 2016. Disponível em: <https://mmagovbr-my.sharepoint.com/personal/22240033827_mma_gov_br/Documents/CNUC/Site/A0_CNUC_PT-BR.pdf?slrid=b370779e-b0cf-6000-dc63-548f5ad3a760>. Acesso em: jul. 2018.

zoom

① Qual é a importância das Unidades de Conservação?

② Em que região brasileira se concentra a maioria das Unidades de Conservação? Por quê?

③ Você sabe se existem Unidades de Conservação em seu estado? Pesquise e indique quais são os tipos.

Tipos de clima

No Brasil predominam os climas quentes, porque a maior parte do território (92%) está localizado na **zona tropical** do planeta. O restante do território (8%) estende-se pela **zona temperada sul**, onde as temperaturas médias são menores. As duas fotografias observadas anteriormente, na página 74, são exemplos de paisagens localizadas em latitudes bem diferentes.

Dessa forma, podemos afirmar que a **latitude** é o principal fator determinante das variações de temperatura no país. Nas áreas próximas ao Equador, as temperaturas médias são mais elevadas. À medida que as latitudes aumentam, ou seja, que aumenta a distância em relação à Linha do Equador, as temperaturas médias vão diminuindo; por isso, o clima é mais ameno no sul do país, com baixas temperaturas durante o inverno.

A **altitude** também é um fator climático bastante significativo, especialmente nas serras e planaltos do Atlântico Leste e Sudeste, onde a altitude é maior e as temperaturas médias são mais baixas.

Os efeitos da latitude, combinados com a altitude do relevo e outros fatores – continentalidade e atuação das massas de ar e das correntes marítimas –, são responsáveis pela diversidade climática do país, que apresenta seis tipos de clima: **equatorial**, **tropical**, **tropical atlântico**, **tropical de altitude**, **tropical semiárido** e **subtropical**.

Observe o mapa. Em seguida, compare-o com o mapa de vegetação original do Brasil.

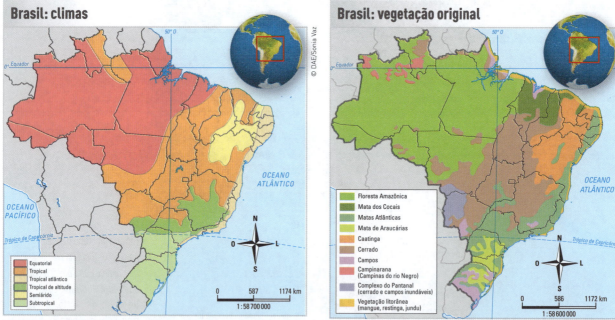

Fonte: Gisele Girardi e Jussara Vaz Rosa. *Atlas geográfico do estudante.* São Paulo: FTD, 2011. p. 24.

Fonte: Gisele Girardi e Jussara Vaz Rosa. *Atlas geográfico do estudante.* São Paulo: FTD, 2011. p. 26.

A leitura dos mapas possibilita perceber as inter-relações entre os tipos climáticos e as formações vegetais que se desenvolveram nos solos brasileiros. Essa variedade de formações vegetais compreende a biodiversidade brasileira e faz parte dos seguintes biomas: **Amazônia**, **Cerrado**, **Caatinga**, **Mata Atlântica**, **Pantanal** e **Pampa**.

Ao longo do tempo, as transformações ocorridas no espaço geográfico brasileiro comprometeram muito a cobertura vegetal original do território. Grande parte da vegetação foi eliminada, principalmente, pelas atividades agropecuárias e pelo intenso processo de urbanização pelo qual o país passou, sobretudo nos dois últimos séculos. Atualmente, a vegetação nativa ocupa pouco espaço em relação à cobertura original.

Clima e coberturas vegetais brasileiras

O clima que predomina no norte do Brasil é o **clima equatorial**.

Esse clima caracteriza-se por altas temperaturas – médias térmicas em torno de 26 °C – e alta pluviosidade durante todo o ano. A umidade anual é, em média, superior a 80%. As altas temperaturas e as chuvas abundantes explicam a presença de uma floresta tão exuberante: a **Floresta Amazônica**.

A Floresta Amazônica é bastante heterogênea e hidrófila, ou seja, apresenta grande variedade de espécies vegetais e depende de muita umidade para se desenvolver.

É uma floresta latifoliada (predominância de vegetais de folhas grandes e largas), com mata densa e escura. Como as árvores são muito altas – as maiores espécies podem atingir de 60 a 65 metros de altura – e ficam muito próximas umas das outras, suas copas chegam a barrar a penetração da luz. Devido à constante troca de folhas, a floresta se mantém sempre verde.

Segundo pesquisas, cerca de 50% da água das chuvas que cai na floresta volta diretamente para a atmosfera na forma de vapor. É o fenômeno da evapotranspiração da floresta, em que a evaporação da água do solo se soma à transpiração das folhas, que liberam como vapor a água absorvida pelas raízes. Esse fenômeno mostra a íntima conexão entre o clima, o solo e a vegetação da Amazônia.

O fenômeno da evapotranspiração explica também outra grave consequência do desmatamento da floresta: a diminuição da quantidade de vapor de água na atmosfera, o que acarretaria grandes períodos de seca.

Ampliar

Amazônia Legal
www.amazonialegal.com.br
Site com notícias gerais a respeito da Amazônia, abrangendo informações sobre ecologia, ecoturismo, pesquisas, bem como *links* dos principais jornais dos estados que compõem a região.

Amazônia: terra com futuro,
de Marcelo Leite (Ática).
Livro que apresenta as paisagens da floresta, sua rica biodiversidade e sua importância para o equilíbrio do clima da Terra.

Floresta Amazônica. Porto de Moz (PA), 2017.

O **clima tropical** predomina em vastas áreas do país. Caracteriza-se por temperaturas médias acima de 20 °C durante todo o ano e por duas estações distintas: uma seca (inverno) e outra chuvosa (verão).

A formação vegetal mais comum nas áreas de clima tropical, no Brasil, é a do **Cerrado**, paisagem vegetal marcada por árvores baixas que têm casca grossa e troncos retorcidos, entre arbustos rasteiros.

Esse bioma está ameaçado de extinção, principalmente pelo avanço da agropecuária.

Cerrado. Parque Nacional da Serra da Canastra, Capitólio (MG), 2017.

> **Ampliar**
>
> **SOS Mata Atlântica**
> www.sosma.org.br
>
> *Site* da organização não governamental com imagens, informações e reportagens sobre a Mata Atlântica.

Pantanal. Poconé (MT), 2017.

Brasil: massas de ar

mEa Equatorial atlântica — mTa Tropical atlântica — mEc Equatorial continental
mTc Tropical continental — mPa Polar atlântica

Fonte: Gisele Girardi e Jussara Vaz Rosa. Atlas geográfico do estudante. São Paulo: FTD, 2011. p. 25.

O **Complexo do Pantanal**, localizado em áreas de clima tropical, apresenta espécies de diferentes formações vegetais brasileiras: da Floresta Amazônica, da Caatinga, do Cerrado, além de matas ciliares e plantas aquáticas.

Em áreas próximas ao litoral do Brasil, o **clima tropical atlântico** apresenta temperaturas médias entre 20 °C e 24 °C e chuvas entre 1 500 mm e 2 000 mm ao ano. Esse tipo climático é influenciado pela massa de ar tropical atlântica, que traz umidade para as faixas litorâneas do Sul e do Sudeste durante todo o ano. No litoral nordestino, durante o outono e principalmente no inverno, o avanço da massa de ar polar atlântica forma frentes frias, aumentando o índice de chuvas. Observe o mapa acima.

Nesse tipo climático desenvolveu-se a **Mata Atlântica**, uma floresta tropical. É uma formação florestal com árvores de grande porte e variedade de espécies. Atualmente, pouco resta da vegetação original. A devastação começou no século XVI, com o comércio de pau-brasil; mais tarde, grandes extensões da floresta foram substituídas pelo cultivo da cana-de-açúcar, favorecido pelo clima quente e úmido e pela terra argilosa e fértil, conhecida como solo massapê.

Mata Atlântica no Pico da Ibituruna. Governador Valadares (MG), 2018.

Manguezal.
Mucuri (BA), 2018.

Na faixa litorânea também existe a **vegetação costeira** ou litorânea, composta, sobretudo, de restingas e mangues. Os mangues ou manguezais são encontrados em regiões onde há o encontro das águas dos rios com as do mar; são formações resistentes às águas salobras. As restingas acompanham a extensão das praias e são adaptadas a terrenos arenosos, além de resistirem à escassez de água doce e aos fortes ventos.

O **clima tropical de altitude** apresenta temperaturas mais brandas, com média anual entre 18 °C e 22 °C. Nas regiões em que predomina esse tipo climático, a floresta tropical é menos densa e úmida.

O **clima semiárido** é típico do interior do Nordeste; caracteriza-se por elevadas temperaturas e chuvas escassas durante o ano. Essa área recebe pouca influência de massas de ar úmida e fria provenientes do sul do país.

A **Caatinga** é um bioma característico do semiárido nordestino. A vegetação florestal, arbustiva e herbácea desse bioma apresenta rica biodiversidade. Predominam plantas de pequeno porte, rasteiras e espinhentas, adaptadas para sobreviver a longos períodos de seca (xerófitas). Entre as várias espécies de plantas que crescem na Caatinga são mais comuns a aroeira, o angico, o xiquexique e o mandacaru.

Caatinga.
Floresta (PE), 2016.

O **clima subtropical** é predominante no sul do Brasil e sofre influência das massas de ar vindas da Antártica. Nesse clima, as quatro estações do ano são mais bem definidas, as chuvas são distribuídas regularmente e as temperaturas médias ficam entre 16 °C e 24 °C. O inverno é frio na maior parte da área subtropical, podendo até nevar em alguns locais, em especial nas áreas de maior altitude.

Mata de Araucárias. São Joaquim (SC), 2017.

A **mata de araucárias**, típica do clima subtropical, originariamente encontrada nos planaltos do sul do Brasil, é uma mata aberta e homogênea em que se destaca o pinheiro-do-paraná (*Araucaria angustifolia*), junto com o cedro, a gameleira, a imbuia, a erva-mate etc. A mata de araucárias foi muito devastada no início do século XX por empresas madeireiras que exploravam o pinheiro-do-paraná.

A vegetação dos **campos**, composta de gramíneas, arbustos e pequenas árvores isoladas, é característica do sul do Rio Grande do Sul e cobre extensas áreas de planícies e morros. Corresponde ao bioma do Pampa.

Campos. Cambará do Sul (RS), 2018.

Ampliar

Desmatamento no Brasil

http://estadaodados.com/biomas2012/

Infográfico do jornal *O Estado de S. Paulo* referente ao histórico do desmatamento em diferentes regiões do Brasil.

Climograma

Climograma é um gráfico que representa a precipitação e a temperatura médias de um local no período de um ano.

Os climogramas a seguir trazem informações sobre os locais que foram estudados. Por exemplo, no local de clima semiárido, as temperaturas médias mensais são elevadas, e as chuvas, escassas; no local de clima subtropical, as temperaturas são mais baixas em junho e julho e as chuvas são regulares durante todo o ano.

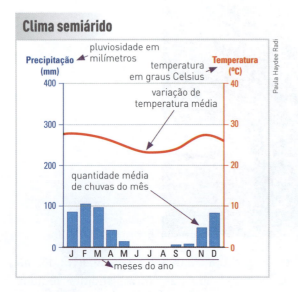

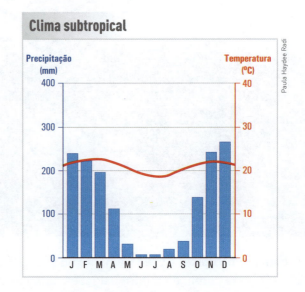

Fonte: Graça Maria Lemos Ferreira. *Atlas geográfico*: espaço mundial. São Paulo: Moderna, 2010. p. 123.

Fonte: Graça Maria Lemos Ferreira. *Atlas geográfico*: espaço mundial. São Paulo: Moderna, 2010. p. 123.

De olho no legado

A expressão "*hotspot* de biodiversidade" foi desenvolvida pelo cientista Norman Myers (1934). Sua ideia foi elencar as áreas do mundo em que os biomas originais apresentam rica biodiversidade e cujo estágio de desmatamento implica risco de extinção de espécies. Pelo fato de serem o meio direto de sobrevivência das populações tradicionais, de abrigarem espécies que podem ser utilizadas como princípio ativo para cura de doenças e de garantirem maior equilíbrio na relação entre sociedade e meio ambiente, são áreas de prioridade para a conservação ambiental global. A Mata Atlântica está entre os cinco primeiros *hotspots* do mundo quanto à quantidade de espécies exclusivas. A ocupação dessa área ocorreu de forma intensa tanto pela formação dos engenhos de cana-de-açúcar e das fazendas de café e pela agroindústria quanto pelos parques industriais e pelo desenvolvimento urbano.

Dr. Norman Myers, cientista de conservação responsável pelo termo *hotspot*. Nairóbi, Quênia, 1980.

Com o desenvolvimento de novas pesquisas, ficou estabelecido que, para receber a denominação de *hotspot*, o bioma deve conter mais de 1 500 espécies de plantas que só nascem ali e ter mais de 75% de sua extensão já degradada. Hoje, são identificados 36 *hotspots* no mundo. No Brasil, existem dois: a Mata Atlântica e o Cerrado. Como resultado dos diferentes usos econômicos predatórios, hoje restam apenas 7% da Mata Atlântica, sendo que 4,1% está sob proteção legal. Do Cerrado, restam apenas 20% da vegetação original, e 5,5% pertencem a Unidades de Conservação (UC).

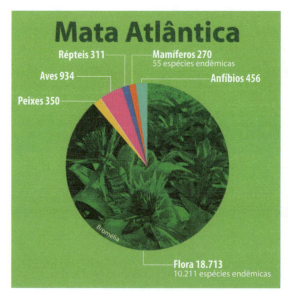
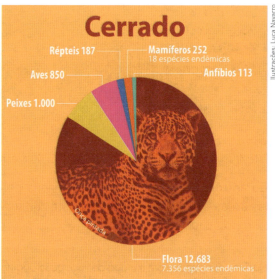

Fonte: Marcelo Benedicto. Biodiversidade brasileira. *Retratos: A Revista do IBGE*, 8 fev. 2018. Disponível em: <https://agenciadenoticias.ibge.gov.br/agencia-noticias/2012-agencia-de-noticias/noticias/19511-retratos-biodiversidade-brasileira>. Acesso em: ago. 2018.

1. Converse com os colegas sobre o tema apresentado. Expliquem por que os biomas da Mata Atlântica e do Cerrado são considerados *hotspots* e reflitam sobre as consequências socioambientais da retração desses biomas.

Cartografia em foco

Faça uma leitura do mapa a seguir.

Fonte: *Atlas geográfico escolar*. 7. ed. Rio de Janeiro: IBGE, 2016. p. 102.

Ação antrópica é toda alteração realizada pelos seres humanos na Terra. No mapa estão representadas áreas em que atualmente existe conservação de vegetação original e áreas em que a vegetação foi modificada ou desmatada.

1. Relacione esse mapa com o mapa de vegetação original presente na página 76 e relate suas conclusões.
2. Que vegetação está mais conservada e qual foi mais modificada? Cite dois exemplos de cada.
3. Em relação ao estado em que você mora:
   a) Qual é a vegetação predominante?
   b) Como ela se encontra atualmente?
   c) Que tipo climático favoreceu o desenvolvimento dessa vegetação?

Atividades

1. Que fatores são determinantes da variação climática do Brasil?

2. Observe o mapa e identifique os climas brasileiros de acordo com a numeração.

Fonte: Gisele Girardi e Jussara Vaz Rosa. *Atlas geográfico do estudante*. São Paulo: FTD, 2011. p. 24.

3. Que condições climáticas favorecem o baixo nível de água da maioria dos rios nordestinos? Comente.

4. Com base na fotografia e no climograma a seguir, explique as características naturais do lugar quanto a relevo, hidrografia e clima.

Vista aérea da Floresta Amazônica. Rio Branco (AC), 2016.

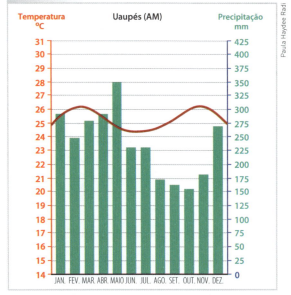

Fonte: INMET. Disponível em: <www.inmet.gov.br>. Acesso em: ago. 2018.

5. As ilustrações a seguir representam diferentes tipos de vegetação que se desenvolvem no Brasil. Identifique e caracterize cada uma dessas formações vegetais.

83

Retomar

1. Leia o texto e responda às questões.

   [...] Atualmente grande parte do território do Brasil encontra-se fortemente modificada pelas atividades humanas desenvolvidas nos últimos anos, com destaque para os planaltos e depressões, que apresentam relevos planos e pouco inclinados, e, preferencialmente, **solos favoráveis à mecanização agrícola**. Os terrenos montanhosos apresentam baixa ocupação rural em razão das dificuldades que o relevo oferece ao uso das terras.[...]

   Jurandyr L. S. Ross. *Ecogeografia do Brasil*: subsídios para o planejamento ambiental. São Paulo: Oficina de Textos, 2006. p. 64, grifo nosso.

   a) O que é relevo?
   b) Segundo o geógrafo, quais são as formas de relevo predominantes no Brasil?
   c) O relevo está associado a outro fator que condiciona a ocupação do território. Que exemplo de fator temos no texto?
   d) Pesquise que tipo de solo do sul do Brasil exemplifica o que é dito no trecho destacado.

2. É importante entender o relevo com base nos processos que criam suas formas. Desde o início de sua formação, há milhões de anos, a superfície terrestre vem sofrendo constantes transformações em virtude da ação de forças internas e externas. Sobre essa temática, responda às questões.

   a) No Brasil predomina a ação dos agentes internos ou externos do relevo? Explique.
   b) O relevo brasileiro está assentado sobre estruturas geológicas bastante antigas. Quais são elas?

3. O território brasileiro apresenta o maior conjunto de água doce do planeta. Existem grandes conjuntos de bacias hidrográficas em nosso país. Sobre essa temática, observe o mapa da página 64 e o mapa abaixo e faça o que se pede a seguir.

   a) A que bacias hidrográficas pertencem os rios indicados pelos números 1, 2 e 3, respectivamente?
   b) Qual dos rios numerados percorre áreas de clima semiárido?
   c) Em qual desses rios está a Usina de Itaipu?
   d) Apresente três características da bacia indicada pelo número 1.

Fonte: *Atlas geográfico escolar: Ensino Fundamental do 6º ano 9º ano*. Rio de Janeiro: IBGE, 2010. p. 16.

4 Em áreas de grande expansão urbana, a erosão pode tornar-se uma ameaça para a população. De que forma a ocupação irregular de áreas, como mostra a fotografia, pode agravar o problema?

Moradias em encosta.
Alumínio (SP), 2017.

5 A preservação e a conservação das águas relacionam-se diretamente com a qualidade de vida das populações. Mencione duas atitudes consideradas ambientalmente corretas no que se refere à utilização dos recursos hídricos.

6 O que são as Unidades de Conservação e qual é a importância delas?

7 Elabore um quadro como o modelo a seguir e complete-o com os dados referentes aos tipos de clima e às formações vegetais do Brasil.

Clima	Características climáticas	Vegetação
Equatorial		
Tropical		
Semiárido		
Subtropical		

8 Apresente os principais fatores que levaram à redução da cobertura vegetal do Brasil.

9 Observe a charge ao lado. Depois, converse com os colegas sobre o uso sustentável das florestas.

85

Visualização

A seguir apresentamos um mapa conceitual sobre o tema estudado nesta unidade. Trata-se de uma representação gráfica que organiza o conteúdo, composto de uma estrutura que relaciona os principais conceitos e as palavras-chave. Essa ferramenta serve como resumo e instrumento de compreensão dos textos, além de possibilitar consultas futuras.

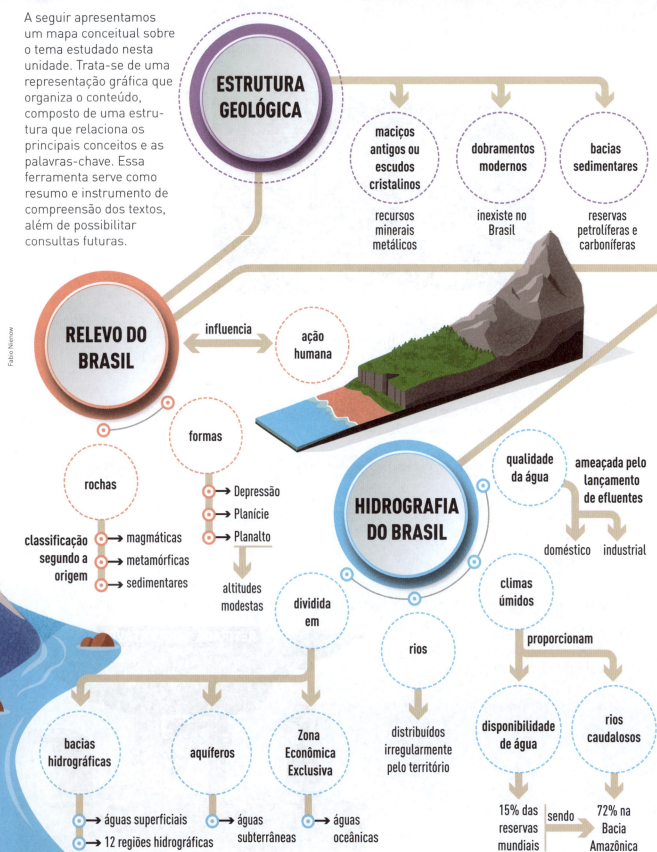

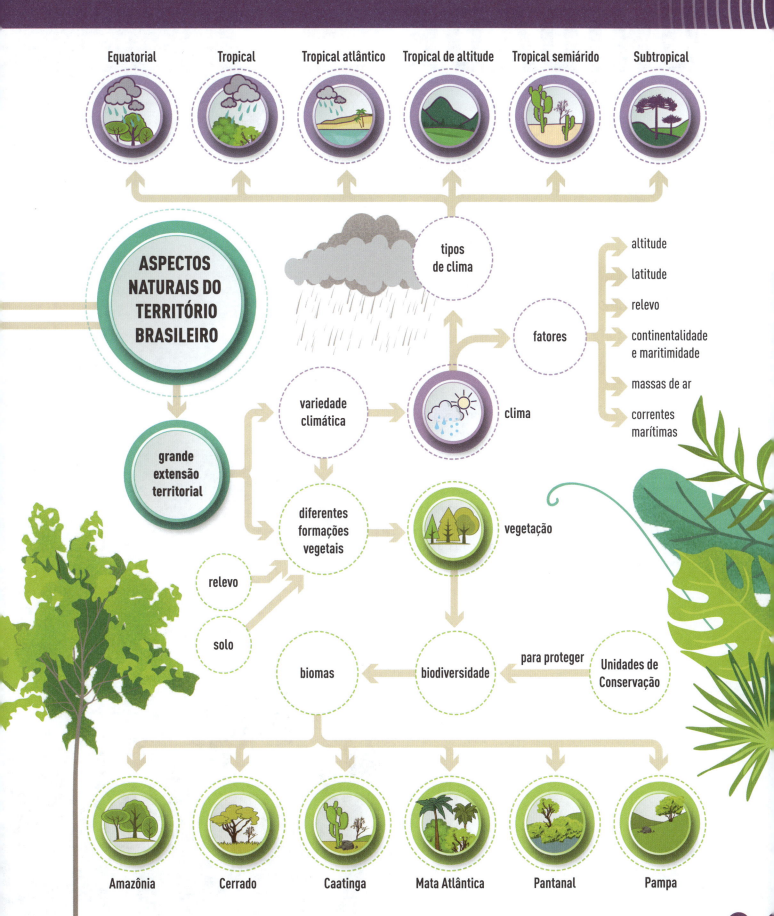

UNIDADE 3

> **Antever**
>
> **1** O que você observa na paisagem da fotografia?
>
> **2** A paisagem apresenta aspectos que se assemelham aos do lugar em que você mora? Quais?
>
> **3** Embora ocupando um mesmo espaço, que diversidade essa multidão representa?
>
> Certos aspectos da população, como sua formação, distribuição, crescimento, e características quanto a idade, sexo, atividades realizadas e indicadores socioeconômicos costumam ser objeto de estudo de diversos especialistas, como geógrafos, demógrafos, sociólogos e economistas. A análise de todos esses dados e informações possibilita conhecer as condições de vida de uma população, verificando e planejando estratégias de interesse social.

Praia de Copacabana. Rio de Janeiro (RJ), 2016.

População brasileira

CAPÍTULO 8
Origem do povo brasileiro

Uma formação mestiça

O **povo brasileiro** é resultado da miscigenação de indígenas que já viviam aqui antes da chegada dos portugueses, negros africanos que vieram inicialmente na condição de escravizados e europeus portugueses. A partir do final do século XIX, muitas outras etnias ingressaram no Brasil, vindas de outros países europeus e asiáticos.

Durante séculos houve intenso cruzamento entre diferentes etnias, o que deu origem a um número significativo de mestiços (ou pardos) na composição da população brasileira.

Observe o gráfico a seguir, com dados de 2017.

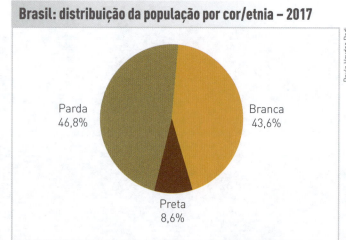

Brasil: distribuição da população por cor/etnia – 2017

- Parda 46,8%
- Branca 43,6%
- Preta 8,6%

Fontes: IBGE. Pesquisa Nacional por Amostra de Domicílios Contínua (PNAD Contínua), 2017. Disponível em: <https://www.ibge.gov.br/estatisticas-ovoportal/sociais/populacao/17270-pnad-continua.html?edicao=20915&t=resultados>. Acesso em: ago. 2018.

Grupos originários

Na época da chegada dos primeiros portugueses, por volta de 1500, calcula-se que entre 3 milhões e 5 milhões de **indígenas** viviam espalhados pelo território que se tornaria o Brasil. Conseguiam seus alimentos diretamente na natureza por meio da caça, pesca, coleta de frutos e raízes; alguns grupos já praticavam pequenos cultivos.

Com a chegada dos portugueses, muitos povos indígenas desapareceram devido à transmissão de doenças infectocontagiosas para as quais não haviam desenvolvido imunidade (como gripe e sarampo), às guerras promovidas pelos colonos para se apossarem de suas terras e ao trabalho escravo exaustivo na lavoura.

Ilustração de autoria de Seth, publicada na *Gazeta de Notícias*, nº 293, de 15 de dezembro de 1946.

Família indígena kalapalo na aldeia Aiha. Parque Indígena do Xingu (MT), 2018.

Segundo dados do IBGE, vivem atualmente no Brasil cerca de 900 mil indígenas. Isso significa que ao longo de seus 500 anos de história, desde a colonização, o Brasil foi palco de **genocídio** da população indígena. Como originários do território brasileiro, os cerca de 300 povos indígenas que habitam hoje o Brasil reivindicam do governo maior reconhecimento do direito à terra, necessária para sua reprodução física e cultural e para manterem seus costumes e tradições.

> **Glossário**
>
> **Genocídio:** ato cometido com a intenção de destruir, total ou parcialmente, um grupo nacional, étnico, racial ou religioso.

Como você já sabe, alguns grupos vivem em reservas e terras indígenas e tantos outros estão espalhados pelo território, nas periferias de cidades e na zona rural – cerca de 42% desses povos vivem fora das terras indígenas. Há também grupos que vivem em regiões isoladas e de difícil acesso, que só recentemente tiveram contato com não indígenas. A maior concentração atual das populações indígenas está nas regiões Norte, Nordeste e Centro-Oeste.

Os **portugueses** chegaram ao Brasil no contexto das Grandes Navegações e ocuparam o litoral com feitorias, núcleos de povoamento e pequenas vilas. Logo passaram a explorar a madeira de pau-brasil, que enviavam para a Europa.

Como você já estudou, a partir daí começou a exploração econômica dos bens naturais da terra por meio de atividades diversas que se estenderam até o século XIX.

Oscar Pereira da Silva. *Desembarque de Pedro Álvares Cabral em Porto Seguro em 1500*, 1922. Óleo sobre tela, 190 cm × 333 cm.

Jean Baptiste Debret. *Carregadores de café a caminho da cidade*, 1826. Aquarela sobre papel, 15,9 cm × 22 cm.

A partir da década de 1550, os portugueses recorreram de forma mais efetiva ao comércio de africanos para o trabalho escravo a fim de substituir a mão de obra indígena. No contexto da época, os africanos representavam uma possibilidade de lucro para a Coroa portuguesa, para os mercadores africanos e para os fazendeiros do Brasil.

Os **africanos** eram, na maioria, bantos e sudaneses trazidos à força para trabalhar nos engenhos de cana-de-açúcar, nos séculos XVI e XVII, nas minas de ouro, no século XVIII, e nas fazendas de cultivo de café, em meados do século XIX. Observe na imagem acima uma representação do trabalho dos africanos no período.

A concentração de escravizados foi maior nas fazendas do litoral do Nordeste, onde ficavam os maiores engenhos de açúcar; por isso, é nessa região do Brasil que há maior concentração de afrodescendentes, com destaque para o estado da Bahia.

A contribuição dos diversos povos africanos à cultura brasileira é muito grande. Elementos dessa herança podem ser percebidos na música, na dança, na religião e na culinária.

Da mesma forma que os indígenas, parte dos descendentes de africanos escravizados mora em comunidades tradicionais quilombolas, e eles também precisam ter suas terras regularizadas pelo governo como forma de justiça e reparação do sofrimento a que foram submetidos no passado, vítimas da escravidão. Como você estudou na unidade anterior, estima-se que cerca de 1,2 milhão de pessoas viva em 2,2 mil comunidades quilombolas espalhadas pelo país, em situação de pobreza e com carência de infraestrutura.

Estudantes em escola estadual. Salvador (BA), 2018.

De olho no legado

[...] Nós, brasileiros, [...] somos um povo [...] mestiço na carne e no espírito, já que aqui a mestiçagem jamais foi crime ou pecado. Nela fomos feitos e ainda continuamos nos fazendo. Essa massa de nativos oriundos da mestiçagem viveu por séculos sem consciência de si [...]. Assim foi até se definir como uma nova identidade étnico-nacional, a de brasileiros. Um povo, até hoje, sem ser, na dura busca de seu destino. Olhando-os, ouvindo-os, é fácil perceber que são, de fato, uma nova romanidade, uma romanidade tardia mas melhor, porque lavada em sangue índio e sangue negro. [...]

Darcy Ribeiro. *O povo brasileiro: a formação e o sentido do Brasil*. São Paulo: Companhia das Letras, 1995. p. 453.

1 De acordo com o autor, qual foi o papel da mestiçagem na identidade do que viria a ser o povo brasileiro?

Os imigrantes

A formação do povo brasileiro não se resumiu à contribuição dos africanos, colonizadores portugueses e indígenas. A partir do final do século XIX, outros povos da Europa e da Ásia chegaram ao Brasil e se misturaram com os que aqui já estavam. A vinda desses povos ocorreu sobretudo após a abolição da escravidão. Vieram atraídos pela oportunidade de trabalhar no cultivo do café e motivados por problemas econômicos e sociais em seus respectivos países de origem.

Mais tarde, o trabalho de muitos imigrantes europeus concentrou-se na indústria.

Da Europa vieram italianos, alemães, poloneses, ucranianos, suíços, franceses e espanhóis. Da Ásia vieram japoneses, chineses e árabes. Esses imigrantes trouxeram hábitos, costumes e tradições que foram assimilados pela população, contribuindo para a formação de uma cultura ainda mais diversificada.

A obra *Feira do Lavradio*, da artista Helena Coelho, expressa aspectos do processo de miscigenação da população brasileira. Observe.

Helena Coelho. *Feira do Lavradio*, 2010. Óleo sobre tela, 40 cm × 50 cm.

Além disso, havia uma política do governo de embranquecimento da população brasileira, ideia defendida pela elite da época e por intelectuais, que acreditavam na superioridade do homem branco sobre outras etnias. Assim, não houve nenhuma preocupação de integrar o ex-escravo africano na sociedade.

Os **italianos** fixaram-se principalmente nos estados de São Paulo, Rio de Janeiro e Rio Grande do Sul. A maioria veio para trabalhar nas plantações de café, mas rapidamente assumiram papel de destaque em todos os setores da economia paulista.

Os **alemães** chegaram ao Brasil entre 1849 e 1872, estabelecendo-se em pequenas propriedades nos estados de Santa Catarina e do Rio Grande do Sul. Dedicaram-se às atividades agrícolas e de pecuária leiteira, caracterizando importantes regiões desses estados, onde os traços germânicos se notam até hoje, inclusive na arquitetura.

Os **japoneses** chegaram ao Brasil em 1908 e primeiramente se fixaram em São Paulo. Alguns foram trabalhar nas fazendas de café e, mais tarde, passaram a produzir hortaliças. Outros migraram para o norte do Paraná, dedicando-se ao cultivo do café, e para o estado do Pará, onde desenvolveram a cultura da pimenta-do-reino.

Imigrantes japoneses nos dormitórios da Hospedaria de Imigrantes em São Paulo (SP). Década de 1930.

Os **poloneses** e os **ucranianos** (eslavos) também se estabeleceram no sul do Brasil, sobretudo no estado do Paraná, ocupando-se com a agricultura em pequenas propriedades.

Chegada de imigrantes poloneses. São Paulo (SP), 1949.

Ampliar

Funai
www.funai.gov.br
O *site* aborda ações da Funai nas comunidades indígenas do país, numa análise aprofundada sobre elas e os serviços que prestam.

IBGE
www.ibge.gov.br
Aborda pesquisas estatísticas e levantamentos demográficos sobre os mais variados temas que envolvem a população brasileira.

Todos esses imigrantes trouxeram grande contribuição ao Brasil. Além dos aspectos culturais, com suas tradições e seu modo de vida, fizeram parte do processo da introdução do trabalho assalariado no país, com a ruptura do sistema escravagista e a consagração da prática da mão de obra familiar, da policultura e da divisão das terras em pequenas propriedades.

Foi nesse contexto de mistura ou miscigenação das três matrizes – indígenas, branco europeu e negros africanos – e de outras etnias que ingressaram no Brasil que se formou o povo brasileiro.

Diversos povos contribuíram para a composição da identidade cultural brasileira, incluindo os milhões que residiram aqui muito antes do "descobrimento do Brasil". Eles continuam a marcar presença nas áreas mais remotas do território nacional. O levantamento e o mapeamento da riqueza cultural resultante das interações da população do Brasil com os recursos naturais de nosso território são formas de conhecimento da realidade brasileira e contribuem para a construção da cidadania.

Pontos de vista

Quem é
Camila Asano

O que faz
Coordenadora de programas da Conectas Direitos Humanos

Diversas organizações de defesa de direitos humanos consideram a nova Lei de Migração um avanço na legislação brasileira. Você concorda? Por quê?

A Lei de Migração representa sim um avanço porque aborda a questão migratória a partir de um olhar humanitário, muito diferentemente da legislação anterior, chamada Estatuto do Estrangeiro, que via o migrante como uma ameaça à segurança nacional. Essa mudança nos proporciona um novo olhar sobre o migrante, a partir da perspectiva dos direitos humanos. Isso quer dizer que o migrante passa a ser visto como um sujeito de direitos, ou seja, ele tem acesso a uma série de direitos básicos, como saúde e educação, e também é beneficiado por políticas públicas específicas que ajudam a promover a integração do migrante à sociedade brasileira.

O que mudou nas políticas de migrações do país com a aprovação do documento?

Um dos grandes avanços da nova Lei de Migração foi a instituição da chamada acolhida humanitária, que é concedida a migrantes que são vítimas de violações de direitos humanos. Fora isso, houve um processo geral de desburocratização para regularizar a situação migratória das pessoas que escolheram o Brasil como país de destino.

Quais passaram a ser os principais direitos e deveres do migrante ao Brasil?

Entre os principais direitos do migrante destaco a não criminalização da migração e a concessão de visto humanitário. A primeira medida impede que a pessoa que está chegando ao Brasil seja presa por questões migratórias. A segunda permite a acolhida de pessoas que necessitam de um olhar especial, pois sofreram algum tipo grave de violação de direitos humanos em seus países de origem ou no trajeto até o Brasil.

Por que é importante que haja uma lei que regule o fluxo de pessoas?

Esse tipo de lei é importante para que haja um registro sistematizado sobre o perfil das pessoas que estão entrando e saindo do Brasil. É a partir da análise desses dados – e das demandas que surgem com eles – que serão pensadas e executadas as políticas públicas e investimentos para melhorar o processo de acolhida e integração dos migrantes à sociedade brasileira.

1 Pesquise informações sobre a Lei de Migração de 2017 e indique a quem se refere cada categoria de mobilidade a seguir.

   a) imigrante
   b) emigrante
   c) residente fronteiriço
   d) visitante

2 Quais são os avanços, em relação à questão migratória, que essa nova lei representa?

3 No lugar em que você mora é comum encontrar pessoas que imigraram recentemente de outros países para o Brasil? Comente o que sabe sobre eles: quando chegaram, quais os motivos da migração, condições de moradia, estudo e trabalho no Brasil. Caso você seja um migrante, conte aos colegas suas experiências e seus direitos como pessoa migrante.

Atividades

1. Embora os costumes e hábitos dos indígenas e africanos tenham sido desprezados no Período Colonial, muitos elementos característicos desses povos estão incorporados à cultura brasileira. Cite alguns deles.

2. Considerada a capital da Pré-História brasileira, a Serra da Capivara, no sul do Piauí, transformada em Parque Nacional, conta com milhares de pinturas rupestres, como a da imagem a seguir. Com base nessas informações, faça o que se pede.

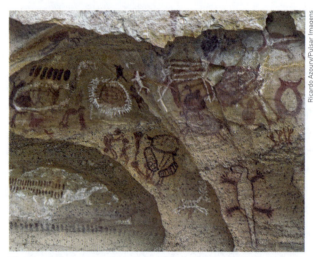

Pinturas rupestres no Parque Nacional da Serra da Capivara. São Raimundo Nonato (PI), 2015.

   a) Considerando a imagem, reflita sobre a afirmação "os portugueses descobriram o Brasil" e registre sua conclusão.
   b) Desenhos como esse podem revelar o modo de vida de nossos antepassados? Comente.

3. Por que houve redução do número de indígenas após contato e convivência com os europeus colonizadores?

4. Leia o trecho do texto a seguir e responda às questões.

> Há muito tempo, a floresta amazônica deixou de ser o lar de milhares de indígenas. A escassez de alimentos, o desmatamento e o avanço das cidades sobre as matas são alguns fatores que motivaram povos tradicionais a migrar para áreas urbanas. [...]
>
> Apesar de buscar melhores condições de vida na cidade, a maioria dos indígenas vive em situação de pobreza, tem dificuldade de conseguir emprego e a principal renda vem do artesanato. [...]
>
> Morar em centros urbanos sem ocultar a ancestralidade e as próprias referências é ainda uma luta para mais de 315 mil indígenas, segundo dados do último censo do Instituto Brasileiro de Geografia e Estatística (IBGE). O número representa 49% do total da população indígena do país.
>
> "Há ainda forte preconceito e discriminação. E os indígenas que moram nas cidades são realmente os que enfrentam a situação assim no dia a dia, constantemente", conta o presidente da Organização dos Índios da Cidade, de Boa Vista, Eliandro Pedro de Sousa, do povo Wapixana. [...]

Bianca Paiva e Maíra Heinen. Indígenas na cidade: pobreza e preconceito marcam condição de vida. *Agência Brasil*, 19 abr. 2017. Disponível em: <http://agenciabrasil.ebc.com.br/direitos-humanos/noticia/2017-04/indigenas-na-cidade-pobreza-e-preconceito-marcam-condicao-de-vida>. Acesso em: jun. 2018.

   a) Que fatores são responsáveis pela migração de indígenas para as cidades?
   b) Que problemas os indígenas enfrentam nos centros urbanos?

5. Que fatores impulsionaram a vinda dos imigrantes para o Brasil no fim do século XIX?

6. Com base na imagem a seguir, faça um comentário sobre a formação do povo brasileiro.

São Paulo (SP), 2017.

CAPÍTULO 9
Distribuição e dinâmica da população

População e sua distribuição pelo território

O Brasil tinha 208,5 milhões de habitantes, de acordo com projeção do Instituto Brasileiro de Geografia e Estatística (IBGE), em 2018. Além de ser o quinto maior país em extensão territorial, é também o quinto maior em população absoluta do planeta, sendo considerado um **país populoso**.

Um país é considerado populoso quando sua população absoluta, ou seja, total, é elevada. Embora populoso, o Brasil é considerado um país pouco povoado, pois sua população relativa (densidade demográfica) é baixa, em torno de 24,4 habitantes por km².

A população relativa é a relação entre a população absoluta e a área do país, sendo expressa em habitantes por quilômetro quadrado (hab./km²).

Veja o caso do Brasil:

$$\frac{208{,}5 \text{ milhões de habitantes}}{8\,515\,767 \text{ km}^2} = 24{,}4 \text{ hab./km}^2$$

Observe na tabela a comparação do Brasil com outros países em termos de população absoluta e densidade demográfica.

País	Área (km²)	População absoluta – 2016 (em milhões de habitantes)	Densidade demográfica (hab./km²)
China	9 600 000	1 376 048 943	146
Índia	3 287 260	1 311 050 527	441
Estados Unidos	9 831 510	321 773 631	35
Indonésia	1 904 570	257 563 815	142
Brasil	**8 515 767**	**208 500 000***	**24,4**
Paquistão	796 100	188 924 874	245
Nigéria	923 770	182 201 962	200
Bangladesh	144 000	160 995 642	1 236
Rússia	17 098 240	143 456 918	8
Japão	377 947	126 573 481	347

* Projeção de População do IBGE (2018).

Fonte: IBGE. *Países*. Disponível em: <https://paises.ibge.gov.br/#/pt>. Acesso em: maio 2018.

97

A distribuição da população brasileira pelo território nacional é irregular: está concentrada no lado oriental do país, principalmente na faixa litorânea e nas áreas próximas às capitais dos estados, enquanto nas áreas do interior essa concentração é menor. Observe o mapa abaixo.

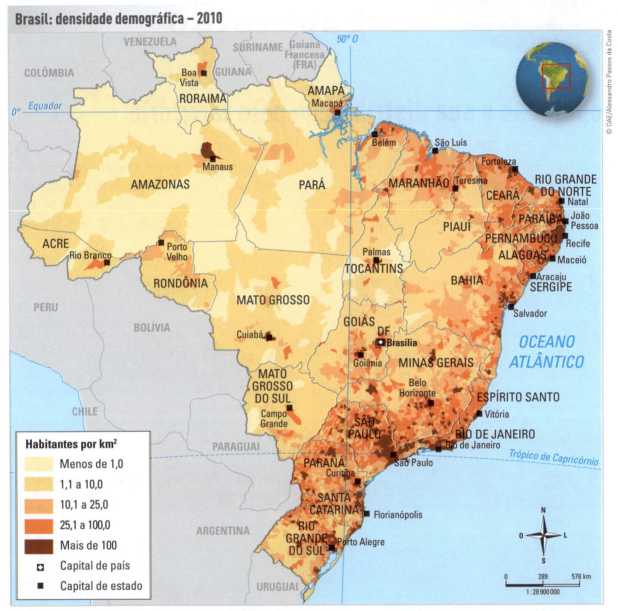

Fonte: *Atlas geográfico escolar*. 7. ed. Rio de Janeiro: IBGE, 2016. p. 114.

Essa distribuição irregular pode ser explicada principalmente pelos fatores históricos e econômicos que orientaram a ocupação do território brasileiro.

Já no Período Colonial, os primeiros núcleos de povoamento se concentraram na área litorânea devido à facilidade de acesso ao mar para deslocamento das mercadorias a Portugal. Ao longo do tempo, novas atividades econômicas, iniciativas e planejamentos políticos levaram à ocupação do interior do país. A construção de Brasília, na década de 1950, e o avanço da agropecuária no Centro-Oeste, por exemplo, deslocaram uma parcela da população para o interior. Contudo, foi na Região Sudeste que ocorreu a maior concentração populacional do país em virtude da aceleração do processo urbano-industrial, das grandes imigrações nos séculos XIX e XX e da migração nordestina a partir da década de 1950.

Crescimento populacional

Um dos mais importantes trabalhos realizados pelo IBGE consiste na apuração do número de habitantes do Brasil, além da verificação da estrutura etária da população, sua dinâmica e tendências.

Denominada **recenseamento** ou censo, essa contagem, feita a cada dez anos, possibilita a análise das mudanças na dinâmica populacional do país. Observe a seguir os dados representados no gráfico.

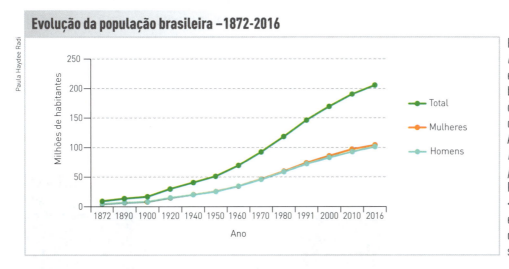

Fontes: IBGE. *Dados históricos dos censos demográficos*. Disponível em: <https://memoria.ibge.gov.br/sinteses-historicas/historicos-dos-censos/dados-historicos-dos-censos-demograficos.html>. Acesso em: jul. 2018.; IBGE. *Projeção da população do Brasil por sexo e idade: 2000-2060*, Revisão 2013. Disponível em: <https://ww2.ibge.gov.br/home/estatistica/populacao/projecao_da_populacao/2013/default_tab.shtm>. Acesso em: jul. 2018.

Como se pode observar, a população absoluta do Brasil tem aumentado de forma constante, embora o ritmo de crescimento tenha sido relativamente lento em alguns períodos.

O aumento constante da população brasileira ocorre, sobretudo, como resultado do **crescimento natural** ou **vegetativo** da população, ou seja, da diferença entre a taxa de natalidade e a taxa de mortalidade. A **taxa de natalidade** corresponde ao número de nascidos vivos em cada mil habitantes em determinado período (geralmente um ano), e a **taxa de mortalidade**, ao número de óbitos no mesmo intervalo de tempo. Dessa forma, quando a diferença entre essas taxas (TN – TM) é positiva, porque a natalidade é superior à mortalidade, a população cresce.

No gráfico a seguir, nota-se que a natalidade sempre foi superior à mortalidade no Brasil, o que explica o aumento constante da população. Contudo, a distância entre as linhas que representam esses indicadores está encurtando, o que representa uma tendência de menor crescimento vegetativo.

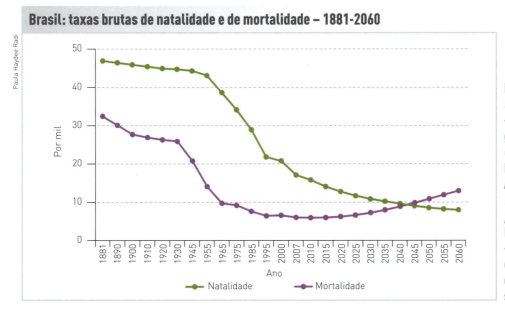

Fontes: IBGE. *Séries históricas e estatísticas*. Disponível em: <https://seriesestatisticas.ibge.gov.br/series.aspx?no=10&op=0&vcodigo=CD109&t=taxas-brutas-natalidade-mortalidade>. Acesso em: jul. 2018.; IBGE. *Projeção da população do Brasil por sexo e idade: 2000-2060*, Revisão 2013. Disponível em: <https://ww2.ibge.gov.br/home/estatistica/populacao/projecao_da_populacao/2013/default_tab.shtm>. Acesso em: jul. 2018.

Outro fator que contribui para o aumento da população, embora numa proporção menor, é a imigração, ou seja, a entrada de pessoas vindas de outro país. O fluxo de imigrantes para o Brasil foi grande até o início do século XX, mas as taxas de mortalidade também eram altas.

A partir da segunda metade do século XX houve um expressivo aumento populacional devido, entre outros fatores, ao progresso da medicina, ao maior acesso das pessoas aos remédios, à melhoria das condições de higiene e saneamento básico e à adoção de hábitos de vida saudáveis. Desse modo, políticas públicas voltadas para a criação e expansão das redes de coleta e tratamento de esgoto, ampliação do acesso à água tratada e campanhas de vacinação foram determinantes para a diminuição da mortalidade, contribuindo para o crescimento da população nesse período.

Contudo, nas últimas décadas do século XX e nos primeiros anos do século XXI, os casais passaram a ter menos filhos, o que causou queda na taxa de natalidade.

Entre as principais causas dessa redução estão a disseminação de métodos contraceptivos, a crescente participação da mulher no mercado de trabalho, o aumento da população urbana, o custo de vida elevado e o casamento tardio.

O ingresso da mulher no mercado de trabalho foi um dos fatores da diminuição do número de filhos.

A desaceleração no crescimento populacional do Brasil deve-se, sobretudo, à queda na **taxa de fecundidade**, ou seja, na quantidade média de filhos (nascidos vivos) por mulher com idade entre 15 e 49 anos. Em 1960, as mulheres tinham, em média, 6 filhos; em 1990, 3 filhos; em 2018, a taxa de fecundidade era de 1,77 filho por mulher. Observe os dados a seguir.

Brasil: taxas de fecundidade total estimadas e projetadas – 2000/2060

Taxas de fecundidade									
Estimadas			Projetadas					
2000	2010	2015	2018	2020	2030	2040	2050	2060
2,32	1,75	1,80	1,77	1,76	1,72	1,69	1,67	1,66

Fonte: Projeção da população 2018: número de habitantes do país deve parar de crescer em 2047. *Agência de notícias IBGE*, 1º ago. 2018. Disponível em: <https://agenciadenoticias.ibge.gov.br/agencia-sala-de-imprensa/2013-agencia-de-noticias/releases/21837-projecao-da-populacao-2018-numero-de-habitantes-do-pais-deve-parar-de-crescer-em-2047>. Acesso em: ago. 2018.

Embora, nos últimos anos, tenha reduzido o número de nascimentos, o crescimento vegetativo ainda é a principal causa do aumento da população brasileira.

Estrutura etária e ocupacional

Talvez você já tenha ouvido falar que os brasileiros estão vivendo mais, ou seja, que está aumentando nossa **expectativa de vida** ou **esperança de vida** (o número médio de anos que se espera que um indivíduo viva).

Esses números afetam diretamente a estrutura etária da população. Atualmente, o tempo médio de vida é maior, se comparado ao de décadas anteriores, devido aos avanços da Medicina, à facilidade de acesso a tais avanços e à melhoria das condições de vida. Em 1960, a expectativa ou esperança de vida no Brasil era de, aproximadamente, 51 anos, enquanto em 2017 passou a ser de 75,8 anos. Em 2018, 9,2% da população brasileira tinha 65 anos ou mais, isso significa que 19,2 milhões de brasileiros compunham a parcela da população idosa no período.

Outro fator que alterou a estrutura etária da população brasileira nas últimas décadas foi a redução das taxas de fecundidade, que levou à diminuição relativa da população mais jovem. Esses dois fatores – maior número de idosos e menor número de jovens – mudaram a estrutura etária da população brasileira.

Esses dados podem ser constatados quando postos em um gráfico que mostra a distribuição da população por sexo e idade, chamado de **Pirâmide Etária** ou **Pirâmide de Idades**.

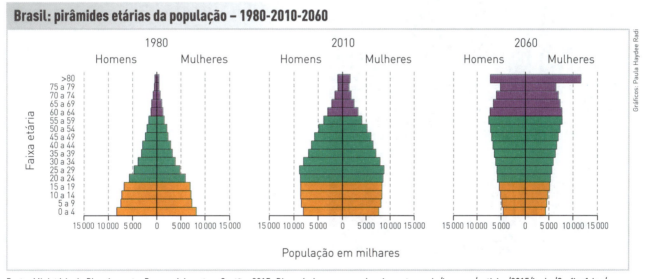

Fonte: Ministério do Planejamento, Desenvolvimento e Gestão, 2015. Disponível em: <www.planejamento.gov.br/imagens/noticias/2015/junho/Grafico1.jpg/view>. Acesso em: jul. 2018.

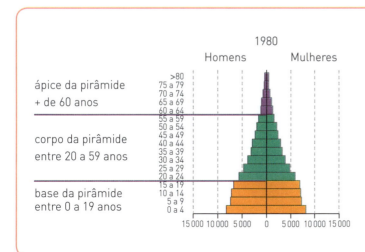

- A linha vertical da pirâmide representa as faixas etárias (por idade) da população, geralmente em intervalos de quatro anos.
- A linha horizontal da pirâmide indica a quantidade de população (em número ou percentual): a metade esquerda dessa linha representa a população masculina, e a metade direita a população feminina.

Ampliar

Estatuto do Idoso
www.planalto.gov.br/ccivil_03/leis/2003/L10.741.htm
Lei nº 10.741/2003, cujo objetivo é regular os direitos do cidadão com 60 anos ou mais.

Ao analisar os gráficos das pirâmides etárias, notamos que houve importante mudança na estrutura etária da população brasileira, fenômeno que tende a se manter. Até 2060 haverá diminuição da população jovem – consequência da queda na taxa de fecundidade – e aumento na expectativa de vida. Essas duas tendências são verificadas pelo estreitamento da base da pirâmide e leve alargamento do ápice.

Conforme vimos, o grupo de idosos tem aumentado na estrutura populacional brasileira. Consequentemente, mudanças direcionadas à valorização deles são fundamentais em diversas áreas importantes, por exemplo: implementação de políticas de saúde com ênfase na prevenção e no tratamento de doenças crônicas não transmissíveis; políticas públicas relativas à Previdência, que precisa administrar e prover um número cada vez maior de aposentadorias a cada ano; infraestrutura urbana para adequar o espaço urbano e moradias a esse grupo específico.

Quanto à ocupação nos setores da economia, o quadro a seguir revela a parcela da **População Economicamente Ativa** (PEA) **do Brasil**: brasileiros que têm entre 15 e 65 anos de idade e que trabalham ou têm condições de trabalhar (inclui os que estão temporariamente desempregados). Em 2017, no mercado de trabalho brasileiro havia 89,1 milhões de pessoas ocupadas com 14 anos ou mais de idade.

Campanha pede respeito para vagas preferenciais, como as de idosos e deficientes. Cuiabá (MT), 2018.

Distribuição das pessoas ocupadas* por setor de atividade (%) – 2016								
Setor primário						Setor secundário		
9,9						23,8		
Setor terciário								
Construção	Comércio, reparação de veículos automotores e motocicletas	Transporte, armazenagem e correio	Alojamento e alimentação	Informação, comunicação e atividades financeiras, imobiliárias, profissionais e administrativas	Administração pública, defesa, seguridade social, educação, saúde humana e serviços sociais	Outro serviço	Serviço doméstico
7,8	19,6	5,1	5,4	10,8	17,2	4,8	6,8

*Pessoas com 14 anos de idade ou mais.

Fonte: *Atlas geográfico Melhoramentos*. 4. ed. São Paulo: Melhoramentos, 2017. p. 79.

Os dados do quadro indicam que a maior parte da PEA brasileira está vinculada ao setor terciário – uma consequência da urbanização do país, com crescimento do comércio e da prestação de serviços.

As mulheres representam 43,3% da PEA nacional (IBGE-2018). Quanto ao rendimento, elas têm menores salários do que os homens em todas as ocupações. Para executar a mesma função, o salário das mulheres corresponde a cerca de 74% do salário dos homens. Esse dado mostra que ainda persiste discriminação das mulheres no mercado de trabalho.

A escritora, filósofa e feminista Djamila Ribeiro durante a Festa Literária Internacional de Paraty (Flip). Paraty (RJ), 2018.

 **Viver**

Terceira idade no Brasil ainda tem desafios

O idoso brasileiro está vivendo mais, mas a qualidade desses anos ainda deixa a desejar. A informação faz parte do último relatório Global AgeWatch Index, que avalia os melhores lugares para se viver na terceira idade. Entre as 96 nações analisadas pelo índice divulgado ontem, o Brasil figurou no 56º lugar. O documento mostra que, no país, os cidadãos acima de 60 anos têm, em média, 21 anos a mais pela frente. O índice é compatível com a média mundial. No entanto, a falta de acesso a serviços básicos como transporte e segurança compromete a qualidade de vida da população da terceira idade no Brasil.

A longevidade é apenas um dos 13 indicadores considerados no trabalho que avalia anualmente a qualidade de vida dos idosos no mundo. O levantamento leva em conta quatro categorias de fatores que afetam aqueles que passaram dos 60 anos: a segurança de renda, a saúde, características de um ambiente propício para os idosos e condições de emprego e de educação. [...]

[...]

No entanto, o posicionamento do Brasil na lista foi prejudicado por problemas que afetam não somente os idosos, mas também cidadãos brasileiros de outras faixas etárias. "O Brasil não é tão bom em fornecer um ambiente propício para o envelhecimento. O medo de crimes e o acesso ao transporte público são grandes questões para os idosos brasileiros", analisa Asgar Zaidi, professor de políticas sociais internacionais na Universidade de Southampton e um dos autores do levantamento global. O trabalho foi coordenado pela HelpAge International, organização que se dedica a melhorar a vida de pessoas na terceira idade. [...]

Roberta Machado. Terceira idade no Brasil ainda tem desafios. *Uai*, 10 set. 2015. Disponível em: <www.uai.com.br/app/noticia/saude/2015/09/10/noticias-saude,187086/terceira-idade-no-brasil-ainda-tem-desafios.shtml>. Acesso em: jun. 2018.

Com base nas informações do texto e de seus conhecimentos, responda às questões a seguir.

1. Que desafios os idosos precisam enfrentar no Brasil?

2. Há idosos em sua família? O que você considera importante para que eles tenham melhor qualidade de vida?

Migrações internas

A **migração**, deslocamento de um indivíduo ou de parte de uma população de um lugar para outro, sempre fez parte do comportamento da população brasileira. Mesmo antes da colonização do Brasil, os povos indígenas já se deslocavam pelo território nacional.

Nos dias atuais, o deslocamento de brasileiros tem sido impulsionado principalmente pela busca de melhores condições de vida e pela perspectiva de bons empregos e rendimentos.

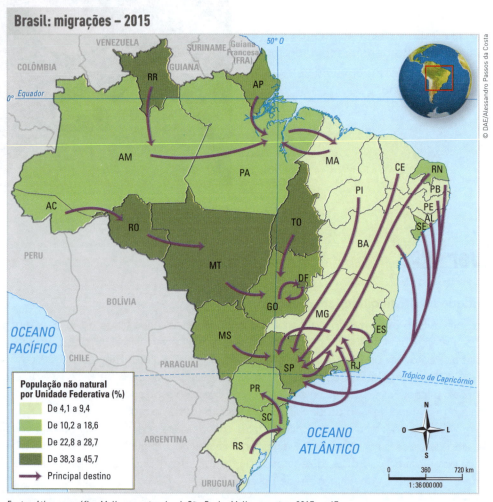

Fonte: *Atlas geográfico Melhoramentos*. 4. ed. São Paulo: Melhoramentos, 2017. p. 67.

Um dos mais importantes fluxos migratórios internos do Brasil foi desencadeado pela construção de Brasília na década de 1950. As obras atraíram quantidade expressiva de trabalhadores, principalmente da Região Nordeste.

Entre 1970 e 1980 ocorreu o maior fluxo inter-regional da história do país, o deslocamento de nordestinos para os estados de São Paulo e Rio de Janeiro, atraídos pelo trabalho na indústria. A seca era intensa nesse período, o que tornava ainda mais difícil a vida no Sertão nordestino. Segundo pesquisas, nos últimos anos muitos nordestinos têm feito o caminho de volta, seguindo o deslocamento de empresas e grandes corporações para o Nordeste.

Recentemente a Região Centro-Oeste transformou-se em uma nova **fronteira agrícola**. As rodovias abertas nas últimas décadas deram acesso a terras férteis e baratas, que atraíram migrantes de várias partes do país, principalmente dos estados do Sul.

Glossário

Fronteira agrícola: termo que define uma região que sofre avanço de práticas agrícolas sobre o meio natural.

1. O Brasil é um país populoso, mas pouco povoado. Essa afirmação é verdadeira? Comente.

2. Explique o fator histórico que determinou a maior concentração da população brasileira na faixa litorânea do território.

3. A que conclusão você chega ao observar as informações do gráfico a seguir? Que fatores são responsáveis por essa mudança no comportamento da população brasileira?

Brasil: taxa de fecundidade total – 1940-2010

[Gráfico de linhas mostrando a taxa de fecundidade total no Brasil de 1940 a 2010: 1940: 6,16 filhos (4,26 filhos); 1950: 6,21; 1960: 6,28; 1970: 5,76; 1980: 4,35; 1990: 2,85; 2000: 2,38 (1,90); 2010: 1,90 filho]

Fonte: IBGE, Censo Demográfico 1940/2010. Disponível em: <http://biblioteca.ibge.gov.br/visualização/periodicos/99/cd_2010_resultados_gerais_amostra.pdf>. Acesso em: jul. 2018.

4. As pirâmides etárias do Brasil, a seguir, revelam uma lenta mudança de formato ao longo de décadas. A respeito disso, responda às questões.

Brasil: pirâmides etárias absolutas – 2010-2030-2060

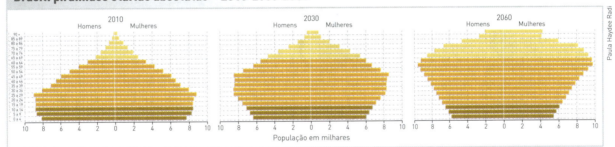

Fonte: IBGE. *Projeção da população do Brasil por sexo e idade: 2000-2060*, Revisão 2013. Disponível em: <https://ww2.ibge.gov.br/home/estatistica/populacao/projecao_da_populacao/2013/default_tab.shtm>. Acesso em: jul. 2018.

a) Que informações populacionais podem ser obtidas por meio da leitura de uma pirâmide etária?

b) O que aconteceu com a base da pirâmide etária brasileira ao longo do tempo? O que explica essa alteração?

c) O que aconteceu com o ápice da pirâmide etária brasileira? Explique essa alteração.

5. O que a tabela a seguir indica? Que fatores interferem nessa evolução?

Brasil: esperança de vida ao nascer – 1930/2014

Esperança de vida ao nascer (anos)									
1930/1940	1940/1950	1950/1960	1960/1970	1980	1991	2000	2010	2014
41,53	45,51	51,64	53,46	62,52	66,93	70,44	73,86	75,44

Fonte: IBGE, Censo Demográfico 1940/2010 e Projeção da população das Unidades da Federação por sexo e idade 2000-2030.

CAPÍTULO 10
Indicadores socioeconômicos

Desigualdade social e distribuição de renda

Uma das características mais marcantes da evolução da economia e da sociedade brasileira é a **desigualdade social**, cuja principal causa é a **concentração de renda**. Isso significa que o Brasil é um país que tem grande distância entre ricos e pobres, ou seja, é muito desigual.

Em 2017, segundo dados do IBGE, o Brasil gerou R$ 263,1 bilhões em rendimentos, mas R$ 155,5 bilhões ficaram com 20% da população, ou 42 milhões de pessoas. Os outros 168 milhões de brasileiros, 80% da população, dividiram apenas R$ 107,6 bilhões. Isso revela que há grande concentração de renda: poucos detêm a maior parte dos rendimentos produzidos no país.

Atualmente, o instrumento mais utilizado no mundo para medir a concentração e a distribuição de renda dos países é o **índice de Gini** ou **coeficiente de Gini**. Essa metodologia foi desenvolvida pelo matemático italiano Conrado Gini e obedece a uma escala que vai de 0 (perfeita igualdade) até 1 (desigualdade máxima).

Em 2017, o Brasil registrou um índice de Gini do rendimento médio mensal real domiciliar *per capita* de 0,549. Isso significa que no país há elevada desigualdade, com um dos maiores níveis de concentração de renda do mundo.

Brasil: concentração de renda – 2017

O Brasil gerou R$ 263,1 bilhões em rendimentos no ano de 2017

20% da população: R$ 155,2 bilhões
80% da população: R$ 107,9 bilhões

Fontes: IBGE. *Pesquisa Nacional por Amostra de Domicílios (PNAD) Contínua. Rendimento de todas as fontes 2017.* Disponível em: <https://biblioteca.ibge.gov.br/visualizacao/livros/liv101559_informativo.pdf>. Acesso em: ago. 2018.

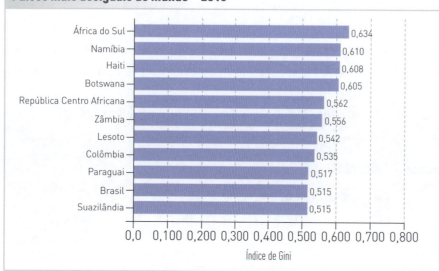

Países mais desiguais do mundo – 2015

- África do Sul: 0,634
- Namíbia: 0,610
- Haiti: 0,608
- Botswana: 0,605
- República Centro Africana: 0,562
- Zâmbia: 0,556
- Lesoto: 0,542
- Colômbia: 0,535
- Paraguai: 0,517
- Brasil: 0,515
- Suazilândia: 0,515

Índice de Gini

Fonte: Pnud. *Human Development Report 2016.* Disponível em: <www.br.undp.org/content/dam/brazil/docs/RelatoriosDesenvolvimento/undp-br-2016-human-development-report-2017.pdf>. Acesso em: ago. 2018.

De acordo com a Pesquisa Nacional por Amostra de Domicílios (Pnad) de 2017, cada brasileiro da fatia mais rica da população do país (1%) obteve um rendimento médio mensal de R$ 27.213,00, enquanto cada brasileiro da fatia mais pobre (50%) recebeu, no mesmo ano, R$ 754,00 por mês – menos do que o salário mínimo do período.

Apesar de ser uma média, o índice de Gini não é igual em todas as regiões do Brasil, o que evidencia desigualdades regionais. Observe o gráfico a seguir.

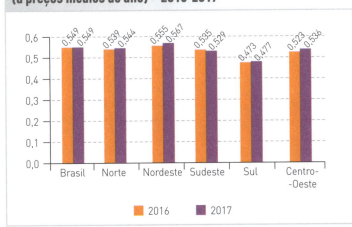

Fonte: IBGE. *Pesquisa Nacional por Amostra de Domicílios Contínua (PNAD Contínua), 2016 e 2017.* Disponível em: <https://agenciadenoticias.ibge.gov.br/media/com_mediaibge/arquivos/dfeaf40d4002b0dc82313d93f9003b32.pdf>. Acesso em: ago. 2018.

A concentração de renda no Brasil produz desigualdade social, como revela essa paisagem urbana. Os moradores da comunidade de baixa renda têm menor qualidade de vida, inferior à dos moradores do edifício de alto padrão. São Paulo (SP), 2016.

A desigualdade social, uma consequência da concentração de renda, deve ser combatida porque impede que uma parcela considerável da população tenha acesso a direitos humanos básicos, como saúde, educação e segurança.

Mortalidade infantil e analfabetismo

Mortalidade infantil refere-se ao número de óbitos de menores de 1 ano de idade por mil nascidos vivos em determinado espaço geográfico e intervalo de tempo.

De acordo com o Ministério da Saúde, em 2016 a taxa de mortalidade infantil no Brasil foi de 14 por mil. Durante duas décadas, essa taxa se manteve em declínio; em 1990, foi de 47 por mil. Observe no gráfico o declínio da taxa de mortalidade infantil nos últimos anos.

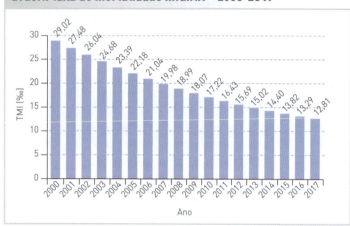

Fontes: IBGE. *Projeção da população do Brasil por sexo e idade: 2000-2060*, Revisão 2013. Disponível em: <https://ww2.ibge.gov.br/home/estatistica/populacao/projecao_da_populacao/2013/default.shtm>. Acesso em: ago. 2018.

Glossário

Zika: nome popular da doença causada pelo vírus zika, transmitido pela picada dos mosquitos *Aedes aegypti*, *Aedes albopictus* e outros do gênero *Aedes*.

Entre os anos de 2016 e 2017, ocorreu um aumento da taxa de mortalidade infantil no Brasil, em comparação aos anos anteriores, principalmente em decorrência da epidemia de **zika**, que colocou o país em estado de emergência sanitária.

A principal causa da mortalidade infantil no Brasil e no mundo é a falta de saneamento básico, que apresenta falhas na coleta, no tratamento de esgotos e na oferta de água potável. A água sem tratamento pode estar ligada ao surgimento de doenças que são mais graves quando atingem as crianças, como tifo, cólera, diarreia infecciosa aguda, entre outras. Além do tratamento da água, é necessário garantir que o sistema de saúde pública seja acessível a todos os brasileiros.

Nas regiões Sul e Sudeste do Brasil, as taxas de mortalidade infantil estão abaixo da média nacional. Já nas regiões Norte, Nordeste e Centro-Oeste, ficam acima da média. Esse fato revela outra desigualdade regional do país.

zoom

1. Comente a importância das campanhas de vacinação no combate à mortalidade infantil.
2. Que outras ações são fundamentais para evitar a mortalidade infantil?

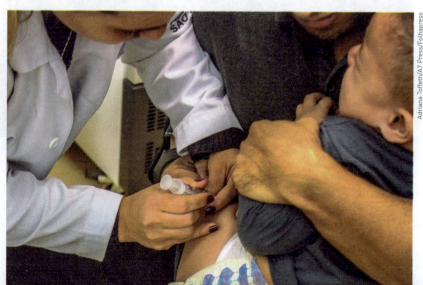

Criança recebe vacina em posto de saúde. São Paulo (SP), 2018.

Viver

Conheça alguns direitos da mulher grávida

Cuidar bem dos idosos e das crianças e especialmente das gestantes devem ser prioridades de países como o Brasil, cujo potencial de desenvolvimento tornou-se referência para o mundo. Nesse sentido, o atendimento preferencial por instituições públicas e privadas, bem como o assento privilegiado no transporte público e a garantia à licença-maternidade são apenas alguns dos direitos que as futuras mães brasileiras conquistaram.

Conheça alguns dos principais direitos da mulher grávida:

No que diz respeito à saúde:

• Realizar seis consultas de pré-natal no Posto de Saúde mais próximo de sua casa e receber uma Declaração de Comparecimento e o Cartão Gestante, que contém todas as informações sobre seu estado de saúde.

• Contar com acompanhamento mensal do desenvolvimento do bebê e da gestação.

• Fazer exames de urina, sangue, preventivos, além da verificação da pressão arterial e de seu peso.

[...]

BRASIL. *Conheça alguns direitos da mulher grávida*. Disponível em: <www.brasil.gov.br/editoria/saude/2011/10/conheca-alguns-direitos-da-mulher-gravida>. Acesso em: jun. 2018.

1 Qual é a importância desses direitos da mulher grávida no combate à mortalidade infantil?

2 Atualmente a sociedade brasileira está mais consciente da necessidade de proteção a gestantes, crianças, adolescentes e idosos. Você acha que seu direito de proteção à vida e à saúde está garantido? Justifique e comente sua resposta.

Outro problema social brasileiro é o **analfabetismo**. Segundo pesquisa do IBGE, em 2016, o Brasil tinha cerca de 12 milhões de analfabetos, o que corresponde a 7,2% da população com 15 anos ou mais de idade. O analfabetismo é ainda mais comum na faixa etária acima de 60 anos, na qual o índice alcança 20,4%.

O critério para considerar se alguém é analfabeto depende do instituto que faz a análise. No Censo, por exemplo, é a própria pessoa que indica o seu grau de instrução. Para a Pnad, é considerada alfabetizada a pessoa de 5 anos ou mais que é capaz de escrever um bilhete simples. Para o Ministério da Educação e Cultura (MEC), o conceito é mais abrangente, pois não basta saber ler e escrever para uma pessoa ser considerada alfabetizada, é preciso que ela saiba usar a leitura e a escrita.

Nesse contexto de analfabetismo, hoje se discute muito em todo o mundo o **analfabetismo funcional**. Para o IBGE, analfabeto funcional é a pessoa que tem menos de quatro anos de estudo completo, ou seja, embora tecnicamente alfabetizada, não consegue compreender textos simples e fazer operações matemáticas básicas.

De qualquer modo, os brasileiros sem instrução são os que têm a menor renda média mensal. A população negra e pobre é a mais afetada pelas barreiras educacionais no país e, consequentemente, enfrenta maior dificuldade de inserção no mercado de trabalho.

Taxa de analfabetismo no Brasil, em porcentagem – 2016

Sexo: Homem 7,4; Mulher 7
Cor ou etnia: Preta ou parda 9,9; Branca 4,2
Idade: 15 ou + 7,4; 18 ou + 7,7; 25 ou + 8,8; 40 ou + 12,3; 60 ou + 20,4

Fonte: IBGE, Diretoria de Pesquisas, Coordenação de Trabalho e Rendimento, Pesquisa Nacional por Amostra de Domicílios Contínua 2016.

Índice de Desenvolvimento Humano (IDH)

Adotado pela Organização das Nações Unidas (ONU) em 1990, o **Índice de Desenvolvimento Humano** (IDH) tem sido atualmente a forma mais utilizada para medir as condições de vida nos países.

Elaborado com base em diversos indicadores, esse índice avalia as condições médias de renda, educação e saúde dos habitantes de determinado país. Os indicadores que compõem o IDH estão relacionados a três dimensões básicas do desenvolvimento humano:

Glossário

Renda nacional bruta: corresponde à soma de todos os bens e serviços produzidos em um país durante um ano, incluindo o dinheiro enviado ao exterior.

- uma **vida longa e saudável**, medida pela esperança de vida ao nascer, isto é, o número de anos que um recém-nascido pode esperar viver (esse indicador está diretamente relacionado às condições de vida de uma população, como saneamento básico, alimentação e atendimento médico-hospitalar);
- **acesso ao conhecimento**, que leva em conta a média de anos de estudo da população adulta e o número esperado de anos de estudo (expectativa de vida escolar);
- um **padrão de vida digno**, medido pela **renda nacional bruta** por habitante.

A educação escolar é um dos indicadores que a ONU considera para mensurar o IDH de um país.
Sala de aula de Educação de Jovens e Adultos (EJA). Senador José Porfírio (PA), 2017.

Com base nesses indicadores, calcula-se um valor cuja escala varia de 0 a 1. Quanto mais próximo a 1, melhor a situação do país em relação ao IDH.

Em seus relatórios anuais, o Programa das Nações Unidas para o Desenvolvimento (Pnud) estabelece uma classificação dos países de acordo com o padrão de vida. Observe o mapa da página seguinte.

Mapa-múndi: Índice de Desenvolvimento Humano (IDH) – 2014

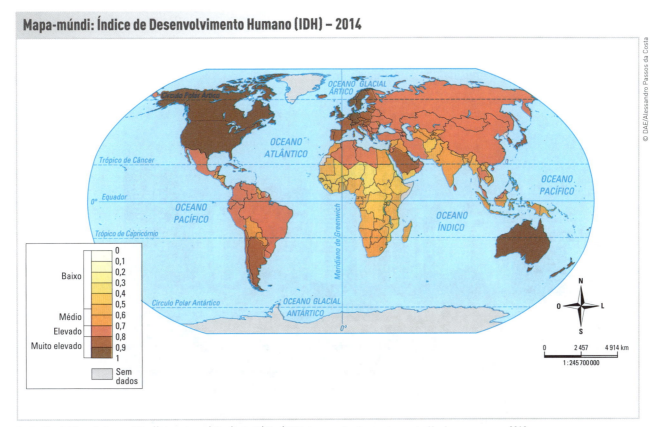

Fonte: Pnud. Disponível em: <http://hdr.undp.org/sites/default/files/2016_human_development_report.pdf>. Acesso em: ago. 2018.

De acordo com a classificação do Pnud, os países são assim agrupados:
- 25% dos países de maior IDH são considerados com desenvolvimento humano **muito elevado**;
- 25% dos países que estão abaixo dos de maior IDH são considerados com desenvolvimento humano **elevado**;
- 25% dos países que estão acima dos de menor IDH são considerados com desenvolvimento humano **médio**;
- 25% dos países de menor IDH são considerados com desenvolvimento humano **baixo**.

Em 2017, o IDH brasileiro foi 0,754, o que o colocou na 79ª posição entre os 188 países analisados. Embora apresente deficiências no sistema educacional, o Brasil encontra-se no grupo de países de desenvolvimento humano **elevado**. O melhor indicador nacional é a expectativa de vida, crescente nos últimos anos.

No entanto, ao reduzir os países a números e colocações, pode-se incorrer em erro, pois o IDH não revela as desigualdades internas. No caso do Brasil, há regiões com melhores condições de vida que outras. Alguns municípios, por exemplo, apresentam baixo IDH e outros, um IDH que pode ser comparado ao de muitos países desenvolvidos.

A expectativa de vida, assim como a taxa de analfabetismo, não é uniforme no Brasil. Dependendo da região, esses indicadores são melhores do que em algumas áreas de países desenvolvidos.

Embora esse índice represente uma média – e toda média é imprecisa –, não resta dúvida de que ele é importante para comparar as realidades socioeconômicas dos países ou das regiões do planeta. Por meio do IDH, a ONU chama a atenção dos governantes de todo o mundo para rever suas políticas de investimento público.

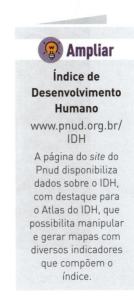

Ampliar

Índice de Desenvolvimento Humano

www.pnud.org.br/IDH

A página do *site* do Pnud disponibiliza dados sobre o IDH, com destaque para o Atlas do IDH, que possibilita manipular e gerar mapas com diversos indicadores que compõem o índice.

1 Associe a imagem a seguir à desigualdade social no Brasil.

Vista de moradias na comunidade do Calabar com prédios residenciais ao fundo. Salvador (BA), 2016.

2 Relacione o agravamento da mortalidade infantil com a carência de saneamento básico.

3 Que problema social a charge a seguir retrata?

4 O que caracteriza um analfabeto funcional para o IBGE?

5 O que é o IDH? Quais são os indicadores que o compõem?

6 Com base na observação do mapa a seguir e em seus conhecimentos sobre IDH, responda às questões.

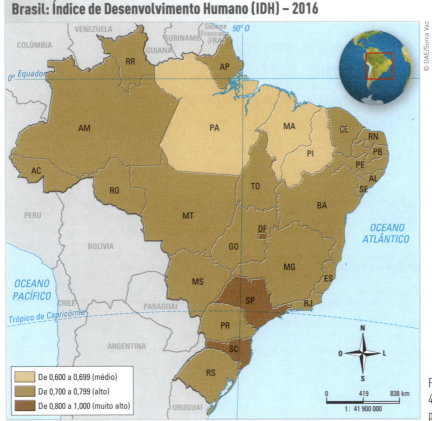

Fonte: *Atlas geográfico Melhoramentos.* 4. ed. São Paulo: Melhoramentos, 2017. p. 68.

a) Quais estados estão classificados com IDH muito alto? Em que aspectos esses estados estão melhores que os demais?

b) Qual é a classificação de seu estado no IDH?

7 Leia o texto a seguir, sobre o soro caseiro, e faça o que se pede na sequência.

Soro caseiro: a receita que salva vidas

A Pastoral da Criança foi fundada em 1983, pela médica pediatra e sanitarista, Dra. Zilda Arns, juntamente com Dom Geraldo Majella Agnelo, em Florestópolis. Sua metodologia é baseada em ações simples desempenhadas por líderes comunitários, incluindo: visitas domiciliares; encontros entres os voluntários e as famílias para celebrar a vida, conversar sobre as dificuldades e pesar as crianças; reuniões de reflexão e avaliação. Além de compartilhar os conteúdos de seus materiais educativos (sendo o Guia do Líder o principal deles), a Pastoral da Criança também promove diversas campanhas com orientações preventivas e de baixo custo, que podem ser facilmente replicáveis pelas famílias. Um exemplo é a campanha do Soro Caseiro, lançada em 1987 e que se tornou um dos maiores legados da Pastoral.

Duas medidas de açúcar e uma de sal, misturadas em um copo da água. Essa é a receita criada pelo médico Nobert Hirschhorn, e que estava salvando milhões de crianças desidratadas em Bangladesh, um dos países mais pobres do mundo. Porém, era preciso mais que a receita do soro. Um erro na concentração de sal e açúcar podem agravar ainda mais o problema e até mesmo provocar convulsões em uma criança desidratada. [...]

Soro caseiro: a receita que salva vidas. *Pastoral da criança*, 12 abr. 2018.
Disponível em: <www.pastoraldacrianca.org.br/soro-caseiro/soro-caseiro-a-receita-que-salva-vidas>. Acesso em: jul. 2018.

a) Qual a importância do soro caseiro no combate à mortalidade infantil no Brasil e no mundo?

b) Cite outra possibilidade de combater esse problema.

Retomar

1. Quais são os três grupos humanos que deram origem ao povo brasileiro?

2. Com base na observação do quadro a seguir, responda às questões.

Brasil: esperança de vida ao nascer – 1930/2014

Esperança de vida ao nascer (anos)									
1930/1940	1940/1950	1950/1960	1960/1970	1980	1991	2000	2010	2014
41,53	45,51	51,64	53,46	62,52	66,93	70,44	73,86	75,44

Fonte: IBGE, Censo Demográfico 1940/2010 e Projeção da População das Unidades da Federação por Sexo e Idade 2000-2030.

a) O que significa esperança de vida ao nascer? Que tendência os números apontam para esse indicador?

3. O analfabetismo funcional reflete a desigualdade regional brasileira? Comente.

Analfabetismo funcional*, segundo as Regiões Administrativas	
Região	%
Norte	20,1
Nordeste	26,6
Centro-Oeste	14,7
Sudeste	12,4
Sul	13,4
Brasil	17,1

*Pessoas de 15 anos ou mais de idade.

Fontes: Pnad 2015; *Atlas geográfico Melhoramentos.* 4. ed. São Paulo: Melhoramentos, 2017. p. 79.

4. O que significa população economicamente ativa (PEA)?

5. Compare as pirâmides etárias do Brasil a seguir, justificando as alterações.

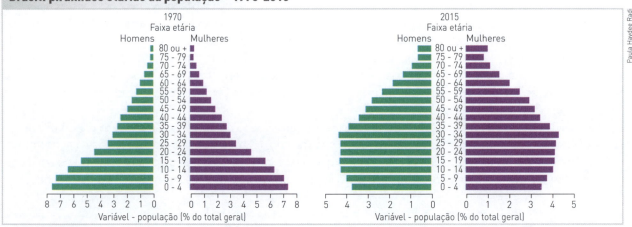

Brasil: pirâmides etárias da população – 1970-2015

Fonte: IBGE. *Sistema IBGE de Recuperação Automática (SIDRA).* Disponível em: <https://sidra.ibge.gov.br/Tabela/200#resultado>. Acesso em: jul. 2018.; IBGE. *Projeção da população do Brasil por sexo e idade: 2000-2060*, Revisão 2013. Disponível em: <https://ww2.ibge.gov.br/home/estatistica/populacao/projecao_da_populacao/2013/default_tab.shtm>. Acesso em: jul. 2018.

6 Leia o texto e depois responda às perguntas.

O Brasil pelos olhos de nove crianças refugiadas que vivem em São Paulo

Quando viviam em seus países – [...], Síria, Arábia Saudita [...] –, o cotidiano deles era bem diferente. Mas hoje, esses meninos e meninas [...] têm muito em comum: comem arroz e feijão, gostam da liberdade que têm no Brasil e jogam futebol (ou queimada) na escola. [...]

Todos enfrentam ou enfrentaram vários novos desafios, como a barreira da língua, a adaptação à nova cultura e a falta de acesso a uma política educacional que atenda melhor às crianças refugiadas.

[...]

Os irmãos Zaeem, de 11 anos, e Assad, 12 anos, e as irmãs Warda, 11 anos, e Sheza, 15 anos, viviam bem com os pais em Riad, capital da Arábia Saudita, quando a perseguição religiosa mudou suas vidas. [...]

[...] Ritag Youssef, de 8 anos, [...] e a irmã Rahab, de 11 anos, estão há quase três anos no país e hoje dividem um beliche num quarto em um condomínio na Vila Carrão, zona leste de São Paulo. Vindas da Síria fugindo da guerra com seus pais elas estão bem adaptadas aos costumes brasileiros.

[...]

O Brasil pelos olhos de nove crianças refugiadas que vivem em São Paulo. G1, 12 out. 2016. Disponível em: <http://g1.globo.com/sao-paulo/noticia/2016/10/o-brasil-pelos-olhos-de-nove-criancas-refugiadas-que-vivem-em-sao-paulo.html>. Acesso em: jun. 2018.

a) A qual tipo de fluxo humano o texto faz referência?

b) De acordo com o texto, que motivos levaram essas pessoas a virem morar no Brasil?

7 Compare os dados registrados no quadro a seguir e, depois, responda às questões.

Faixa etária	1940	2000	2010
0-14 anos	42,9%	29,6%	24,2%
15-59 anos	53%	61,8%	64,8%
mais de 60 anos	4,1%	8,6%	11%

Fontes: IBGE. *Tendências demográficas no período de 1940/2000*. Disponível em: <https://biblioteca.ibge.gov.br/visualizacao/livros/liv34956.pdf>; IBGE. *Sinopse do Censo Demográfico 2010*. Disponível em: <www.censo2010.ibge.gov.br/sinopse/index.php?dados=12&uf=00>. Acessos em: jul. 2018.

a) O que podemos concluir sobre as mudanças na estrutura etária da população que tem entre 0 e 14 anos e da que tem mais de 60 anos?

b) Que fatores explicam essas mudanças?

8 Analise o gráfico ao lado e explique a afirmação: "Uma das características mais marcantes do Brasil é a miscigenação de seu povo".

Fonte: IBGE. *Pesquisa Nacional por Amostra de Domicílios Contínua*. Disponível em: <https://sidra.ibge.gov.br/pesquisa/pnadct/tabelas>. Acesso em: ago. 2018.

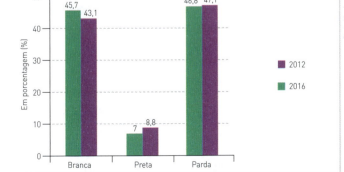

Visualização

A seguir apresentamos um mapa conceitual sobre o tema estudado nesta unidade. Trata-se de uma representação gráfica que organiza o conteúdo, composto de uma estrutura que relaciona os principais conceitos e as palavras-chave. Essa ferramenta serve como resumo e instrumento de compreensão dos textos, além de possibilitar consultas futuras.

DIVERSIDADE DO POVO BRASILEIRO

é o resultado da miscigenação de

 indígenas

 europeus

 africanos

 asiáticos

- **indígenas**
  - calcula-se que em 1500, entre 3 e 5 milhões, viviam aqui
  - atualmente são cerca de 900 mil
  - essa redução deve-se, principalmente, a:
    - doenças trazidas pelos portugueses
      - gripe
      - sarampo
    - guerras e extermínios por parte dos colonizadores
      - domínios de terra
      - escravidão

- **europeus**
  - a partir de 1500
    - portugueses
  - a partir do final do século XIX, entrada de outras etnias
    - italianos
    - alemães
    - poloneses
    - ucranianos
    - e outros

- **africanos**
  - a partir de 1550
  - trazidos à força
    - principalmente bantos e sudaneses

- **asiáticos**
  - 1908 em diante
    - japoneses
    - e outros mais tarde

Fabio Nienow

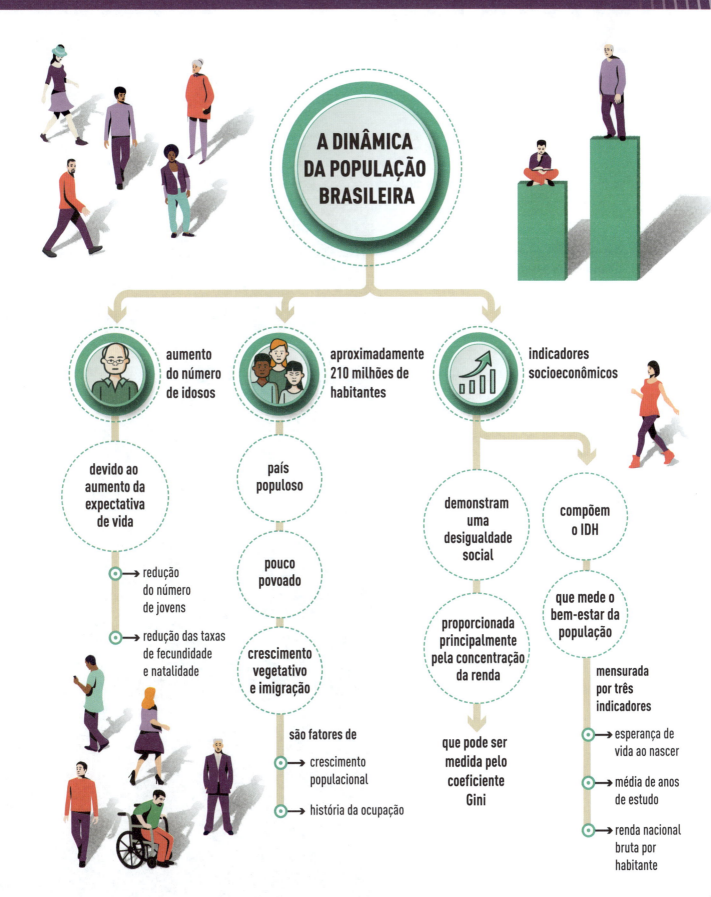

UNIDADE 4

Antever

1. Na imagem, podemos observar os espaços rural e urbano? Explique.

2. Que atividades se desenvolvem em cada um desses espaços?

3. Esses espaços estão interligados? Explique.

A população brasileira é predominantemente urbana. Isso significa que a maior parte dos brasileiros vive nas cidades e uma parcela menor habita o campo. Distintos espaços geográficos se configuram em decorrência das diferenças relacionadas às características naturais, das sociedades e das atividades econômicas que neles se desenvolvem. A conexão desses espaços – rural e urbano – incrementa os fluxos de bens, pessoas, recursos naturais, capital, trabalho, serviços, informação e tecnologia que causam impacto na configuração espacial brasileira.

São José dos Campos (SP), 2017.

Brasil: rural e urbano

CAPÍTULO 11
Espaço agropecuário

Paisagens e contrastes do espaço rural

As atividades primárias, como a **agricultura**, a **pecuária** e a florestal, são realizadas, em geral, no **campo**. O Brasil tem uma vasta extensão de terras para a prática de atividades rurais, bem como condições naturais favoráveis ao seu desenvolvimento. De acordo com o levantamento de 2016, da Empresa Brasileira de Pesquisa Agropecuária (Embrapa), 30,2% do território nacional correspondia a propriedades rurais ocupadas por pastagens, lavouras e florestas plantadas. Observe o gráfico a seguir.

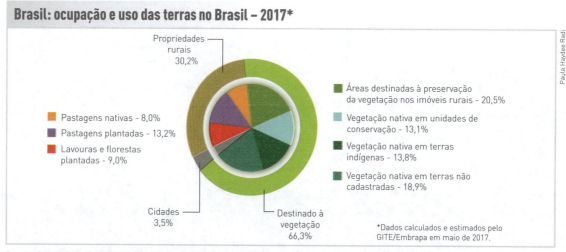

Brasil: ocupação e uso das terras no Brasil – 2017*

- Propriedades rurais 30,2%
- Pastagens nativas - 8,0%
- Pastagens plantadas - 13,2%
- Lavouras e florestas plantadas - 9,0%
- Cidades 3,5%
- Destinado à vegetação 66,3%
- Áreas destinadas à preservação da vegetação nos imóveis rurais - 20,5%
- Vegetação nativa em unidades de conservação - 13,1%
- Vegetação nativa em terras indígenas - 13,8%
- Vegetação nativa em terras não cadastradas - 18,9%

*Dados calculados e estimados pelo GITE/Embrapa em maio de 2017.

Fontes: SFB; SICAR, EMBRAPA; IBGE; MMA; FUNAI; DNIT; ANA; MPOG.

Sabemos que a **agropecuária** compreende toda atividade que utiliza o solo para o cultivo de plantas e a criação de animais. A agropecuária garante a produção de alimentos e o fornecimento de matérias-primas para diversas indústrias: carne para os frigoríficos, milho para os moinhos etc. O setor agropecuário brasileiro tem hoje uma intensa ligação com o industrial.

Gado pasta ao norte da Serra da Canastra. São Roque de Minas (MG), 2018.

Colheitadeira descarregando milho, Arapongas (PR), 2016.

De acordo com o IBGE, em 2017 a agropecuária foi o setor com melhor desempenho na economia do país, com um crescimento de 13% em relação ao ano anterior. O valor do **Produto Interno Bruto (PIB) Agropecuário**, que representa o que foi produzido nas atividades primárias ligadas ao setor, foi equivalente a 4,56% das riquezas produzidas nacionalmente naquele ano, com destaque para as produções de soja, milho, laranja, cana-de-açúcar, algodão, mandioca e café. O Brasil é o terceiro maior exportador de produtos agrícolas e derivados do mundo (dados de 2017), atrás apenas dos Estados Unidos e da União Europeia, e é líder mundial na venda de açúcar, suco de laranja e café.

Glossário

Produto Interno Bruto (PIB): é a soma de todos os bens e serviços produzidos em uma determinada região durante um período estabelecido.

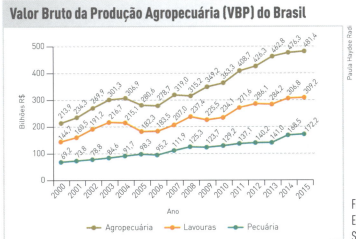

Fonte: IBGE/FGVDADOS/Cepeal/Esalq/USP/Conab. Elaboração: SPA/MAPA.

Ampliar

IBGE Cidades
www.cidades.ibge.gov.br

Apresenta dados estatísticos sobre população e economia das áreas rurais e urbanas dos municípios brasileiros.

Observe nos gráficos a seguir, a colocação do Brasil na produção de alguns produtos agrícolas.

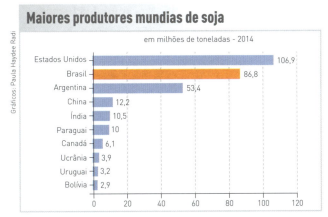
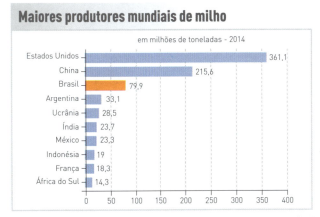

Fonte: Organização das Nações Unidas para a Alimentação e a Agricultura (FAO). Disponível em: <https://agenciadenoticias.ibge.gov.br/media/com_mediaibge/arquivos/3ee63778c4cfdcbbe4684937273d15e2.pdf>. Acesso em: jun. 2018.

Plantação de soja e milho. Mauá da Serra (PR), 2018.

zoom

1. Qual é a fonte das informações apresentadas nos gráficos? Qual é a data de referência?

2. Qual é o papel do Brasil nesse cenário mundial? Justifique.

3. Explique a importância econômica dos dados apresentados.

Em nosso país, a maioria das propriedades rurais pertence a pequenos proprietários e constitui a **agricultura familiar**, responsável pela maior parte da produção de alimentos. Segundo o Censo Agropecuário 2006, 74,4% dos postos de trabalho no espaço rural brasileiro já se relacionavam a essa forma de uso da terra.

Verifique os dados a seguir.

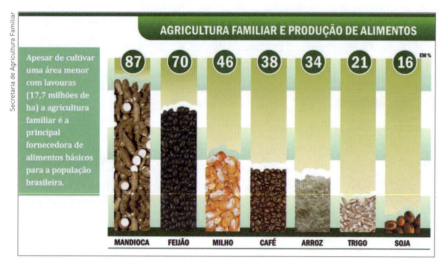

Fonte: <www.mma.gov.br/educacao-ambiental/formacao/item/8267>.
Acesso em: jul. 2018.

Mas quem são os chamados agricultores familiares?

A definição foi formalizada pela Lei nº 11.326, de 24 de julho de 2006. O Art. 3º estabelece que agricultor familiar é aquele que pratica atividades no meio rural atendendo, simultaneamente, aos seguintes requisitos:

Glossário

Módulo fiscal: unidade de medida agrária, expressa em hectare e variável por município (1 hectare = = 10 000 m²).

[...]
I - não detenha, a qualquer título, área maior do que 4 (quatro) **módulos fiscais**;
II - utilize predominantemente mão de obra da própria família nas atividades econômicas do seu estabelecimento ou empreendimento;
III - tenha percentual mínimo da renda familiar originada de atividades econômicas do seu estabelecimento ou empreendimento, na forma definida pelo Poder Executivo;
IV - dirija seu estabelecimento ou empreendimento com sua família. [...]

Disponível em: <www.planalto.gov.br/ccivil_03/_ato2004-2006/2006/lei/l11326.htm>.
Acesso em: jul. 2018.

Apesar da importância da agricultura familiar, evidenciada pelos números relacionados a proprietários e produção de alimentos, considerando o último Censo Agropecuário, as propriedades familiares representavam apenas 24% das terras utilizadas para a agricultura, uma área bem menor do que o espaço ocupado pelo **agronegócio**, que registra cerca de 76%. Esse cenário mostra o Brasil como um país com forte concentração de terras.

Selo em comemoração ao Ano Internacional da Agricultura Familiar, 2014.

Agronegócio e modernização agrícola

Com a modernização da agricultura desencadeada nas últimas décadas, extensas porções do espaço rural brasileiro sofreram transformações, tanto em relação ao tamanho da área ocupada, quanto na produção agrícola: diversas áreas de policultura de subsistência foram substituídas por lavouras temporárias, cultivadas em grande escala, para fins de comercialização. A mecanização e o emprego de **insumos** industriais constituíram características marcantes para o início desse processo que desencadeou no aumento da produção e das exportações agrícolas.

A soja, o açúcar e a carne de aves lideraram o *ranking* das exportações brasileiras em 2016. Nesses casos, a agricultura ou a criação de animais ocorreu predominantemente em grandes propriedades voltadas ao **agronegócio**, envolvendo altos investimentos e grande movimentação financeira numa complexa cadeia produtiva. Essa longa cadeia vai do segmento de insumos e serviços até a produção dos processadores industriais, atividades de logística e distribuidores para os mercados interno e externo.

Observe no infográfico o que engloba o agronegócio.

Fonte: Fundação de Economia e Estatística. O que é o agronegócio? Disponível em: <www.fee.rs.gov.br/sinteseilustrada/o-que-e-o-agronegocio/>. Acesso em: jul. 2018.

No Brasil, o agronegócio está presente, em menor ou maior escala, em todo o território nacional, e vem se expandindo a cada ano. Em 2017 foi responsável por 23,5% do PIB do país. Essa expressiva participação ocorre porque o agronegócio envolve, além das atividades primárias realizadas nos estabelecimentos rurais, as atividades de transformação na indústria e de distribuição.

Embora tenha expressiva participação na economia brasileira, esse modelo de produção agropecuária levanta questões ambientais, como a maior exploração de recursos naturais, degradação do solo (esgotamento de nutrientes, **compactação** e erosão), desmatamento e formas diversas de poluição e contaminação decorrentes do uso de agrotóxicos, bem como maior geração de resíduos.

Glossário

Compactação: no caso do solo, situação em que se reduzem os vazios, deixando-o menos poroso em decorrência do uso intensivo de máquinas agrícolas.

Insumo: todo e qualquer elemento utilizado em um processo de produção.

Criação de animais

No Brasil, a maior parte da área ocupada pela agropecuária (73%) destina-se à criação de gado.

Segundo o IBGE, em 2016 o rebanho de **bovinos**, o mais numeroso do país, contava com 218,23 milhões de cabeças. A pecuária bovina encontra-se hoje disseminada por quase todo o território brasileiro e a região Centro-Oeste apresenta o maior número de bovinos entre as grandes regiões, sobretudo no estado do Mato Grosso do Sul. A presença de áreas propícias à criação extensiva, aliada à proximidade de grandes centros de produção de grãos e agroindústrias, favorece a criação bovina.

Criação de gado. Amambai (MS), 2018.

A região Norte registrou o segundo maior efetivo de bovinos do país, seguida pelas regiões Sudeste, Sul e Nordeste. Nos últimos anos foi possível observar um deslocamento da produção de bovinos para o Norte do país, o que pode ser explicado, principalmente, pelos baixos preços das terras e pela expansão da fronteira agropecuária.

Observe na tabela a seguir outros destaques regionais.

Rebanho	Regiões – % rebanhos	Rebanho	Regiões – % rebanhos
suínos Lagoa da Prata (MG), 2016.	Sudeste – 16,9	ovinos Sant'ana do Livramento (RS), 2017.	Nordeste – 63
	Centro-Oeste – 14,9		Sul – 23,9
	Nordeste – 14, 6		Centro-Oeste – 5,7
	Norte – 3,6		Norte e Sudeste – 3,7
equinos Tavares (RS), 2018.	Nordeste e Sudeste – 23,2	galinhas Salto (SP), 2016.	Sudeste – 37,8
	Centro-Oeste – 20		Sul – 26,3
	Sul – 17,5		Nordeste – 18,8
	Norte – 16,1		Centro-Oeste – 12,2 Norte – 4,9

Fonte: IBGE. Produção da pecuária municipal. Disponível em: <https://biblioteca.ibge.gov.br/visualizacao/periodicos/84/ppm_2016_v44_br.pdf>. Acesso em: jul. 2018.

zoom

1. Que diferenças regionais os dados da tabela evidenciam? Exemplifique.
2. Qual tipo de rebanho se destaca na região onde você vive?

Assim como a agricultura, a pecuária passou por transformações com o processo de industrialização e a modernização do país. Máquinas, vacinas, inseminação artificial e melhoria da qualidade do gado proporcionaram maior produtividade e lucratividade.

Nas regiões Sudeste e Sul e em parte do Centro-Oeste predomina a criação intensiva, na qual o gado geralmente é criado em confinamento, em áreas menores, na maioria das vezes em pasto artificial, com plantas **forrageiras**. Os cuidados com a saúde, a alimentação e a higiene do gado encarecem a produção, mas a produtividade é maior, o que torna esse sistema mais lucrativo.

Já nas regiões Norte e Nordeste prevalece a criação extensiva: o gado é criado solto, pastando livremente em busca de alimento natural. Em geral, esses animais se destinam ao corte. Antes de serem abatidos, eles podem passar por um período de confinamento em invernadas para engorda.

> **Glossário**
> **Forrageiras:** gramíneas e leguminosas usadas como alimentos para animais.

Fonte: Leda Ísola e Vera Caldini. *Atlas geográfico Saraiva*. São Paulo, Saraiva, 2013. p. 45.

Criação intensiva de gado. São Sebastião da Amoreira (PR), 2017.

Criação extensiva de gado. Vitória do Xingu (PA), 2017.

Cartografia em foco

Observe os mapas a seguir e leia as informações neles contidas. Depois, faça o que se pede.

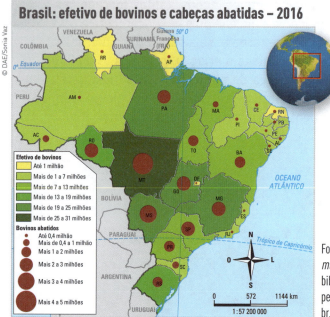

Fonte: IBGE. *Produção da pecuária municipal*. Disponível em: <https://biblioteca.ibge.gov.br/visualizacao/periodicos/84/ppm_2016_v44_br.pdf>. Acesso em: jul. 2018.

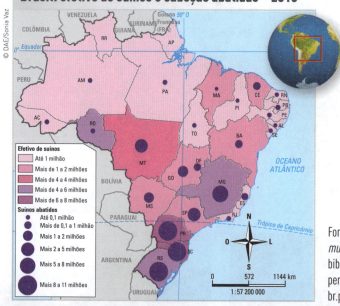

Fonte: IBGE. *Produção da pecuária municipal*. Disponível em: <https://biblioteca.ibge.gov.br/visualizacao/periodicos/84/ppm_2016_v44_br.pdf>. Acesso em: jul. 2018.

1. O que cada um dos mapas representa?
2. Como os elementos foram representados no mapa?
3. De que forma a leitura dos mapas possibilita a verificação de diferenças quanto ao número efetivo de animais?
4. Cite dois estados que se destacam no que refere ao número de bovinos e de suínos.
5. Como está apresentado o efetivo de bovinos e suínos de seu estado?

1. Explique a importância da atividade agropecuária.

2. Cite exemplos de produtos agrícolas cultivados em solo brasileiro que são destaques na liderança de produção mundial.

3. Organize um quadro comparativo sobre os modelos de atividade rural presentes em nosso país.

Modelo	Características agrícolas
familiar	
agronegócio	

4. Leia o fragmento de texto e observe na sequência de mapas a seguir a evolução das áreas ocupadas por lavouras no Brasil. Em seguida, faça o que se pede.

[...] O processo de modernização da agricultura brasileira, implementado a partir de meados da década de 1960, desencadeou diversas transformações nas maneiras de produzir e viver no campo, que adquiriu novas funções, sobretudo pela expansão do **agronegócio exportador brasileiro** que, por sua vez, tem alterado profundamente as formas de produção agrícola nas diferentes regiões brasileiras. [...]

Carla Hentz, Adriano Rodrigues de Oliveira, Wagner Batella. Modernização agrícola, integração agroindustrial e políticas públicas de desenvolvimento rural no oeste de Santa Catarina. *Caderno Prudentino de Geografia*, Presidente Prudente, n. 35, v.1, p. 41-59, jan./jul. 2013. Disponível em: <http://revista.fct.unesp.br/index.php/cpg/article/view/2086/2409>. Acesso em: jul. 2018. (grifo nosso).

a) Cite dois fatores que justifiquem a afirmação destacada no texto e relacione-os com os mapas.

b) Explique a expressão "agronegócio exportador".

c) Indique como se deu o processo de evolução de lavouras no estado em que você mora.

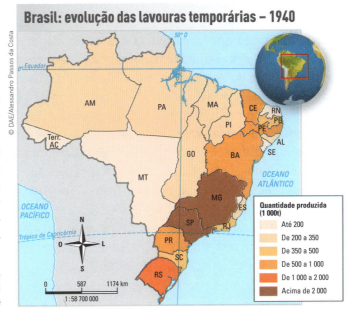

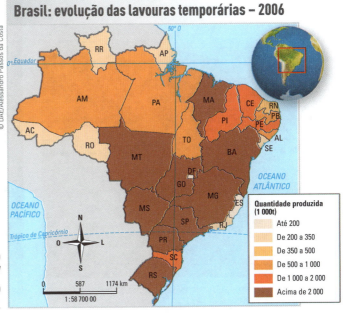

Fonte: IBGE. *Atlas do espaço rural brasileiro*. Rio de Janeiro, 2011. p. 21. Disponível em: <https://biblioteca.ibge.gov.br/index.php/biblioteca-catalogo?view=detalhes&id=263372>. Acesso em: ago. 2018.

CAPÍTULO 12
Industrialização

Atividades industriais

Você já reparou nas atividades que faz quando acorda? Pois bem, vamos ver algumas: você vai ao banheiro, escova os dentes, troca de roupa, toma o café da manhã. Ao realizar todas essas atividades você utiliza produtos como a escova de dentes, o creme dental, o sabonete, suas roupas, o açúcar com que adoça o café com leite. Todos esses produtos são originários da atividade industrial.

Já estudamos que a **indústria** é a atividade econômica que transforma matérias-primas em produtos que, direta ou indiretamente, são úteis para os seres humanos. As matérias-primas são obtidas por meio da agricultura, do extrativismo e da pecuária, e, como vimos, as próprias atividades rurais vêm incorporando o desenvolvimento tecnológico propiciado pela industrialização.

De acordo com o tipo de produção, podemos classificar as indústrias como descrito a seguir.

- **Indústria extrativa:** responsável pela extração de recursos naturais em grande quantidade, com a utilização de máquinas e equipamentos modernos. Pode acarretar graves problemas ambientais, como o desmatamento, provocado pela indústria extrativa vegetal, e a poluição de rios, causada pela indústria extrativa mineral com o despejo de produtos químicos nas águas e seu assoreamento.
- **Indústria da construção:** abrange a construção de navios (indústria naval); aviões; casas, escolas e hospitais (construção civil); e pontes, túneis, rodovias, ferrovias, portos, aeroportos e hidrelétricas (construção pesada).

Extração de vanádio (metal usado na fabricação de aço e outros materiais) próximo a Maracás (BA), 2016.

Canteiro de obras. São Paulo (SP), 2016.

- **Indústria de transformação:** transforma matérias-primas em produtos industrializados. As indústrias transformadoras podem ser classificadas em indústrias de bens de produção e indústrias de bens de consumo, detalhadas a seguir.
- **Indústrias de bens de produção:** fabricam produtos que serão utilizados por outras indústrias, como o aço (siderúrgicas), o alumínio (metalúrgicas) e os produtos petroquímicos, de larga aplicação. As indústrias de base também produzem máquinas utilizadas por outras fábricas.
- **Indústrias de bens de consumo:** fabricam produtos que serão consumidos diretamente pela população, como alimentos, roupas, móveis, eletrodomésticos, remédios, automóveis, perfumaria etc.

Linha de produção de fábrica de máquinas de lavar roupas. Rio Claro (SP), 2017.

A importância da atividade industrial não reside apenas no fornecimento de produtos que utilizamos diariamente. Ela também foi determinante para a transformação do Brasil de um país agrário para um país urbano-industrial.

E por que isso acontece? Em países como o Brasil, onde o setor industrial veio adquirindo importância na economia e o campo está cada vez mais mecanizado, muitos trabalhadores rurais migram para os centros urbanos, o que reduz a mão de obra no setor primário. A **urbanização**, ou seja, o aumento da população das cidades em relação à do campo, intensificou-se a partir da década de 1940, e isso provocou mudanças nas condições e no ritmo de vida do trabalhador rural.

No início, os centros urbanos ofereciam alguns atrativos, como maiores e melhores oportunidades de trabalho. Contudo, a desqualificação do trabalhador rural para atuar nas indústrias, a automação de alguns setores e a falta de planejamento e investimentos urbanos – que poderiam gerar mais empregos para atender à crescente demanda – fizeram com que muitos migrantes da área rural não encontrassem postos de trabalho. Somado a isso há o fato de que nem sempre os setores secundário e terciário crescem em ritmo superior ao aumento populacional das cidades.

Atualmente, o Brasil tem o maior e mais diversificado parque industrial da América Latina, concentrado sobretudo nas grandes cidades, como São Paulo, Rio de Janeiro, Salvador, Belo Horizonte, Fortaleza, Porto Alegre, Curitiba, entre outras. O desenvolvimento do parque industrial gera empregos e recursos, além de reforçar o PIB nacional.

Entre os principais setores industriais do país destacam-se: metalúrgico, químico, extrativo mineral, madeireiro, têxtil, de máquinas e equipamentos, automobilístico, de alimentos e bebidas, de vestuário etc.

Observe o mapa da produção industrial no Brasil, por estado.

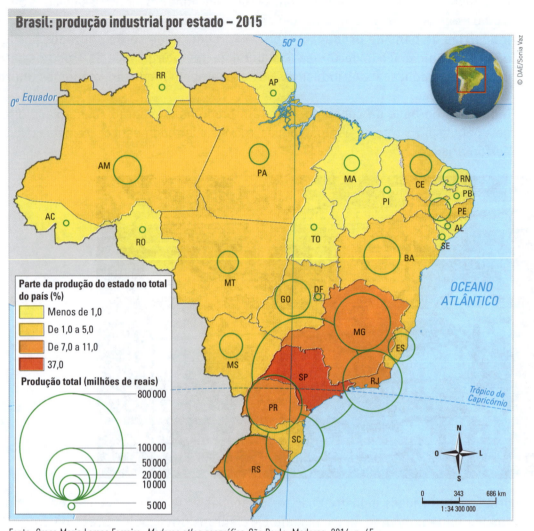

Fonte: Graça Maria Lemos Ferreira. *Moderno atlas geográfico*. São Paulo: Moderna, 2016. p. 65.

Histórico da industrialização brasileira

Glossário

Manufatura: etapa ou estágio de produção em que o trabalho ganha o auxílio de máquinas que, embora simples – como as movidas a pedal –, ajudam na realização das tarefas do trabalhador.

No início do século XVI, os engenhos de açúcar já eram no Brasil uma **manufatura** importante para a economia da época, com alguma divisão de tarefas. A moenda era uma das principais máquinas utilizadas nesse trabalho, aliada à força humana como fonte de energia.

No final do século XIX, instalaram-se, principalmente em São Paulo, as primeiras indústrias domésticas no país. Eram pequenas fábricas de tecido, calçados, produtos alimentícios, chapéus, sabão, cigarros e móveis.

Até esse período, alguns fatores contribuíram para que houvesse maior desenvolvimento da indústria brasileira nos estados de São Paulo, Rio de Janeiro, Minas Gerais e Espírito Santo, entre os quais podemos destacar a agricultura cafeeira. O lucro obtido com a venda do café no exterior foi aplicado em investimentos na indústria e na construção de fábricas e estradas de ferro.

O aumento de consumidores no Brasil estimulou o comércio. A experiência e o conhecimento dos imigrantes vindos de regiões industrializadas da Europa, especialmente da Alemanha e da Itália, também foram fatores que contribuíram para a evolução da indústria nacional.

Nas décadas de 1930 e 1940, a indústria tornou-se um importante setor da economia brasileira, chegando a superar o agrícola. Isso foi resultado de uma mudança significativa na estrutura industrial do país: a implantação de indústrias de transformação (metalúrgica, mecânica, de cimento etc.), o que reduziu as importações e estimulou a produção nacional de bens de consumo.

Em 1942, em Volta Redonda (RJ), foi construída a primeira siderúrgica do país, a Companhia Siderúrgica Nacional (CSN) – que começou a produzir aço (matéria-prima indispensável a outras indústrias). A partir daí consolidaram-se a **industrialização brasileira** e a **política de substituição de importações**.

Operárias na Tecelagem Mariângela das Indústrias Reunidas F. Matarazzo, em São Paulo (SP). Década de 1920.

A Segunda Guerra Mundial (1939-1945) também favoreceu o processo industrial brasileiro. Como as nações europeias – responsáveis pela fabricação de equipamentos e produtos importados pelo Brasil – estavam se reorganizando e não tinham condições de produzir como faziam antes da guerra, o país passou a fabricar esses equipamentos e produtos.

Alguns anos mais tarde, o governo de Juscelino Kubitschek (1956-1960) priorizou o desenvolvimento industrial com a chegada da indústria automobilística e com o Plano de Metas. O Plano de Metas deu continuidade ao processo de substituição de importações, possibilitando a entrada maciça de **capital** estrangeiro, e concentrou investimentos na infraestrutura do país, sobretudo nos setores de energia e transporte. Nesse contexto, vieram se juntar à indústria nacional, formada por capital privado e estatal, as filiais de empresas estrangeiras, conhecidas como **transnacionais**.

Essas empresas investiram recursos no Brasil, onde encontraram muitas vantagens para se instalar, como mão de obra barata, mercado consumidor, abundância de matéria-prima e impostos mais baixos do que em seus países de origem. A cidade de São Paulo e os municípios vizinhos foram os locais escolhidos pelas empresas estrangeiras, o que gerou uma concentração industrial nessa área.

Na década de 1970, começou a ocorrer um processo de **desconcentração industrial**. Atraídas por incentivos fiscais, terrenos com preços mais acessíveis e mão de obra mais barata, várias indústrias se mudaram para outras áreas do país, como Minas Gerais, Rio de Janeiro, Bahia e estados do Sul, além de Manaus. De qualquer modo, a Região Centro-Sul se mantém como a mais industrializada do Brasil.

A partir do final da década de 1980, houve uma expressiva perda de participação da indústria no PIB do país, especialmente da indústria de transformação. Recentemente, ocorreram algumas tentativas de retomada do crescimento em virtude, sobretudo, de um cenário externo favorável e da ampliação do mercado interno. No entanto, mesmo sendo um setor econômico fundamental, muitos fatores impactam o crescimento industrial do Brasil, como a infraestrutura deficiente e os elevados impostos.

Embora tardia e oscilante, a rápida industrialização brasileira provocou grandes mudanças na distribuição da população pelo país – hoje, a maior parte dela vive nas cidades – e concentrou grande parcela da mão de obra nos setores de atividades ligadas ao comércio, à prestação de serviços e à indústria.

Glossário

Capital: em Economia, designa o total de bens ou de recursos aplicáveis à produção e à geração de renda. O capital nacional é oriundo do país, e o capital estrangeiro, de outro país. O capital privado refere-se a pessoas físicas ou empresas, e o estatal, ao governo.

Transnacional: empresa que opera em vários países com matriz instalada em seu país de origem.

Atividades

1 Analise os dados do Brasil resultantes da Pesquisa Industrial Anual (2016).

Dados gerais das empresas industriais (2016)

Tipo de indústria		Indústrias de transformação	Indústrias extrativas	Total
Número de empresas	Unidades	315 549	5 637	321 186
Pessoal ocupado em 31/12	Pessoas	7 549 407	192 372	7 741 779

Fonte: Pesquisa Industrial Anual. Disponível em: <www.ibge.gov.br/estatisticas-novoportal/economicas/industria/9042-pesquisa-industrial-anual.html?=&t=destaques>. Acesso em: jul. 2018.

a) Diferencie os dois tipos de indústrias apresentadas na tabela. Cite exemplos.

b) Qual delas tinha o maior número de unidades no Brasil no período?

c) Qual delas tinha o maior número de pessoas ocupadas no período?

2 Escolha dois produtos alimentícios industrializados que tenham como matéria-prima um produto originário do campo. Em seguida:

a) cole o rótulo desses produtos (ou desenhe a embalagem);

b) verifique e anote as informações referentes aos produtos: matéria-prima utilizada; a que tipo de atividade estão relacionados; cidade e estado onde foram produzidos; região onde foram produzidos.

3 Cite e explique dois fatores que contribuíram para o desenvolvimento industrial brasileiro.

4 Por que a industrialização provocou mudanças na organização do espaço geográfico nacional?

5 Responda às questões a seguir.

a) Identifique qual complexo regional é o mais industrializado?

b) Quais regiões metropolitanas têm grande parque industrial? Cite exemplos.

c) Quais são os principais setores industriais do Brasil?

6 Leia os infográficos a seguir e explique a importância do setor industrial para a sociedade brasileira.

Fonte: Federação das Indústrias do Estado do Rio Grande do Norte. *Estudo da CNI mostra importância da indústria para o Brasil*. Disponível em: <www.fiern.org.br/estudo-da-cni-mostra-importancia-da-industria-para-o-brasil>. Acesso em: jul. 2018.

CAPÍTULO 13

Espaço urbano

Paisagens urbanas no Brasil

Como você estudou anteriormente, a industrialização brasileira provocou grandes mudanças na distribuição espacial da população – hoje, a maior parte dela vive em cidades – e concentrou grande parcela da população economicamente ativa nos setores secundário (indústria) e terciário (comércio e prestação de serviços). Atualmente, quase dois quintos da população total do Brasil residem em uma cidade de pelo menos 1 milhão de habitantes.

A **paisagem urbana** é característica das cidades. No Brasil, considera-se **cidade** toda sede municipal, independentemente do número de habitantes e de sua característica estrutural e funcional. Mas as cidades não são todas iguais: embora apresentem características comuns, como maior aglomeração de pessoas, construções e atividades comerciais e de serviços, diferenciam-se em vários aspectos.

Observe as paisagens urbanas a seguir e identifique semelhanças e diferenças entre elas.

Recife (PE), 2017.

Dianópolis (TO), 2017.

133

Origem das cidades e urbanização

No Brasil, os primeiros núcleos urbanos se formaram no século XVI. Durante todo o Período Colonial e na maior parte do Imperial, as cidades brasileiras eram apenas pontos isolados no litoral, mais ligados ao exterior do que às outras poucas cidades.

A primeira cidade brasileira foi construída com o objetivo de fixar os portugueses na colônia. O local escolhido foi a Bahia de Todos-os-Santos, onde ficava a Vila do Pereira, atual Salvador, rodeada pelos canaviais.

Mais tarde, formaram-se outros núcleos urbanos – vilas e cidades –, sempre ligados ao desenvolvimento de determinada atividade econômica; surgiam onde havia terras para o cultivo, em áreas de mineração e de criação de gado, principalmente.

Contudo, a urbanização só começou a ocorrer no Brasil em meados do século XX, quando a indústria se tornou o setor mais importante da economia nacional, posto antes ocupado pela agricultura. Retomemos o conceito de urbanização, já visto no capítulo anterior: **urbanização** é o processo em que a população das cidades aumenta proporcionalmente mais que a população do campo, isto é, quando o crescimento urbano é superior ao crescimento rural.

Em 1940, por exemplo, apenas 31% da população brasileira vivia em cidades; hoje, a taxa de urbanização é superior a 85%.

Observe no gráfico a seguir a evolução das taxas de urbanização brasileira ao longo das últimas décadas.

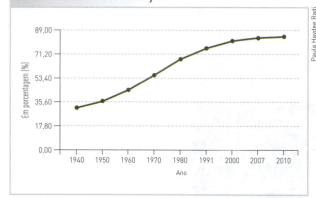

Fonte: IBGE. Disponível em: <http://seriesestatisticas.ibge.gov.br/series.aspx?vcodigo=POP122>. Acesso em: jun. 2018.

Um dos principais fatores que levaram à urbanização brasileira foi a intensa migração campo-cidade (êxodo rural), impulsionada sobretudo pela mecanização do campo e pela criação de empregos nas indústrias das cidades. Esse fenômeno foi responsável pela grande concentração urbana na Região Sudeste, especialmente nos estados de São Paulo e Rio de Janeiro.

Ao longo do processo de urbanização as cidades receberam melhorias, como implantação de meios de comunicação, abertura de ruas, instalação de água encanada e de energia elétrica. Elas se transformaram para atender às novas necessidades da população, dando origem a um novo arranjo espacial, o urbano-industrial, ou seja, o espaço da cidade com indústrias. Entretanto, de modo geral, a urbanização brasileira ocorreu de forma acelerada e desordenada, sem planejamento adequado para suprir as demandas de todos os habitantes.

No novo cenário urbano brasileiro formaram-se as **metrópoles**, cidades de grandes dimensões e elevado número de habitantes, que centralizam a maior parte das atividades terciárias de sua região ou do país.

São Paulo (SP), 2018.

A expansão de algumas metrópoles e de suas cidades vizinhas, ao ponto de se unirem, formou as **regiões metropolitanas** – um conjunto de municípios contíguos e integrados socioeconomicamente a uma cidade central.

Observe nas imagens digitais a seguir duas áreas urbanizadas do Brasil, classificadas pelo IBGE em duas grandes categorias em termos de densidade: densa e pouco densa.

Fontes: Áreas urbanizadas do Brasil: 2015; Coordenação de Geografia. Rio de Janeiro: IBGE, 2017.

1. Que diferenças são evidenciadas na comparação entre as imagens?
2. Em que cidade a mancha urbanizada é mais densa?
3. Chamamos de conurbação a união entre duas cidades em razão da sua expansão à cidade vizinha. Em qual das imagens isso é facilmente percebido?
4. Como você acha que é o ritmo de vida das pessoas em cada uma dessas cidades?

Segundo o relatório Áreas Urbanizadas do Brasil – 2015, o IBGE caracteriza as áreas consideradas **densas** por "uma ocupação urbana contínua, com pouco espaçamento entre as construções e maior capilaridade de vias. São as áreas mais consolidadas das concentrações urbanas, compostas por edificações que geralmente não possuem áreas livres em seu entorno, ou que possuem apenas pequenos quintais. O arruamento costuma ser bem definido, à exceção de algumas áreas de aglomerados subnormais". As áreas **menos densas** caracterizam-se pela "presença de feições urbanas, porém com uma ocupação mais espaçada. As manchas pouco densas podem representar áreas em processo de ocupação ou áreas de condomínios ou loteamentos com ocupação esparsa. Elas também podem caracterizar áreas de transição entre a paisagem rural e urbana, situando-se geralmente nas bordas das manchas densas".

Embora a urbanização brasileira tenha sido marcada por um crescimento rápido, com o surgimento de metrópoles, recentemente verificou-se o aumento de população urbana em grande número de cidades menores. Depois da década de 1990, a taxa do crescimento e a da concentração urbana sofreram quedas, das quais as mais significativas se deram nas cidades metropolitanas. Entre os fatores que contribuíram para a desaceleração do ritmo de crescimento populacional nos grandes centros urbanos estão o declínio da fecundidade e a desconcentração da atividade industrial de áreas tradicionais.

> **Ampliar**
>
> **O crescimento das cidades e a periferização**
>
> www.futuraplay.org/video/o-crescimento-das-cidades-e-a-periferizacao/101736/
>
> Vídeo com depoimentos de estudiosos, agentes comunitários e moradores sobre a urbanização e a segregação espacial nas metrópoles brasileiras.

Cartografia em foco

Observe o mapa e o gráfico a seguir e faça o que se pede.

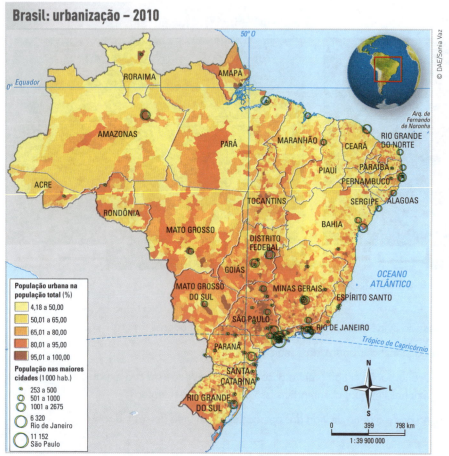

Fonte do mapa e do gráfico: *Atlas geográfico escolar*. 7. ed. Rio de Janeiro: IBGE, 2016. p. 145.

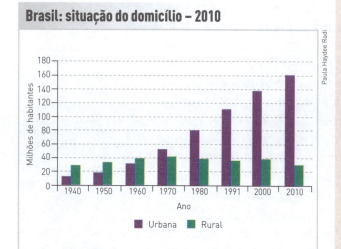

1. Embora a maior parte da população brasileira viva em cidades, a taxa de urbanização não é igual em todos os lugares do país. De que forma a gradação das cores no mapa indica isso?

2. Que símbolo é usado para indicar a quantidade de pessoas nas maiores cidades brasileiras? O que a variação dele representa?

3. Quais cidades brasileiras se destacam quanto ao número de habitantes?

4. Em geral, como é a urbanização no estado em que você mora?

5. Analisando o gráfico, defina:
   a) o processo de urbanização no Brasil;
   b) as causas da urbanização;
   c) as consequências da urbanização.

Rede urbana brasileira

No Brasil, em meados do século XX, as cidades passaram a interligar-se ao espaço rural fornecendo máquinas e tecnologia. Em determinados lugares do país, foi criada uma rede urbana que está em constante construção e expansão.

Observe no mapa como se configura a rede urbana brasileira.

Fonte: *Regiões de Influência das Cidades 2007*. Rio de Janeiro: IBGE, 2016. p. 12. Disponível em: <https://biblioteca.ibge.gov.br/visualizacao/livros/liv40677.pdf>. Acesso em: ago. 2018.

A **rede urbana** consiste em um conjunto integrado de cidades com intensa interdependência entre elas. As cidades que pertencem a uma rede se conectam pelo fluxo de mercadorias, pessoas e ideias. As influências culturais de uma cidade se mesclam com as das outras. Aquelas que têm serviços especializados, maior número de bancos, escolas, empresas, laboratórios, hospitais etc. prestam serviços para as menores.

Assim, as redes urbanas acabam se tornando polos, ou seja, centros produtores e exportadores de bens industrializados, além de exercer influência política, econômica e cultural sobre as demais.

É o caso, por exemplo, da rede urbana da Região Metropolitana de São Paulo, em que a capital do estado exerce influência sobre as demais cidades do entorno, e até mesmo as mais distantes, produzindo uma relação de interdependência entre elas.

O intenso comércio e os produtos específicos de cada região estabeleceram uma relação de interdependência entre o campo e a cidade e entre as diferentes cidades, nas quais as menores – em maior número – dependem das médias, que, por sua vez, são dependentes das grandes, onde predominam as atividades ligadas à indústria e aos serviços.

As maiores cidades, muitas delas metrópoles, influenciam diretamente a rede urbana. Veja, a seguir, a hierarquia das metrópoles na rede urbana brasileira como foi apresentada em 2008 pelo IBGE.

Metrópoles – Os 12 principais centros urbanos do país, com grande porte, fortes relacionamentos entre si e, em geral, extensa área de influência direta. Têm três subníveis:
  a. Grande metrópole nacional – São Paulo, o maior conjunto urbano do país [...] e no primeiro nível da gestão territorial;
  b. Metrópole nacional – Rio de Janeiro e Brasília [...] também estão no primeiro nível da gestão territorial. Juntamente com São Paulo, constituem foco para centros localizados em todo o país;
  c. Metrópole – Manaus, Belém, Fortaleza, Recife, Salvador, Belo Horizonte, Curitiba, Goiânia e Porto Alegre [...] constituem o segundo nível da gestão territorial. [...]

Disponível em: <https://agenciadenoticias.ibge.gov.br/agencia-noticias/2013-agencia-de-noticias/releases/13558-asi-ibge-mostra-a-nova-dinamica-da-rede-urbana-brasileira.html>. Acesso em: ago. 2018.

Rio de Janeiro (RJ), 2017.

Belo Horizonte (MG), 2016.

Conviver

O rápido e desordenado processo de urbanização ocorrido no Brasil acarretou uma série de consequências socioambientais. Poluição atmosférica, favelização, violência, coleta de lixo insatisfatória, enchentes e trânsito congestionado são alguns problemas urbanos – em maior ou menor escala – verificados principalmente nas médias e grandes cidades brasileiras.

Reúna-se em grupo com alguns colegas e faça o que se pede.

1 Na cidade onde vocês moram há outros problemas que não foram citados? Quais?

2 Realizem uma pesquisa em jornais, revistas ou na internet sobre os problemas ambientais e soluções propostas em diferentes localidades do país. Apresentem o resultado aos demais colegas e, juntos, reflitam sobre soluções viáveis para cada um dos problemas.

1 Observe o mapa a seguir e faça o que se pede.

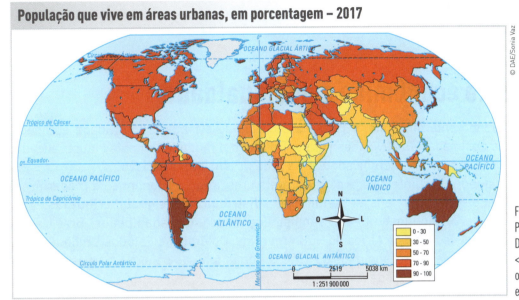

População que vive em áreas urbanas, em porcentagem – 2017

Fonte: World Population Data. Disponível em: <www.worldpopdata.org/map>. Acesso em: jul. 2018.

a) O que você entendeu por urbanização?

b) Como o Brasil se apresenta quanto à urbanização em relação aos outros países do mundo?

c) Indique o principal fator que contribuiu para esse cenário brasileiro.

d) A maior parte da população mundial reside nas cidades, e um grande desafio atual é transformar esses grandes centros em locais sustentáveis. Cite três sugestões que possam contribuir para alcançar esse objetivo.

2 Explique o que é uma rede urbana.

3 Em 1973, a expansão das áreas urbanas brasileiras levou o governo federal a criar as regiões metropolitanas. Observe o gráfico a seguir.

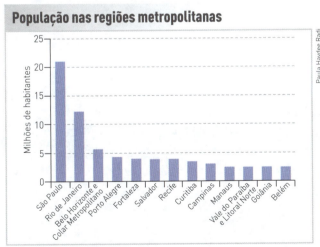

População nas regiões metropolitanas

Fonte: IBGE. Disponível em: <https://atlasescolar.ibge.gov.br/images/atlas/mapas_brasil/brasil_regioes_metropolitanas.pdf>. Acesso em: jul. 2018.

a) Explique o que são regiões metropolitanas.

b) Quais são as duas regiões metropolitanas mais populosas do país? Que fator justifica isso?

139

CAPÍTULO 14
Desigualdades no campo e na cidade

Crescimento econômico e desigualdade

Como foi estudado anteriormente, o Brasil é um país de elevada produtividade agropecuária, com muitas terras destinadas às atividades rurais. Do mesmo modo, é um país industrializado, que apresenta um parque industrial diversificado e uma rede urbana em expansão.

Apesar desse quadro bastante favorável, que revela crescimento econômico e modernização, a desigualdade social persiste, marcada, sobretudo, pela **distribuição desigual de riquezas**.

Segundo dados de 2018 do Instituto de Pesquisa Econômica Aplicada (Ipea), o Brasil é um dos cinco países do mundo – ao lado de África do Sul, Argentina, Colômbia e Estados Unidos – em que a parcela mais rica da população recebe mais de 15% da renda total do país: o 1% mais rico do Brasil concentra entre 22% e 23% do total da renda do país.

Essa desigualdade é visível nas paisagens brasileiras, tanto no campo como na cidade. A pobreza e a riqueza são contrastes sociais evidentes em vários lugares do Brasil. Observe as fotografias a seguir.

Vista aérea da Favela do Bode com prédios do bairro Boa Viagem ao fundo. Recife (PE), 2016.

Carro de boi e automóvel ocupando o mesmo espaço. Boninal (BA), 2016.

A questão agrária

No Brasil, a distribuição de terras usadas na produção agropecuária é bastante desigual.

A estrutura fundiária brasileira, isto é, a forma pela qual a propriedade de terras no país está distribuída, remonta ao Período Colonial, cuja base era o **latifúndio** monocultor, grande propriedade rural que cultivava um único produto, com trabalho escravo.

> **Glossário**
> **Latifúndio:** grande propriedade rural.
> **Minifúndio:** pequena propriedade rural, geralmente sob controle familiar.

A colonização brasileira foi orientada por um sistema que privilegiava proprietários que recebiam enormes extensões de terra do rei de Portugal. Nessas terras se davam a exploração do trabalho escravo e o enriquecimento de algumas famílias, o que criava condições para a formação de grandes latifúndios, nos quais se praticava a monocultura de exportação. Além disso, vigorou durante séculos um regime de aquisição que possibilitava à pessoa ocupar a terra e depois pedir sua posse ao rei de Portugal e, mais tarde, ao imperador.

Em 1850, a Lei de Terras mudou isso: o regime de aquisição de propriedade passou a ser o de compra, embora os escravos não tivessem direito a essa possibilidade. Esse sistema beneficiou quem tinha condições de pagar pela terra, favorecendo a **concentração fundiária** nas mãos de poucas pessoas e dando origem a um grande contingente de pessoas sem acesso a ela, como os imigrantes pobres e os ex-trabalhadores escravizados.

Os dados estatísticos cadastrais de 2010 do Instituto Nacional de Colonização e Reforma Agrária (Incra) evidenciam que a situação não mudou – persiste no Brasil uma grande desigualdade na distribuição de terras.

Observe os dados do gráfico a seguir e compare sobretudo as áreas ocupadas por **minifúndios** e grandes propriedades.

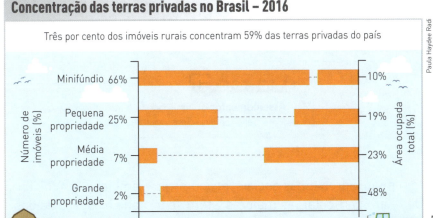

Fonte: Incra. Disponível em: <www.incra.gov.br/tree/info/file/10018>. Acesso em: ago. 2018.

zoom
1. Que desigualdade é evidenciada no gráfico?
2. Relacione os dados com o histórico da distribuição de terras no Brasil apresentado no texto. Registre suas conclusões.
3. Que problemas decorrem da distribuição de terras evidenciada pelos dados do gráfico?

> **Ampliar**
> **Incra**
> www.incra.gov.br
> O *site* do Instituto Nacional de Colonização e Reforma Agrária apresenta dados sobre o espaço rural e os conflitos pela posse da terra.

141

Brasil: famílias assentadas ano a ano

Ano	Famílias
Até 1994	58 317
1995	42 912
1996	62 044
1997	81 944
1998	101 094
1999	85 226
2000	60 521
2001	63 477
2002	43 486
2003	36 301
2004	81 254
2005	127 506
2006	136 358
2007	67 535
2008	70 157
2009	55 498
2010	39 479
2011	22 021
2012	23 075
2013	30 239
2014	32 019
2015	26 335
2016	1 686
2017	0

Fonte: Carlos Madeiro. Governo não assenta famílias em 2017, e reforma agrária tem freio inédito no país. *UOL*. Disponível em: <https://noticias.uol.com.br/cotidiano/ultimas-noticias/2018/03/06/governo-nao-assenta-familias-em-2017-e-reforma-agraria-tem-freio-inedito-no-pais.htm>. Acesso em: jul. 2018.

Paula Haydee Radi

O êxodo rural foi – e ainda é – uma das consequências da concentração de terras no Brasil. Nas últimas décadas, muitos trabalhadores rurais sem terra se organizaram e começaram a ocupar fazendas que consideram improdutivas como forma de pressionar o governo a implantar uma reforma agrária no país. **Reforma agrária** é um conjunto de medidas que visa promover a distribuição de terras mediante modificações no regime de posse e uso para atender aos princípios de justiça social e ao aumento da produtividade. Em 1984, foi criado o Movimento dos Trabalhadores Rurais Sem Terra (MST) com o objetivo de reivindicar a reforma agrária.

A partir de 1990, ocorreram muitos **assentamentos** de terra no Brasil, alguns bem-sucedidos. Uma vez demarcadas e providenciada sua infraestrutura, essas terras devem acolher os trabalhadores que até então estavam sem terras para viver, plantar e desenvolver-se economicamente. Estes, previamente cadastrados, comprometem-se legalmente a se fixar na terra e fazê-la produzir. Ainda assim, há uma grande quantidade de acampamentos, ou seja, áreas ocupadas, mas que não são de posse dos camponeses. As desigualdades no campo geraram diversos conflitos violentos no Brasil, ocasionando muitas mortes.

Glossário

Assentamento: distribuição de terra em pequenos lotes para famílias de produtores rurais sem terra.

Questões urbanas

As cidades brasileiras enfrentam muitos problemas sociais, econômicos e ambientais. A história de nosso país mostra que as cidades – em particular, as maiores – têm se tornado o espaço da desigualdade social e da concentração de pobreza.

Nas últimas décadas, o modelo de urbanização brasileiro produziu cidades caracterizadas pela fragmentação do espaço e pela **exclusão social** e **territorial**. Apesar de representar a parcela majoritária do crescimento urbano e ser essencial no desenvolvimento nacional, os contingentes populacionais mais pobres da população brasileira raramente têm seu lugar considerado na expansão urbana.

Desse modo, as camadas sociais de menor renda se instalam nas áreas "mais baratas" da cidade, que carecem de inúmeros bens necessários a uma qualidade de vida urbana digna. Muitos brasileiros acabam ocupando as chamadas áreas de risco, como encostas e locais inundáveis. Assim, em várias cidades o crescimento das periferias ocorreu de maneira desordenada: existem áreas pobres, desprovidas de infraestrutura urbana, e áreas ricas, nas quais os equipamentos e infraestrutura urbanos se concentram.

Esse contraste revela a injustiça social em nossas cidades. Observe as imagens a seguir.

Casas próximas a córrego. Recife (PE), 2016.

Pessoas em fila em busca de emprego. Rio de Janeiro (RJ), 2018.

Embora nas últimas décadas tenha havido avanços no fornecimento de **energia elétrica** e abastecimento de **água**, sobretudo nas regiões metropolitanas, ainda permanece marcante a pior condição de acesso das camadas sociais de menor renda aos outros dois serviços básicos urbanos que causam impacto nas condições de saúde: **esgotamento sanitário** e **coleta de lixo**.

Segundo o IBGE, entre 1991 e 2010 a população residente em aglomerados subnormais aumentou em mais de 60%, passando de pouco menos de 7 milhões para 11,4 milhões. Muito terá de ser feito pelos gestores governamentais para se atingir um dos 17 Objetivos do Desenvolvimento Sustentável (ODS), da Agenda 2030 da ONU, a saber: "até 2030, garantir o acesso de todos à habitação segura, adequada e a preço acessível, e aos serviços básicos e urbanizar as favelas".

Associado à pobreza, há outro impacto importante no processo de concentração urbana no Brasil: o **desemprego**. No ano de 2015, em seguida a uma crise política e econômica mundial, a taxa de desemprego no país teve forte crescimento e se manteve elevada. As maiores cidades foram as mais afetadas, especialmente porque ocorreram dispensas nos setores da indústria e da construção. O setor formal foi o mais penalizado, o que resultou numa expansão acelerada do setor informal. A redução das oportunidades econômicas nas grandes cidades chegou a inverter os fluxos migratórios tradicionais, gerando fortes correntes de migração de retorno e até correntes importantes de emigração para o exterior. Nesse contexto, as cidades não metropolitanas registraram ganhos, apresentando maiores taxas de crescimento.

A cidade tem uma função social, que é proporcionar a seus habitantes acesso ao mercado de trabalho, à habitação e a serviços públicos de qualidade, bem como oportunidades culturais e políticas. Se isso não ocorre, ela não cumpre seu papel social. Também é fundamental que os recursos naturais presentes nas cidades sejam explorados de modo sustentável.

Mediante lutas e reivindicações de diferentes setores da sociedade em relação à conservação dos recursos naturais e à melhoria da qualidade de vida nas cidades, foi incluído na Constituição Federal de 1988 um capítulo específico sobre a política urbana (artigos 182 e 183), regulamentado em 2001 pelo Estatuto da Cidade. O **Estatuto da Cidade** é a lei que constitui as diretrizes gerais da política urbana a ser executada por todos os municípios, fornecendo mecanismos para que seus gestores regulem a ocupação territorial.

Pontos de vista

Quem é
Arilson Favareto

O que faz
Professor na Universidade Federal do ABC, no Programa de Pós-Graduação em Planejamento e Gestão do Território

Segundo o modelo de classificação proposto pelo senhor, o Brasil é um país cuja maioria da população é urbana ou rural? Por quê?

Em meus textos uso um modelo que foi elaborado por grandes especialistas, que por sua vez se inspiraram na experiência internacional. No modelo que propomos, o Brasil tem três em cada dez brasileiros vivendo em regiões rurais; cinco em cada dez em regiões essencialmente urbanas; e outros dois em cada dez vivendo em uma faixa intermediária que chamamos de regiões predominantemente urbanas, mas que conservam características rurais. Assim, segundo essa classificação, a população rural seria quase o dobro do apontado nas estatísticas oficiais, que falam em 16% apenas.

Em sua opinião, qual é a melhor maneira de categorizar uma área como urbana ou rural?

Pelas estatísticas oficiais, cada município brasileiro define sua zona rural. Os tributos gerados na área urbana são municipais, já os da área rural são do governo federal, que repassa a eles apenas uma parte desse montante. Esse fato é um incentivo para que os municípios tenham interesse em ampliar seu perímetro urbano, podendo gerar distorções.

O espaço rural é definido por três características básicas, que são sempre analisadas em contraste com o urbano: há uma maior presença da natureza, predominam as relações de proximidade entre as pessoas e há a dependência das cidades para acessar serviços.

Esses critérios se tornam um modelo de classificação a partir de três parâmetros: a densidade demográfica (quanto menor, maior a chance de ser um espaço rural); o tamanho da população, em geral tomando por base que municípios pequenos são um indicador de ruralidade; e a localização, ou se o município está na região metropolitana e tem seus fluxos influenciados pela cidade. Assim, consideramos rural uma região de baixa densidade populacional, caracterizada pela existência de pequenos municípios e relativamente distante de áreas metropolitanas.

Haveria uma parcela da população que não se enquadraria nem como rural nem como urbana? Por quê? Quem seriam essas pessoas?

Toda população vive em áreas consideradas rurais ou urbanas. Há uma gradação: áreas que são essencialmente urbanas, outras que são essencialmente rurais, e algumas intermediárias, onde há um híbrido de características rurais ou urbanas. Alguns teóricos argumentam que uma população indígena em uma área remota não poderia ser considerada rural, mas as estatísticas dizem que sim, já que espaço rural não é sinônimo de lugar de produção agrícola, mas de maior presença da natureza.

O desenvolvimento sustentável é um caminho eficiente para alcançar crescimento econômico? Por quê?

Desenvolvimento sustentável não é uma receita. É uma ideia. Essa expressão surgiu porque se imaginava que havendo crescimento econômico outras coisas viriam junto, como educação, saúde e melhores condições de vida. Com o passar do tempo foi ficando claro que não é assim. O que sabemos hoje é que há uma correlação. Sociedades que conseguem diminuir a pobreza e a desigualdade tendem a ser mais democráticas, porque as pessoas conseguem participar mais das decisões, e com melhor educação, porque há mais estabilidade e maior produtividade. Então, desenvolvimento é algo mais amplo, que envolve o bem-estar das pessoas, e o crescimento econômico é um meio para isso, não um fim. E a sustentabilidade tem a ver com o fato de que as sociedades dependem da natureza e é preciso conservá-la, tanto para produzir os materiais e a energia de que são feitas as coisas, como para os chamados serviços ecossistêmicos de que dependemos: água, ar, regulação térmica, entre outros.

Atualmente, quais são as principais contradições na relação entre cidade e campo em nosso país?

Podemos observar que campo e cidade estão cada vez mais integrados, apresentando muitas condições em comum. O uso da terra, no campo, e do solo urbano, na cidade, é voltado preferencialmente para as atividades mais lucrativas e para aqueles que possam pagar por elas. Ocorrem, em ambos espaços, a expropriação dos mais pobres, o uso intensivo de máquinas e insumos para aumentar a produtividade, o que causa redução de postos de trabalho e pouco cuidado com questões ambientais e direitos sociais. Na cidade e no campo ocorrem também transformação de bens naturais em mercadorias – ou seja, itens à venda – e perda de saberes, cultura e tradições, ou sua transformação em objetos de consumo.

No entanto, ainda hoje as atividades econômicas predominantes no campo são menos rentáveis do que as industriais e de serviços de ponta, que estão concentradas nas cidades, reforçando-as como centros de poder econômico e político. É possível observar também que uma parte da população do campo ainda consegue se manter, em grande parte, com sua própria força de trabalho na lavoura. Essa condição de relativa autonomia em relação ao capital é praticamente impossível na cidade.

É possível dizer que o Brasil é, de fato, menos urbano do que se calcula?

Se a medida for basicamente quantitativa, de busca por classificações e hierarquizações, é possível dizer que sim. Porém, uma questão debatida por vários autores é que o urbano não se restringe apenas ao espaço das cidades. Ele diz respeito a processos, valores, tempos e formas de viver típicos do meio urbano. São processos de modernização impulsionados pelas cidades. Nesse sentido, podemos falar que o Brasil é desigualmente urbano, em sua maior parte.

Na sua opinião, qual é a melhor maneira de mensurar o processo de urbanização nas cidades brasileiras?

É possível pensar em mensurar, por exemplo, o quanto as cidades têm de infraestrutura e saneamento básico ou a precariedade das habitações da população de mais baixa renda. Tudo isso pode ser medido por institutos de pesquisa. A questão é como analisar esses fenômenos. Do meu ponto de vista, esse tipo de análise acaba revelando como o espaço das cidades é segregador e desigual.

Como o Estado interfere na produção dos espaços urbano e rural?

O Estado tem a força de normatizar o espaço. É ele que define políticas de investimentos em infraestrutura, transportes, energia, saneamento e habitações. O Estado cria políticas de transformações de áreas urbanas, como ocorreu em várias capitais do Brasil com a Copa do Mundo e no Rio de Janeiro, com as Olimpíadas. Esses processos favorecem a acumulação de capital e não a vida das pessoas, especialmente a das mais pobres, que muitas vezes são removidas dos lugares que receberão os investimentos. No campo, as políticas do Estado têm resultado na manutenção dos latifúndios do agronegócio e na expropriação de camponeses e indígenas.

---

1 Segundo o modelo proposto pelo professor Arilson Favareto, como é classificada a população brasileira quanto à distribuição campo e cidade?

2 A professora Isabel Alvarez afirma que os espaços urbanos são ainda centros de poder econômico e político, diferentemente do campo. A que ela atribui isso?

De olho no legado

O descaso com a habitação popular e os problemas sociais e ambientais

Os problemas sociais e ambientais das cidades brasileiras estão nitidamente interligados. Ambos têm suas origens na mesma raiz – a falta de uma atitude proativa e realista com relação ao crescimento urbano e o descaso com os problemas do maior grupo social, isto é, a população de baixa renda. O crescimento urbano rápido, na falta de uma orientação espacial e de um manejo ambiental adequado, acentua a degradação de recursos naturais de terra, água e vegetação. A falta de serviços básicos nos assentamentos urbanos contribui para problemas de saúde ambiental, particularmente aqueles ligados à água e ao saneamento.

A maioria da população de baixa renda no Brasil vive em lugares e moradias inadequados devido à ausência de medidas apropriadas para preparar e acomodar o crescimento urbano. Esse descaso caracteriza a expansão urbana do último século e ainda persiste nos dias de hoje. Apesar de muitas décadas de crescimento rápido e da proliferação de favelas em quase todas as cidades, os assentamentos informais têm sido tratados como problemas transitórios de ordem pública, os quais precisam ser eliminados ou que vão desaparecer sozinhos com o "desenvolvimento". [...]

Rosana Baeninger (Org.). *População e cidades: subsídios para o planejamento e para as políticas sociais.* Campinas: Núcleo de Estudos de População/Unicamp; Brasília: UNFPA, 2010. p. 75-76.

1. Que consequências ambientais o modelo de urbanização do Brasil provocou?
2. Para combater a segregação observada em nosso país é preciso adotar políticas públicas que deem relevância à questão socioespacial. Retire fragmentos do texto que demonstram que isso não está sendo cumprido.
3. Discuta com os colegas formas e atitudes que possam reverter a segregação socioespacial no Brasil.

Viver

Leia o texto a seguir.

[...] Característica de muitos aglomerados, a falta de asfaltamento nas ruas acarreta em problemas de saúde de moradores do Parque Mariana, em Cuiabá (MT), segundo conta a moradora Kívia Patrine. "Aqui tem muita criança alérgica, com bronquite e asma por causa da poeira". O mesmo problema dificulta a locomoção dos moradores no Loteamento Jardim Brasil Sul, em Olinda (PE). O caminhoneiro José Juvenal, morador do local, relata que já ajudou a socorrer um morador porque a ambulância não conseguiu passar devido aos buracos nas ruas. "Eu tive que pegar meu carro e levar a pessoa até a pista de entrada", conta.

Mesmo com as dificuldades, porém, muitos moradores não manifestam vontade de se mudar de onde vivem. O piauiense Raimundo Nascimento mora no Morro Santa Teresa, às margens do Rio Guaíba, em Porto Alegre (RS), e conta que a comunidade se uniu para resistir às tentativas de remoção. "Tenho muito orgulho dos meus vizinhos, do Rio Grande do Sul, nós nos reunimos e impedimos que tirassem a vila da gente", afirma.

Eduardo Peret, João Neto e Marília Loschi. Aglomerados subnormais: desafios da urbanização contemporânea. *Retratos – A revista do IBGE*, n. 8, p. 21. fev. 2018.

1. Cite exemplos de problemas no dia a dia relatados pelos moradores dos aglomerados subnormais.
2. Essa condição se assemelha com a do lugar onde você mora? Justifique.
3. Em sua opinião, por que os moradores do Morro de Santa Teresa, em Porto Alegre (RS), resistiram às tentativas de remoção?

Atividades

1. O que significa afirmar que o Brasil é um país onde a distribuição de riquezas é desigual? Cite dois exemplos que evidenciam essa realidade, no campo e na cidade.

2. Leia o texto a seguir e identifique o que ele expressa da questão agrária no Brasil.

Procissão dos retirantes

Terra Brasilis, continente
Pátria-Mãe da minha gente,
Hoje eu quero perguntar:
– Se tão grandes são teus braços,
Por que negas um espaço
Aos que querem ter um lar?
[...]

Lavradores nas estradas,
Vendo a terra abandonada,
Sem ninguém para plantar.
Entre cercas e alambrados,
Vão milhões de condenados,
A morrer ou mendigar

Pedro Munhoz e Marjin César. Procissão dos retirantes. In: *Canções que abraçam um sonho*.

3. Alguns problemas sociais e econômicos são mais visíveis nas grandes cidades. Observe a charge ao lado e crie uma legenda para dela.

4. Analise os dados do gráfico a seguir e relacione-o aos problemas urbanos e às consequências no setor formal da economia.

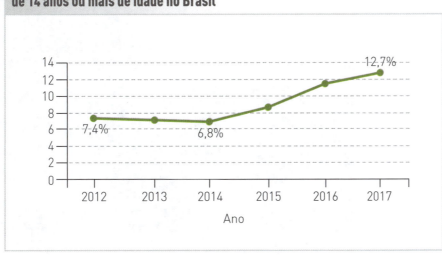

Média anual da taxa de desocupação das pessoas de 14 anos ou mais de idade no Brasil

Fonte: IBGE. Disponível em: <http://agenciadenoticias.ibge.gov.br/agencia-noticias/2012-agencia-de-noticias/noticias/19759-desemprego-recua-emdezembr-mas-taxa-media-doano-e-a-maior-desde-2012.html>. Acesso em: ago. 2018.

Retomar

1. Sobre a modernização da agricultura brasileira e as inovações tecnológicas:
    a) apresente dois exemplos que demonstrem a modernização das atividades agrárias no Brasil;
    b) apresente duas questões ambientais ou sociais decorrentes dessa modernização.

2. Cite exemplos de produtos cultivados no campo brasileiro que têm destaque no agronegócio.

3. Leia o depoimento a seguir.

   – O que a agricultura familiar significa para você?
   – Tudo!

   A resposta é do agricultor familiar Gelson Zuin, morador do município de Afonso Cláudio, interior do estado do Espírito Santo, no Brasil. Para ele e a família, o "tudo" significa a chance de ter uma casa, o alimento na mesa, uma profissão, qualidade de vida, e mais do que isso, a oportunidade de ver outras pessoas felizes com os resultados do trabalho dele.

   "Eu nunca tive outra profissão, sou do campo, nasci aqui. Meus pais são agricultores, meus avós são agricultores. Eu tenho muito orgulho de ser agricultor familiar", expressa. [...]

   Ingrid Castilho. Brasil: 70% dos alimentos que vão à mesa dos brasileiros são da agricultura familiar. Sead, 2 out. 2017. Disponível em: <www.mda.gov.br/sitemda/noticias/brasil-70-dos-alimentos-que-vão-à-mesa-dos-brasileiros-são-da-agricultura-familiar>. Acesso em: jul. 2018.

    a) O que é a agricultura familiar?
    b) Por que o agricultor afirma que a agricultura familiar é "tudo"?
    c) Que relação o agricultor tem com a terra?
    d) Qual é a importância desse modelo de agricultura para a sociedade brasileira?

4. Observe a fotografia a seguir e faça o que se pede.
    a) Que tipo de indústria a imagem retrata? Explique.
    b) Qual foi a importância desse tipo de indústria para o processo de industrialização brasileiro?

Indústria siderúrgica. Volta Redonda (RJ), 2015.

5 A sequência de fotografias a seguir faz referência ao processo de urbanização brasileira? Explique.

Recife (PE), 1957.

Recife (PE), 2015.

6 Leia o trecho da letra de uma canção a seguir e, depois, responda: qual é a problemática apresentada? Justifique.

[...]
Nosso sítio que era pequeno
Pelas grandes fazendas cercado
Precisamos vender a propriedade
Para um grande criador de gado
E partimos pra cidade grande
A saudade partiu ao meu lado
A lavoura virou colonião
E acabou-se o meu reino encantado [...]

Valdemar Reis e Vicente P. Machado. Meu reino encantado. In: *Meu reino encantado*.

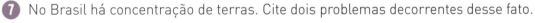

7 No Brasil há concentração de terras. Cite dois problemas decorrentes desse fato.

8 Nas cidades existem problemas ambientais e sociais. Observe a fotografia ao lado e complete o quadro de acordo com as informações solicitadas.

Problemas ambientais	Problemas sociais

Esgoto a céu aberto.
Osasco (SP), 2015

Visualização

A seguir apresentamos um mapa conceitual sobre o tema estudado nesta unidade. Trata-se de uma representação gráfica que organiza o conteúdo, composto de uma estrutura que relaciona os principais conceitos e as palavras-chave. Essa ferramenta serve como resumo e instrumento de compreensão dos textos, além de possibilitar consultas futuras.

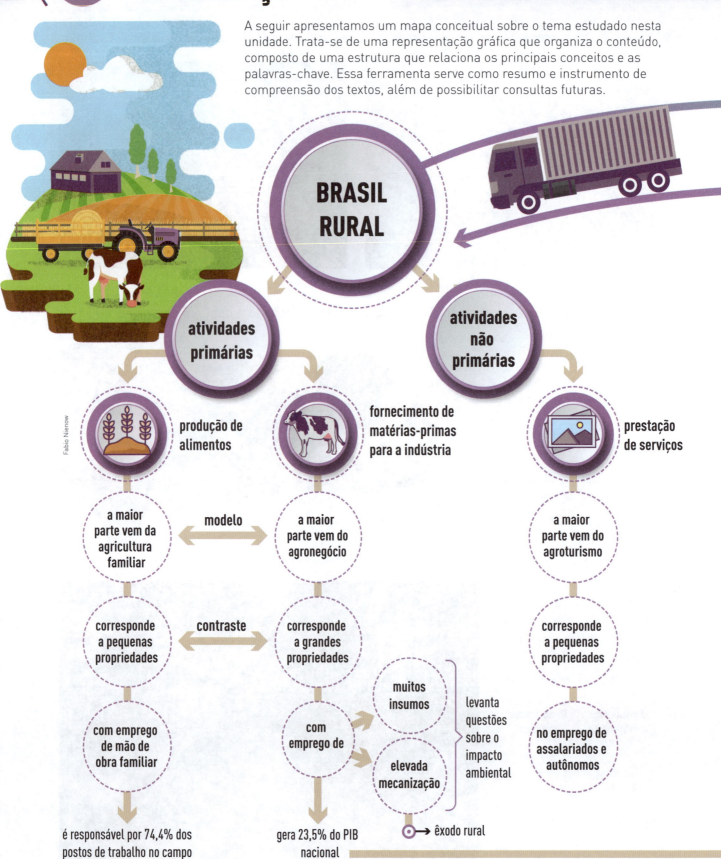

Fabio Nienow

bens, pessoas, recursos naturais, capital, trabalho, serviços, informação e tecnologia

BRASIL URBANO

intensificou-se a partir da década de 1940

apresentou uma urbanização

significa aumento da população das cidades em relação à do campo

representa o maior e mais diversificado parque industrial latino-americano

alavancada pela indústria

realiza a transformação de matérias-primas

extrativa

segundo o tipo de produção

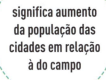 de transformação

de construção

→ de bens de produção
→ de bens de consumo

UNIDADE 5

> **Antever**

1 Que setor de infraestrutura está sendo retratado na imagem? Qual a sua importância para a sociedade brasileira?

2 Por que o espaço geográfico se transforma com o avanço tecnológico na área de infraestrutura? Cite exemplos.

3 É possível estabelecer relações entre meios de transporte e fontes de energia? Justifique.

4 Como você percebe os serviços de infraestrutura no município em que mora?

O avanço tecnológico na área de infraestrutura implica em mudanças significativas no espaço geográfico de qualquer país do mundo. Chamamos de infraestrutura o conjunto de atividades e estruturas da economia que servem de base para o desenvolvimento de outras atividades. Energia, transportes e comunicação são setores cruciais da infraestrutura brasileira. Assim, usinas hidrelétricas, rodovias, portos, aeroportos, ferrovias, sistemas de telecomunicações, entre outros, são fundamentais para o desenvolvimento econômico do nosso país e para o bem-estar da população. No entanto, para serem considerados eficientes, os projetos de infraestrutura devem atender também às questões de ordem socioambiental.

Linhas de transmissão de energia elétrica saindo de subestação. Foz do Iguaçu (PR), 2018.

Brasil: infraestrutura

CAPÍTULO 15

Matriz energética

Energia e sociedade

Você já imaginou como seria a vida nos dias atuais sem o uso de energia? Sabe de onde vem a energia que faz funcionar uma lâmpada, uma televisão ou um computador? E aquela que faz funcionar os veículos, de onde vem? As respostas a essas questões também explicam a nossa matriz energética.

A **matriz energética** é toda a energia disponível para ser transformada, distribuída e consumida nos processos produtivos de todos os setores da economia e nas residências. Em outras palavras, corresponde ao tipo e à quantidade de recursos energéticos oferecidos por um país ou por uma região.

Representação do Brasil à noite.

zoom

Observe a imagem de satélite do Brasil captada durante a noite.

1. Qual é a importância de se produzir energia em um país?

2. Qual região do Brasil aparece mais luminosa na imagem?

3. Qual a relação entre as áreas mais urbanizadas do Brasil e a distribuição da luminosidade na imagem?

Nas últimas décadas, o modelo de crescimento econômico adotado pela maior parte dos países fez aumentar a demanda por recursos energéticos, evidenciando a necessidade e a importância do setor.

O consumo de energia passou a ser um dos principais indicadores do desenvolvimento econômico e da qualidade de vida das sociedades modernas. Ele reflete tanto o ritmo de atividade dos setores industrial, comercial e de serviços quanto a capacidade da população para adquirir bens e serviços tecnologicamente avançados, como automóveis (que demandam combustíveis), eletrodomésticos e eletroeletrônicos (que exigem acesso à rede elétrica e pressionam o consumo desse tipo de energia).

Nesse contexto, é indispensável estudar a infraestrutura energética para compreender as possibilidades de melhorias econômicas e sociais do nosso país. Mas você sabe o que e quais são as fontes de energia?

Diferentes fontes e usos de energia

Existem diversas fontes de energia na natureza. Chamamos de **fontes primárias** todas aquelas que são provenientes diretamente do meio natural, como água, vento, sol, combustíveis fósseis (petróleo, carvão mineral, gás natural e xisto) e reservas de minerais energéticos e radioativos, como o urânio. Já as **fontes secundárias** de energia são o produto da transformação das fontes primárias, por exemplo, a eletricidade, a gasolina e os biocombustíveis.

Ou seja, as **fontes de energia** são recursos naturais ou artificiais utilizados pela sociedade para possibilitar o deslocamento de veículos, gerar calor ou produzir eletricidade para os mais diversos tipos de atividade.

No que se refere à capacidade de recomposição, as fontes de energia são classificadas em **renováveis** e **não renováveis**.

Obtida de fontes naturais que podem se recompor, a energia renovável é inesgotável, se bem administrada: é o caso, por exemplo, da energia solar, eólica, hidráulica, geotérmica, das marés e ondas e da **biomassa**.

Por sua vez, a energia não renovável é encontrada na natureza em quantidades limitadas e esgota-se com o uso, como os combustíveis fósseis e os minerais energéticos e radioativos.

Glossário

Biomassa: toda matéria orgânica, de origem vegetal ou animal, utilizada na produção de energia.

O infográfico mostra percentualmente as principais fontes de energia disponíveis no Brasil. Em conjunto, elas compõem a matriz energética brasileira.

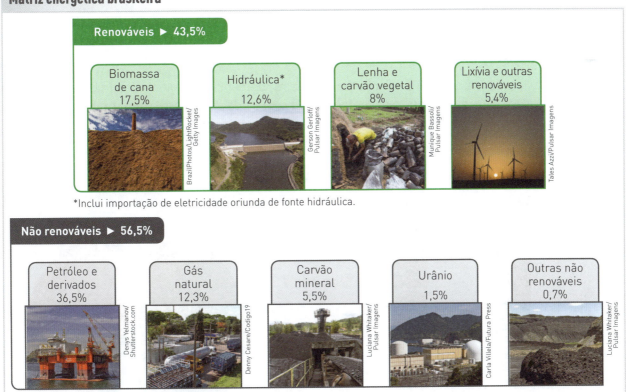

Matriz energética brasileira

Renováveis ▶ 43,5%
- Biomassa de cana 17,5%
- Hidráulica* 12,6%
- Lenha e carvão vegetal 8%
- Lixívia e outras renováveis 5,4%

*Inclui importação de eletricidade oriunda de fonte hidráulica.

Não renováveis ▶ 56,5%
- Petróleo e derivados 36,5%
- Gás natural 12,3%
- Carvão mineral 5,5%
- Urânio 1,5%
- Outras não renováveis 0,7%

Fonte: Ministério de Minas e Energia. *Balanço Energético Nacional 2017*. Disponível em: <https://ben.epe.gov.br/downloads/Síntese%20do%20Relatório%20Final_2017_Web.pdf>. Acesso em: jun. 2018.

O consumo de energia por setor da economia (gráfico na página seguinte) mostra que a indústria (33%) e os transportes (32,4%) são os setores mais dependentes. Um dos principais desafios do Brasil é planejar o fornecimento energético e racionalizar seu consumo.

Fonte: Ministério de Minas e Energia. *Balanço Energético Nacional 2017*. Disponível em: <https://ben.epe.gov.br/downloads/Síntese%20do%20Relatório%20Final_2017_Web.pdf>. Acesso em: jun. 2018.

Ao analisar os dados da matriz energética brasileira, percebemos que o consumo de energia de fontes não renováveis é maior do que o de fontes renováveis; ainda assim, em comparação com a matriz energética mundial, usamos mais as fontes renováveis. Observe nos gráficos.

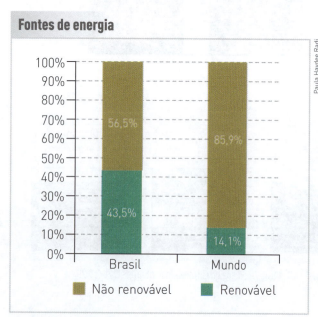

Fonte: Empresa de Pesquisa Energética. *Matriz energética e elétrica*. Disponível em: <www.epe.gov.br/pt/abcdenergia/matriz-energetica-e-eletrica>. Acesso em: jun. 2018.

Fonte: Empresa de Pesquisa Energética. *Matriz energética e elétrica*. Disponível em: <www.epe.gov.br/pt/abcdenergia/matriz-energetica-e-eletrica>. Acesso em: maio 2018.

Fontes de energia não renováveis no Brasil

Como você já sabe, as fontes não renováveis de energia são recursos naturais esgotáveis, ou seja, terão um fim a médio ou longo prazo. Em alguns casos, esse tipo de energia costuma acarretar problemas de ordem ambiental, além de disputas mundiais envolvendo extração e comercialização das matérias-primas.

A maior parte da matriz energética brasileira (56,5%) provém de fontes de energia não renováveis. Vamos analisá-las uma a uma.

Petróleo

É a principal fonte energética do mundo e do Brasil. A palavra petróleo (do latim, "óleo de pedra") tem o significado relacionado ao processo de sua formação. O **petróleo** é um **hidrocarboneto** que se forma nas bacias sedimentares, entre camadas de rochas. Sua origem vincula-se à deposição de restos orgânicos de animais e vegetais no fundo dos oceanos. O soterramento desse material de origem orgânica gera um ambiente desprovido de oxigênio, que propicia a formação do petróleo. Os principais derivados de petróleo (gasolina, óleo diesel, querosene e óleo combustível), são utilizados como fonte de energia em motores, principalmente de veículos, e também nas **usinas termoelétricas**.

No Brasil, a origem da exploração do petróleo em larga escala está vinculada à criação da Petrobras (Petróleo Brasileiro S.A.) em meados do século XX. Naquela época, a disponibilidade desse recurso foi um dos principais fatores que atraíram muitas empresas transnacionais para o país. Atualmente, a Petrobras ainda é a principal exploradora de petróleo no país e uma das maiores do mundo.

O petróleo é utilizado principalmente no setor industrial e de transportes. Até hoje, é a principal fonte de energia do Brasil, com 36,5% do total produzido. As principais áreas de exploração são as bacias marítimas de Campos (RJ e ES) – a maior do Brasil –, de Santos (SP, PR, SC e RJ), do Espírito Santo (ES) e do Recôncavo (BA). Nas áreas continentais do país, a produção é bem menor.

Recentemente, foram descobertas grandes reservas de petróleo na camada do pré-sal. Essa camada rochosa situa-se entre 5 000 m e 7 000 m abaixo do leito do mar e estende-se por aproximadamente 800 km entre o Espírito Santo e Santa Catarina, incluindo as bacias sedimentares do Espírito Santo, de Campos e de Santos.

Embora possua elevado teor energético, a queima de petróleo resulta na emissão de gases poluentes para a atmosfera e em riscos para a flora e a fauna marinhas no caso de acidentes envolvendo derramamento de óleo em sua extração.

Glossário

Hidrocarboneto: composto orgânico, em grande parte insolúvel em água. É formado exclusivamente por átomos de carbono e hidrogênio.

Usina termoelétrica: instalação industrial utilizada para a geração de energia elétrica por meio da energia térmica liberada com a queima de algum tipo de combustível renovável ou não renovável.

Fonte: Ministério da Defesa. X Curso de Extensão em Defesa Nacional, 2014. Disponível em: <www.defesa.gov.br/arquivos/ensino_e_pesquisa/defesa_academia/cedn/x_cedn/lucaskerrxcedn.pdf>. Acesso em: ago. 2018.

Carvão mineral

Fonte de energia bastante utilizada em todo o mundo, depois do petróleo. No Brasil, representa 5,5% da matriz energética nacional.

A formação do **carvão mineral** é, em parte, semelhante à do petróleo, pois ambos são combustíveis fósseis que se constituíram em bacias sedimentares. Durante o Período Carbonífero da Era Paleozoica (há cerca de 350 milhões de anos), havia imensas áreas de florestas e pântanos que passaram por um gradativo acúmulo de material orgânico por diversas vezes soterrado sob várias camadas de sedimentos. Com o tempo, esse material foi submetido a grande pressão; pela ausência de oxigênio e água, ocorreu intenso enriquecimento do carbono, que adquiriu grande potencial calorífico.

O alto teor calorífico do carvão mineral faz sua queima liberar grande quantidade de energia, tornando-o um dos mais importantes recursos energéticos do mundo. No entanto, assim como o petróleo, é uma fonte energética que causa problemas ao meio ambiente, pois sua queima libera gases poluentes para a atmosfera. No passado, o carvão mineral foi muito utilizado como combustível em locomotivas a vapor; atualmente, é a fonte de energia de alguns tipos de usinas termoelétricas.

As reservas de carvão mineral no Brasil são pequenas e de baixa qualidade, pois possuem baixo teor calorífico. Sua produção está concentrada nos estados de Santa Catarina, o maior produtor nacional, e Rio Grande do Sul, onde se localiza a maior reserva do país.

Apesar da existência dessas reservas, o Brasil importa cerca de 50% do carvão mineral que consome dos Estados Unidos, Austrália e África do Sul.

Gás natural

O **gás natural** é a mistura de hidrocarbonetos leves na forma gasosa. De todos os combustíveis fósseis, é o menos poluente. Suas reservas encontram-se quase sempre nas mesmas áreas onde se extrai o petróleo, passando pelo mesmo processo de constituição. É responsável por cerca de 12% do consumo nacional de energia.

Trabalhador opera equipamento para extração de carvão mineral. Treviso (SC), 2016.

Usina Termelétrica Presidente Médici (UTPM) utiliza carvão mineral para produção de energia. Candiota (RS), 2017.

Brasil: cinturão carbonífero

Fontes: Mario Benjamim Baptista. Conjuntura do carvão nacional. In: Alberto Alves Santiago et al. *Brasil potência*. São Paulo: Unidas, 1972; Wilson Teixeira et al. *Decifrando a Terra*. São Paulo: Oficina de Textos, 2000. p. 474.

Muito utilizado em usinas termoelétricas, é considerado uma fonte mais vantajosa por apresentar menor impacto ambiental e maior facilidade de transporte, além de uma necessidade quase nula de armazenamento. É também utilizado como fonte de energia em indústrias, residências (gás de cozinha) e também em alguns tipos de veículos adaptados.

As grandes reservas brasileiras de gás natural localizam-se nas bacias de Campos e Santos. No entanto, o Brasil tem um acordo com a Bolívia de importação de gás natural por meio de gasodutos, via de transporte que interliga os dois países por uma tubulação de 3 150 km, sendo 557 km dentro da Bolívia e 2 593 km em solo brasileiro. A implantação desse gasoduto, em 2000, foi de extrema importância para o setor energético do Brasil, promovendo um incremento na disponibilidade de gás natural, utilizado especialmente para alimentar usinas termoelétricas.

O gasoduto começa em Santa Cruz de La Sierra (Bolívia) e percorre os estados de Mato Grosso do Sul, São Paulo, Paraná, Santa Catarina e Rio Grande do Sul.

Fontes: Petrobras; TBG. Disponível em: <www.petrobras.com.br/pt/nossas-atividades/principais-operacoes/gasodutos/gasoduto-brasil-bolivia-trecho-norte.htm>; <www.tbg.com.br/pt_br/o-gasoduto/tracado.htm>. Acessos em: ago. 2018.

Energia nuclear

Atualmente, a energia nuclear responde por 4,9% da matriz energética mundial e apenas 1,5% da matriz energética brasileira. A produção de eletricidade em usinas nucleares é obtida pelo processo da fissão nuclear controlada, ou seja, pela quebra dos núcleos dos átomos de **urânio** ou de **plutônio** em um reator nuclear. O calor liberado nesse processo aquece a água mantida sob alta pressão. Essa, por sua vez, aquece outra porção de água que, convertida em vapor, move uma turbina ligada a um gerador elétrico. É considerada uma energia limpa por não emitir gases poluentes para a atmosfera. No Brasil, existem duas usinas nucleares, Angra I e Angra II, no estado do Rio de Janeiro. Só a segunda está funcionando, e é responsável pela geração de 2,6% da eletricidade consumida no país.

Considerada durante muito tempo pelos países desenvolvidos como a grande solução para a demanda energética, a energia nuclear enfrenta uma série de resistências. Além dos altos gastos e do baixo nível produtivo, as principais críticas estão ligadas aos riscos decorrentes da manipulação de materiais radioativos. Movimentos ambientalistas citam alguns acidentes catastróficos, como o ocorrido em Three Mile Island, nos EUA, em 1979; em Chernobyl, na atual Ucrânia, em 1986 (o mais grave da história); e em Fukushima, no Japão, em 2011. Este último envolveu explosões de reatores da usina em consequência do tsunami provocado por um terremoto que atingiu 8,9 pontos na escala Richter, sob o Oceano Pacífico; segundo informações do governo japonês, os níveis de radiação na época superaram em oito vezes o limite de segurança, forçando a evacuação da população em um raio de 20 km ao redor da usina.

Usinas de Angra I (à direita) e Angra II (à esquerda). Angra dos Reis (RJ), 2016.

Fontes não renováveis e impactos socioambientais

A exploração excessiva dos combustíveis fósseis (petróleo, carvão mineral e gás natural) como fontes de energia tem sido o centro de discussões sobre a degradação ambiental do planeta. Embora os combustíveis fósseis apresentem importância expressiva no desenvolvimento da economia e na produção de energia mundial, a sua queima resulta na emissão de uma série de poluentes no ar. O gráfico ao lado refere-se a emissões de gás carbônico (CO_2) por habitante em 2014. É possível perceber que, produzindo e consumindo energia, cada brasileiro emite, em média, 7 vezes menos CO_2 do que um estadunidense e quase 3 vezes menos do que um europeu ou um chinês.

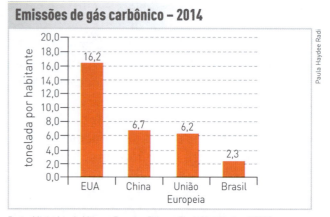

Fonte: Ministério de Minas e Energia. *Balanço Energético Nacional 2017*. Disponível em: <https://ben.epe.gov.br/downloads/Síntese%20do%20Relatório%20Final_2017_Web.pdf>. Acesso em: jun. 2018.

A diminuição no consumo de combustíveis fósseis, o avanço na eficiência do aproveitamento térmico e a substituição por combustíveis que produzem menor quantidade de dióxido de carbono são os meios disponíveis para reduzir a emissão de gases que agravam o efeito estufa. Apesar de os combustíveis fósseis serem mais baratos e do maior poder calorífico, é inegável a necessidade de substituí-los por fontes de energia mais limpas. No Brasil, muitas usinas termoelétricas estão funcionando com o uso de combustíveis não fósseis, embora a maioria ainda faça uso dessas fontes.

Com os problemas ambientais desencadeados pelo uso desenfreado de combustíveis fósseis ao longo do tempo – sobretudo nas últimas três décadas do século XX –, muitos países passaram a avaliar com maior atenção as matrizes energéticas disponíveis, especialmente em virtude da grande pressão exercida por alguns setores da sociedade, como os movimentos ambientalistas. Nesse contexto, intensificar ações e programas preventivos que combinem o desenvolvimento econômico com os princípios da sustentabilidade é um dos principais desafios no mundo atual. No entanto, faz-se necessário o investimento em energias mais limpas e renováveis.

Fonte: *Atlas geográfico escolar*. 7. ed. Rio de Janeiro: IBGE, 2016. p. 142.

Fonte: *Atlas geográfico escolar*. 7. ed. Rio de Janeiro: IBGE, 2016. p. 142.

Atividades

1. O que são as fontes primárias e secundárias de energia?

2. Qual é a principal fonte de energia da matriz energética brasileira atualmente? Explique como ocorre sua formação.

3. Fontes de energia são fundamentais para o funcionamento da economia e das sociedades. Em razão das alterações climáticas, existe um debate amplo relacionado à diversificação da matriz energética e à adoção de fontes de energia renováveis. Os gráficos a seguir mostram a evolução da oferta de energia primária brasileira em 1995, 2005 e 2015.

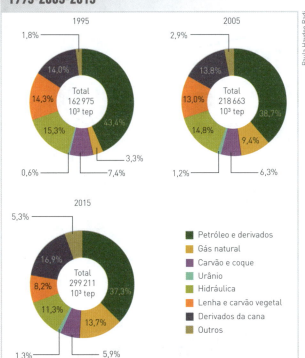

Ministério de Minas e Energia. Empresa de Pesquisa Energética (EPE). *Balanço Energético Nacional 2016*. Disponível em: <www.epe.gov.br/sites-pt/publicacoes-dados-abertos/publicacoes/PublicacoesArquivos/publicacao-140/topico-124/BEN2006_Versao_Completa.pdf>; <www.epe.gov.br/sites-pt/publicacoes-dados-abertos/publicacoes/PublicacoesArquivos/publicacao-126/topico-94/Relatório%20Final%202016.pdf>. Acessos em: ago. 2018.

a) Diferencie fontes de energia não renováveis e renováveis e cite dois exemplos de cada uma delas.

b) De acordo com os gráficos, em nosso país, predomina o uso de energia renovável ou não renovável? O que podemos observar quanto a evolução no uso dessas fontes entre 1995 e 2015?

c) Relacione as fontes de energia não renováveis com as questões climáticas.

4. O carvão mineral tem pequena participação na matriz energética brasileira. A que isso se deve?

5. Leia o trecho de uma notícia sobre a produção de energia nuclear no Brasil.

Energia nuclear ajudará Brasil a frear mudança do clima, diz embaixador

Os acordos globais para reduzir as emissões de carbono e frear as mudanças climáticas devem impulsionar a construção de usinas nucleares mundo afora e inclusive no Brasil, diz o embaixador brasileiro na Agência Internacional de Energia Atômica (Aiea), Laércio Antônio Vinhas, em entrevista à BBC Brasil.

Apesar do risco de acidentes – como o ocorrido na usina japonesa de Fukushima em 2011 –, a energia nuclear não emite gases causadores do efeito estufa (resíduos tóxicos da atividade costumam ser armazenados indefinidamente).

No ano passado, o governo brasileiro se comprometeu a reduzir em 43% as emissões desses gases até 2030 em comparação com níveis de 2005. Segundo o embaixador, além de investir nas fontes solar e eólica, o Brasil precisará recorrer a reatores nucleares para substituir usinas térmicas a carvão. Hoje a fonte nuclear responde por 2,4% da geração de energia do país. [...]

João Fellet. Energia nuclear ajudará Brasil a frear mudança do clima, diz embaixador. *BBC Brasil*. 1º abr. 2016. Disponível em: <www.bbc.com/portuguese/noticias/2016/04/160401_reuniao_energia_nuclear_entrevista_rb>. Acesso em: jun. 2018.

A energia nuclear no Brasil é produzida atualmente na usina Angra II, no estado do Rio de Janeiro.

a) Qual é a matéria-prima utilizada na produção de energia nuclear?

b) Segundo os argumentos do embaixador brasileiro, que vantagens se teria com o aumento do uso de energia nuclear no Brasil?

c) Quais são as críticas com relação ao uso de energia nuclear no Brasil e no mundo?

161

CAPÍTULO 16

Energia e sustentabilidade

Fornecimento sustentável de energia

Vimos que as fontes de energia são fundamentais para o desenvolvimento econômico do país, mas também suscitam questões de ordem socioambiental, uma vez que acarretam impactos negativos em menor ou maior intensidade, dependendo da utilização dos diferentes recursos energéticos.

Atualmente, muito se fala sobre sustentabilidade. Mas você sabe o que isso significa? **Sustentabilidade** pode ser definida como a habilidade ou a capacidade de algo se manter ou se sustentar. No contexto ambiental, tem o sentido de utilizarmos os recursos da natureza no presente sem comprometermos a possibilidade de as pessoas, no futuro, terem acesso a esses mesmos recursos.

Tecnologias que promovem a energia sustentável incluem fontes renováveis de energia solar, eólica, hidráulica, geotérmica, da biomassa, das ondas e das marés –, assim como o conjunto de tecnologias destinadas a melhorar a eficiência energética.

Devemos destacar o papel que a energia renovável e alternativa tem nos dias de hoje por se tratarem de fontes de energia mais limpas se comparadas às fontes não renováveis – principalmente os combustíveis fósseis.

zoom

① Qual a mensagem transmitida pelo cartum? Converse com o professor e seus colegas a respeito.

Fontes de energia renováveis no Brasil

Vimos no capítulo anterior que as fontes de energia renováveis são aquelas capazes de manter-se disponíveis permanentemente, pois se regeneram. Existem vários tipos de fontes renováveis utilizadas no Brasil, entre elas a energia hidráulica (principal responsável pela produção da energia elétrica no país), a solar, a eólica e a da biomassa. Vamos analisá-las de forma separada para melhor compreendermos suas vantagens e limitações.

Energia hidráulica

A energia hidráulica é obtida pelo movimento das **águas dos rios**. Em vários países, como Brasil, Rússia, China e Estados Unidos, os rios são bastante aproveitados pelas usinas hidrelétricas, que usam a força das águas para gerar eletricidade.

É considerada uma eficiente forma de geração de eletricidade, além de ser menos poluente do que, por exemplo, as termoelétricas, que são movidas, na maioria dos casos, por combustível fóssil. Devido à rica disponibilidade de rios volumosos e de planalto no território brasileiro, o país encontrou nesse tipo de energia a forma predominante de produção de eletricidade.

A maioria das usinas hidrelétricas do Brasil são estatais, controladas pela Eletrobras (Centrais Elétricas Brasileiras S.A.). Por sua vez, o ONS (Operador Nacional do Sistema Elétrico) é responsável pelo controle da operação de instalação e transmissão de energia elétrica no país.

No Brasil, a energia elétrica é produzida principalmente por centrais hidrelétricas, termoelétricas e termonucleares, com nítido predomínio da energia hidrelétrica.

No entanto, as usinas hidrelétricas trazem vários prejuízos socioambientais, não só pela inundação de áreas naturais ou de cultivo (prejudicando a produção agrícola, a flora e a fauna locais), mas também pelo desvio do leito dos rios (o que pode exterminar espécies de peixes) e pela emissão de dióxido de carbono (embora em menor proporção que os combustíveis fósseis) na decomposição da matéria orgânica submersa nas áreas alagadas.

No que se refere à questão social, a desapropriação de terras – em consequência da retirada de moradores das áreas a serem alagadas – e as, geralmente, baixas indenizações pagas aos afetados são fatores que não condizem com a ideia de sustentabilidade em sua plenitude. Esse problema se agrava ainda mais em espaços que são ocupados por povos e comunidades tradicionais, como no caso da polêmica construção da Usina Hidrelétrica de Belo Monte, localizada no Rio Xingu, na Amazônia.

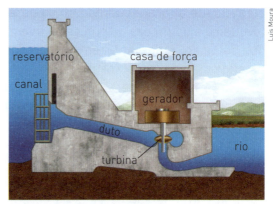

Ilustração simplificada de uma usina hidrelétrica.
Fonte: Agência USP. Disponível em: <www.usp.br/agen/?p=66896>. Acesso em: jun. 2018.

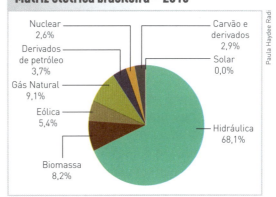

Fonte: Ministério de Minas e Energia. *Balanço Energético Nacional 2017.* Disponível em: <https://ben.epe.gov.br/downloads/Síntese%20do%20Relatório%20Final_2017_Web.pdf>. Acesso em: 11 jul. 2018.

 Ampliar

A batalha de Belo Monte

http://arte.folha.uol.com.br/especiais/2013/12/16/belo-monte/

Reportagem especial do jornal *Folha de S.Paulo*, de 2013, sobre as polêmicas e as divergências que envolveram a maior obra de infraestrutura na Região Amazônica nos últimos anos.

Energia solar

É uma fonte de energia alternativa inesgotável, especialmente interessante no Brasil devido à grande quantidade de **radiação solar** recebida na zona térmica tropical.

A produção de eletricidade pela luz solar é feita por painéis fotovoltaicos. Eles são construídos com materiais cujas propriedades eletroquímicas permitem transformar luz em eletricidade. A grande vantagem da geração fotovoltaica é a limpeza do processo, que não produz poluição. A desvantagem, atualmente, está no alto custo do investimento.

Campo de painéis fotovoltaicos para produção de energia. São Paulo (SP), 2018.

No Brasil, já existem várias instalações de captação de energia solar por este sistema, além de diversas equipes de pesquisa, ligadas a universidades e outras instituições, trabalhando no desenvolvimento de novas tecnologias que permitam baratear o processo.

Por conta da grande incidência de luz solar durante o ano inteiro, especialmente na Região Nordeste, o país possui muitas vantagens na transformação em grande escala de energia solar em energia elétrica. No entanto, a utilização dessa forma de energia é restrita, pois as tecnologias disponíveis no momento não são capazes de garantir o abastecimento de energia elétrica proveniente do Sol para grandes demandas.

Há, ainda, uma segunda forma de aproveitamento da radiação solar, não para a produção de eletricidade, mas para a obtenção de calor – a chamada energia heliotérmica. Em diversos países, os chamados coletores térmicos são utilizados na obtenção de água quente para uso doméstico e industrial, na produção de vapor para funcionamento de turbinas em termoelétricas, na calefação de ambientes e até na secagem de grãos em determinados processos agrícolas.

Energia eólica

Chamamos de energia eólica a energia produzida aproveitando a força dos **ventos**. Pelo fato de não emitir poluentes para a atmosfera, sua importância vem crescendo na atualidade; no Brasil, assim como a energia solar, é considerada uma energia alternativa. Embora os custos também sejam altos, a produção é duas vezes mais barata que a energia solar e pelo menos três vezes mais barata que a gerada com óleo diesel. A energia eólica não polui e é renovável.

Para produzir eletricidade, as usinas eólicas utilizam grandes cata-ventos instalados em áreas que possuem movimentação intensa e constante de ventos durante a maior parte do ano. Os ventos, que servem de força motriz, giram as hélices do rotor que, por sua vez, aciona o gerador.

Embora seja bastante eficiente, essa fonte de energia apresenta algumas limitações, como o caráter inconstante dos ventos em algumas épocas do ano, o que provoca interrupções, e a dificuldade de armazenamento da energia produzida. Mas o Brasil dispõe de grandes áreas que favorecem a utilização de energia eólica, em especial na região litorânea nordestina, devido à intensidade e regularidade dos ventos.

Aerogeradores de usina eólica na Praia de Mundaú. Trairi (CE), 2017.

O estado do Ceará foi um dos primeiros a pesquisar o potencial eólico com modernos aparelhos, contando atualmente com 70 parques eólicos. Outros estados nordestinos que se destacam são a Bahia (88 parques eólicos) e o Rio Grande do Norte (131 parques eólicos). O crescimento dessa energia alternativa pode fortalecer a infraestrutura para o desenvolvimento socioeconômico do Nordeste. Na Região Sul, destaca-se o Rio Grande do Sul, que possui 80 parques eólicos.

Zoom

1. O que o gráfico representa?
2. Qual é a vantagem do uso dessa fonte para as questões climáticas?
3. É possível implementar essa fonte em todos os lugares do Brasil? Por quê?

Fonte: Ministério de Minas e Energia. *Balanço Energético Nacional 2017*. Disponível em: <https://ben.epe.gov.br/downloads/Síntese%20do%20Relatório%20Final_2017_Web.pdf>. Acesso em: jul. 2018.

Energia da biomassa e os biocombustíveis

A energia da **biomassa** consiste na energia gerada pela queima de materiais orgânicos de origem não fóssil, como, por exemplo, lenha, carvão vegetal, restos de alimentos e resíduos agrícolas, em especial o bagaço da cana-de-açúcar. Esse processo de queima é responsável pela produção do gás metano, que, por sua vez, é utilizado na geração de energia. Além de aproveitar restos agrícolas que geralmente seriam descartados, também há possibilidade de cultivar a matéria-prima.

Colheita mecanizada de cana-de-açúcar. Jaboticabal (SP), 2018.

Frentista de posto de combustíveis abastece veículo com etanol. São José dos Campos (SP), 2017.

Os **biocombustíveis** são provenientes de produtos vegetais (como a mamona e a cana-de-açúcar, entre outros). Muitos estudiosos defendem seu uso pelo fato de ser uma energia mais limpa quando comparada aos derivados do petróleo. O Brasil é o país com maior potencial para produzir combustíveis a partir da biomassa. A maioria dos carros fabricados atualmente no país é do tipo *flex*, ou seja, são veículos projetados para utilizar tanto o etanol (álcool extraído da fermentação do açúcar) como a gasolina. Estudos apontam que o etanol reduz a poluição atmosférica nos centros urbanos e emite cerca de 90% a menos de gases do efeito estufa. Outro fator vantajoso apontado pelos defensores dos biocombustíveis é a condição climática do país, que favorece o cultivo da cana-de-açúcar. No entanto, os ambientalistas criticam essa fonte de energia porque áreas naturais são devastadas para o cultivo das matérias-primas. No Brasil, os biocombustíveis mais utilizados são o etanol, o biogás (obtido pela transformação do lixo orgânico e do excremento de animais) e o biodiesel (produzido com óleos vegetais ou gordura animal).

Atividades

1 Observe o esquema abaixo, sobre a produção, a transmissão e a distribuição de energia elétrica. Depois, faça o que se pede.

Fonte: *Britannica Illustrated Science Library*. Energy and movement. Editorial Sol 90, 2008. p. 53.

a) Qual fonte de energia está sendo retratada? De acordo com a capacidade de recomposição, como ela é classificada?

b) Quais são as vantagens desse modelo de produção de energia elétrica no território brasileiro?

2 O etanol é uma alternativa para reduzir a emissão de gases poluentes na atmosfera. Escreva sobre as vantagens do Brasil na produção desse biocombustível.

3 Analise o gráfico ao lado sobre o consumo residencial de energia no Brasil em 2016.

a) Qual é o tipo de energia mais consumida nas residências dos brasileiros?

b) Qual é a origem do gás natural?

c) Que tipo de impacto ambiental pode estar relacionado ao uso da lenha?

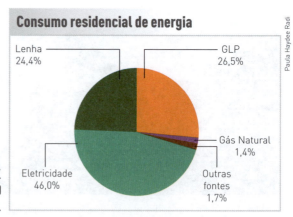

Fonte: Ministério de Minas e Energia. *Balanço Energético Nacional 2017*. Disponível em: <https://ben.epe.gov.br/downloads/Síntese%20do%20Relatório%20Final_2017_Web.pdf>. Acesso em: jul. 2018.

4 A energia eólica tem aumentado sua participação entre as alternativas não poluentes de geração energética. Explique por que as áreas costeiras do país favorecem o aproveitamento da energia eólica.

5 Sobre a utilização da energia hidráulica, responda às questões **a** e **b** a seguir.

a) Explique como se obtém e a importância da energia hidráulica em nosso país.

b) Mencione dois problemas socioambientais decorrentes da construção de hidrelétricas.

6 Argumente sobre a importância da crescente utilização de energia eólica e solar em nosso país. Lembre-se de que, para isso, você precisará expor seu ponto de vista e suas ideias, apresentando suas razões.

7 O que você entendeu por fornecimento sustentável de energia?

CAPÍTULO 17 — Redes de transporte e de comunicação

Transportes no Brasil

Você já sabe que o Brasil, dada a grande extensão do seu território, é um país de dimensão continental. Para permitir o deslocamento de pessoas e mercadorias, foi preciso criar um amplo e articulado sistema de transporte que interliga os diferentes pontos do território nacional, bem como os de outros países da América do Sul e do mundo.

Os **transportes** correspondem ao conjunto de materiais, instrumentos e técnicas utilizados no deslocamento de pessoas e cargas de um lugar para o outro. Variam conforme a região a que servem e podem ser terrestres, aquáticos ou aéreos – são as rodovias, ferrovias, hidrovias e aerovias.

Passageiros embarcam em aeronave no Aeroporto Governador José Richa. Londrina (PR), 2017.

Embarque de passageiros na Estação Rodoviária Tietê. São Paulo (SP), 2017.

Barcos para transporte de passageiros atracados na margem do Rio Tapajós. Aveiro (PA), 2017.

Portos, aeroportos, estações rodoviárias e ferroviárias são lugares de embarque e desembarque de pessoas e mercadorias. Além de permitir o deslocamento das pessoas no espaço, a rede de transportes é fundamental para a economia de um país. Sem os transportes, as indústrias não teriam acesso às matérias-primas e tampouco às formas de escoar a produção até o consumidor final. Conhecendo as rotas realizadas pelos diferentes meios de transporte, podemos compreender melhor as condições de infraestrutura do espaço geográfico e as necessidades econômicas do país e de suas diferentes regiões.

Observe no mapa abaixo a dinamicidade da rede de transportes no Brasil.

Vista aérea da Rodovia Federal BR-267. Bataguassu (MS), 2018.

Fonte: *Atlas geográfico escolar*. 7. ed. Rio de Janeiro: IBGE, 2016. p. 143.

Transporte rodoviário

O transporte rodoviário responde pela maior parte dos fluxos de bens e pessoas no Brasil. Ônibus, automóveis e caminhões transportam pessoas e mercadorias pelas **rodovias** que ligam municípios, estados e países. Esse tipo de transporte foi priorizado sobretudo a partir do governo de Juscelino Kubistchek (1956-1960), com o objetivo de atrair fábricas de empresas estrangeiras do setor automobilístico.

As rodovias brasileiras podem ser federais, estaduais ou municipais. As federais ligam os estados e são classificadas, de acordo com o Plano Nacional de Viação, em:

- **Rodovias radiais**: são as que começam na capital federal (Brasília) e seguem em direção aos pontos extremos do território. Além da sigla BR, esse tipo de rodovia recebe em sua nomenclatura o número 0 como primeiro algarismo (exemplo: BR-040).
- **Rodovias longitudinais**: são as que atravessam o país na direção norte-sul. Além da sigla BR, esse tipo de rodovia recebe em sua nomenclatura o número 1 como primeiro algarismo (exemplo: BR-153).
- **Rodovias transversais**: são as que atravessam o país na direção leste-oeste. Além da sigla BR, esse tipo de rodovia recebe em sua nomenclatura o número 2 como primeiro algarismo (exemplo: BR-277).
- **Rodovias diagonais**: são as que podem apresentar dois modos de orientação: nordeste-sudoeste ou noroeste-sudeste. Além da sigla BR, este tipo de rodovia recebe em sua nomenclatura o número 3 como primeiro algarismo (exemplo: BR-364).
- **Rodovias de ligação**: são rodovias que seguem em qualquer direção, geralmente interligando rodovias federais ou, pelo menos, uma rodovia federal a cidades e fronteiras internacionais. Além da sigla BR, essas rodovias recebem em sua nomenclatura o número 4 como primeiro algarismo (exemplo: BR-410).

Fonte: Ministério dos Transportes. *Mapa das rodovias federais do Brasil*. Disponível em: <www.transportes.gov.br/images/bit/Tabelas_Anuário_Estatístico_de_Transportes/10_Mapas/MapaRodoviário.pdf>. Acesso em: jul. 2018.

Em 2017, a frota brasileira de veículos chegou a 43 milhões de unidades, distribuídas irregularmente pelo território nacional. No entanto, o predomínio do transporte rodoviário não é recomendável em países de grande dimensão territorial como o Brasil.

O custo de manutenção das rodovias é mais elevado do que o de outras vias de transporte, como ferrovias e hidrovias. Outro custo importante é o dos combustíveis e o da manutenção dos veículos. Além disso, ao depender de um único meio de transporte, o país fica permanentemente sujeito a graves prejuízos pelos mais diversos motivos: em maio de 2018, por exemplo, uma greve de caminhoneiros e empresas de transporte – em protesto contra o preço do óleo diesel – paralisou e desabasteceu o país por dez dias.

Caminhoneiros paralisados durante greve. Londrina (PR), 2018.

Para compreendermos as consequências do predomínio do uso das rodovias no Brasil, precisamos considerar que os elevados custos desse meio de transporte e a política de redução dos gastos públicos em investimentos estruturais resultaram na privatização de muitas rodovias, sobretudo na década de 1990. Atualmente, por meio de concessões públicas, a conservação de muitas rodovias brasileiras é de responsabilidade de empresas privadas.

Cobrança de pedágio na Rodovia Estadual PE-009. Ipojuca (PE), 2018.

Transporte ferroviário

O uso dos trens no Brasil teve seu auge entre 1870 e 1920, período marcado pelo predomínio da cafeicultura, em especial na Região Sudeste. Embora o custo de construção das **estradas de ferro** seja elevado, sua manutenção é barata quando comparada ao transporte rodoviário. Contudo, esse meio de transporte não foi prioritário no país. A maior parte da malha ferroviária concentra-se nos estados de São Paulo, Minas Gerais e Rio Grande do Sul, ou seja, nas regiões Sudeste e Sul, com foco no transporte de cargas. Comparando o mapa da malha ferroviária de 1930 e o dos dias atuais no Brasil, presentes na página seguinte, nota-se que foi pequena a evolução dessa via de transporte.

Fonte: CNG. *I Centenário das Ferrovias Brasileiras*. Rio de Janeiro: IBGE, 1954. p. 6. Disponível em: <https://biblioteca.ibge.gov.br/visualizacao/livros/liv13968.pdf>. Acesso em: jul. 2018.

Fonte: Ministério dos Transportes, Portos e Aviação Civil. *Mapa da evolução ferroviária (1960-2016)*. Disponível em: <www.transportes.gov.br/images/BIT_TESTE/Mapas/Mapas_Evolução_ferroviária.pdf>. Acesso em: ago. 2018.

A Rede Ferroviária Federal S.A. (RFFSA), oficialmente extinta em 2007, foi a empresa estatal responsável pelas ferrovias federais. Na década de 1990, muitas ferrovias foram privatizadas, mas não houve muitas mudanças em relação à ampliação e ao uso da malha ferroviária nacional. A principal ferrovia em construção no Brasil, atualmente, é a Ferrovia Norte-Sul, que possui alguns trechos concluídos e em operação. De modo geral, a frota é formada de trens antigos e de baixa velocidade, integrando poucas regiões do país.

Já no que se refere ao transporte de pessoas em grandes aglomerações urbanas, o metrô constitui um moderno e rápido transporte ferroviário, podendo ser subterrâneo, de via elevada ou de superfície. Entretanto, tem pequena participação no transporte urbano de passageiros, pois só está disponível em algumas capitais, como Rio de Janeiro, Belo Horizonte, São Paulo, Recife e Porto Alegre.

Trem de passageiros na Estrada de Ferro Vitória a Minas (EFVM). Governador Valadares (MG), 2018.

Passageiros em plataforma de estação do metrô. Recife (PE), 2018.

Transporte hidroviário

Também chamado de transporte aquaviário, compreende todo tipo de transporte que utiliza **rios**, **mares** e **lagos** como vias de transporte. Em virtude da pouca presença de lagos no Brasil, a navegação lacustre é a menos praticada, concentrando-se principalmente na Lagoa dos Patos, no Rio Grande do Sul.

Fonte: Agência Nacional de Transportes Aquaviários. Disponível em: <http://antaq.gov.br/Portal/pdf/palestras/Set07PalestraAlexComissaoInteramericanaPortos.pdf>. Acesso em: jul. 2018; Graça Maria Lemos Ferreira. *Atlas geográfico: espaço mundial*. 3. ed. São Paulo: Moderna, 2010. p. 147.

A navegação fluvial é feita principalmente nos rios da Bacia Amazônica, da Bacia do Paraguai e da Bacia do São Francisco. Interligando os rios Tietê, em São Paulo, e o rio Paraná, estende-se por 2,4 mil quilômetros uma das maiores hidrovias da América do Sul: a Tietê-Paraná. Essa hidrovia tem grande importância para a economia do país, pois serve de via de transporte para uma grande quantidade de mercadorias de vários estados: em 2017, deslocou cerca de 7 milhões de toneladas de carga.

Chalana – um tipo de embarcação regional – navega na Hidrovia Solimões-Amazonas. Itacoatiara (AM), 2017.

Barcaça carregada de cana-de-açúcar navega na Hidrovia Tietê-Paraná. Pederneiras (SP), 2016.

Os principais portos fluviais no Brasil estão em Manaus, no Amazonas; Porto Velho, em Rondônia; Porto Alegre, no Rio Grande do Sul; Pirapora, na Bahia; e Corumbá, no Mato Grosso do Sul. A navegação fluvial consome significativamente menos energia que o transporte rodoviário e ferroviário, além de ser menos poluente. Mesmo com a grande quantidade de rios navegáveis, essas vias de transporte, pelo fato de não atravessarem as regiões mais industrializadas do país, são pouco utilizadas no Brasil.

Para transformar um rio em hidrovia são necessários altos investimentos. Obras de engenharia se fazem necessárias para permitir ou ampliar as condições de navegabilidade, como, por exemplo, a **dragagem** e a construção de eclusas nas barragens. Na Região Norte, onde as condições naturais são mais favoráveis e existe maior carência para a locomoção entre os municípios, o transporte fluvial tem grande importância. No que se refere a esse tipo de transporte, a bacia do Amazonas é a responsável pela maior parte do movimento de passageiros do país.

Glossário

Dragagem: processo de retirada de terra do fundo dos rios de modo a deixá-lo acessível a navios e barcos de maior porte.

Embora o Brasil possua uma extensa costa litorânea, a navegação marítima também é uma modalidade pouco explorada em comparação aos meios ferroviário e rodoviário. Entre os problemas destacam-se os altos custos de transporte e a necessidade de modernização dos portos. É muito utilizado para transportar cargas, porque os navios conseguem suportar grande quantidade e variedade de produtos, por um custo considerado baixo se comparado a outros meios de transporte.

O transporte marítimo é classificado de acordo com o seu percurso. Chamamos de cabotagem o tipo de transporte marítimo realizado somente entres os portos nacionais. Por sua vez, o transporte marítimo internacional cobre grandes distâncias, e seus percursos ligam portos nacionais e internacionais.

O porto de Santos, no litoral de São Paulo, é o maior da América Latina. Santos (SP), 2018.

Transporte aéreo

Tem a menor participação no transporte de cargas do país, mas sua participação no transporte de passageiros vem aumentando de forma significativa, como mostram os gráficos. Esse aumento da demanda deve-se principalmente à oferta de passagens a preços mais acessíveis.

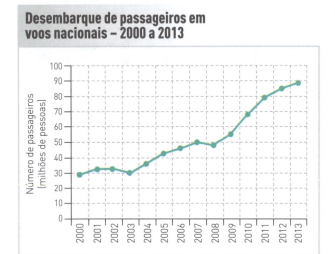

Fonte: *Atlas geográfico escolar*. 7. ed. Rio de Janeiro: IBGE, 2016. p. 139.

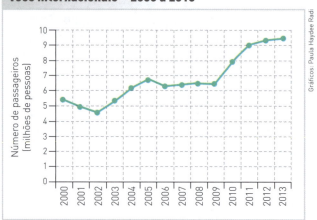

Fonte: *Atlas geográfico escolar*. 7. ed. Rio de Janeiro: IBGE, 2016. p. 139.

As cidades com os principais aeroportos em número de passageiros transportados são, pela ordem: São Paulo, Brasília, Rio de Janeiro, Belo Horizonte, Salvador, Recife, Porto Alegre, Curitiba, Fortaleza e Manaus. Em volume de cargas, destacam-se São Paulo, Rio de Janeiro, Manaus, Salvador, Fortaleza, Brasília e Belo Horizonte.

Os diferentes sistemas de deslocamento estão articulados em redes, também conhecidas como modais. Assim, os transportes articulam-se por nós (que são pontos fixos) e linhas (que correspondem aos fluxos). A eficiência desses modais, ou seja, da rede de transportes, bem como a capacidade de interligação entre eles, é fundamental para se avaliar a infraestrutura e a capacidade de desenvolvimento econômico de um país.

No que diz respeito à infraestrutura brasileira, especialistas apontam que o setor de transportes tem estabelecido grandes limitações para a expansão da economia nacional. Vários problemas são apontados no setor, entre eles o alto custo de manutenção das rodovias, a necessidade de modernização dos portos e aeroportos, além da situação insatisfatória dos sistemas de transporte urbano.

Ampliar

Ministério dos Transportes
www.transportes.gov.br
O *site* do Ministério dos Transportes contém mapas, estatísticas e informações sobre a política nacional de transportes.

Aeronave decola do Aeroporto Internacional de São Paulo. Guarulhos (SP), 2016.

Comunicação

Vimos que os sistemas de transporte promovem fluxos materiais, deslocando mercadorias e pessoas. As redes de comunicação, por sua vez, promovem fluxos de informações no espaço geográfico.

Meios de comunicação são os veículos ou instrumentos utilizados para propiciar a difusão e a troca de informações entre as pessoas. É o caso dos correios ou serviço postal (que no Brasil fica a cargo da Empresa Brasileira de Correios e Telégrafos), e também do rádio, da televisão, do cinema, dos jornais e das revistas (todos classificados como meios de comunicação de massa), além da internet, da telefonia fixa e móvel, entre outros.

Se o desenvolvimento do sistema de transportes facilitou a locomoção de pessoas e mercadorias para lugares distantes, a evolução dos **meios** e das **redes de comunicação** propiciou o contato entre pessoas localizadas em lugares distantes e a difusão de grandes quantidades de informações entre um número cada vez maior de pessoas.

Devido à praticidade e eficiência, a telefonia é utilizada de forma significativa para as comunicações individuais no Brasil e no mundo. Praticamente todas as cidades do Brasil estão interligadas pela Discagem Direta a Distância (DDD), possibilitando a comunicação direta entre diferentes localidades no território nacional. Já a Discagem Direta Internacional (DDI) possibilita ligações diretas para outros países do mundo.

Nos dias de hoje, a compatibilidade de aplicações ou funções do telefone, do computador e da televisão tem sido proporcionada pelas chamadas Tecnologias de Informação e Comunicação (TICs). Os conhecimentos em microeletrônica tornaram-se fundamentais e geraram a chamada revolução digital.

No entanto, para que essas **telecomunicações** (comunicações a distância) ocorressem, foi necessário fazer grandes investimentos em infraestrutura apropriada, como sistemas de cabos, fibras ópticas e satélites artificiais. Os satélites em órbita da Terra recebem e transmitem mensagens, sons e imagens instantaneamente para qualquer parte do Brasil e do mundo.

O Satélite Geoestacionário de Defesa e Comunicações Estratégicas (SGDC) é um satélite de comunicação brasileiro operado pela Telebras desde maio de 2017.

O uso de satélites artificiais representou significativo avanço para o setor de infraestrutura na área de comunicações no Brasil. A Embratel (Empresa Brasileira de Telecomunicações S.A.) encarregou-se da construção de estações retransmissoras no território nacional. Essa infraestrutura permite, por exemplo, o funcionamento do sistema de TV por assinatura, tornando possível aos telespectadores acompanhar a programação de diversos canais nacionais e internacionais.

Nas últimas décadas, a grande expansão do setor de telecomunicações no Brasil também permitiu maior acessibilidade dos usuários à telefonia fixa e móvel, bem como à rede mundial de computadores (internet). Em 2016, cerca de 140 milhões de brasileiros já eram usuários da internet.

Observe nos mapas abaixo o acesso dos domicílios brasileiros à internet.

Fonte: *Atlas geográfico escolar*. 7. ed. Rio de Janeiro: IBGE, 2016. p. 144.

Fonte: *Atlas geográfico escolar*. 7. ed. Rio de Janeiro: IBGE, 2016. p. 144.

Ampliar

Ministério da Ciência, Tecnologia, Inovações e Comunicações

www.mctic.gov.br

O *site* oferece informações sobre o sistema de comunicação no território brasileiro, bem como sobre projetos de acesso às telecomunicações.

Com o avanço tecnológico, um aparelho de celular moderno (*smartphone*) permite a orientação por GPS e serve como meio de conexão para redes sociais e jogos interativos, por exemplo. Entretanto, ainda persistem no país acentuadas desigualdades de acesso e uso dessas tecnologias.

A aceleração dos fluxos de informações tem forte repercussão na vida social das pessoas e na organização do espaço geográfico. No entanto, a revolução da informação não eliminou as desigualdades socioeconômicas. Como dependem de tecnologias cada vez mais sofisticadas, empresas de comunicação procuram se instalar em regiões que já possuem infraestrutura apropriada e acabam contribuindo para a reprodução das desigualdades de infraestrutura no país. Uma consequência dessa desigualdade é o fenômeno conhecido como exclusão digital.

Jovem fala ao celular. São Paulo (SP), 2018.

Viver

Segundo dados da Pesquisa Nacional por Amostra de Domicílios (Pnad) realizada em 2015 pelo IBGE, seis em cada dez pessoas acessam a internet no país. Com o propósito de ampliar o conhecimento sobre a utilização das Tecnologias de Informação e Comunicação (TICs) no país, a Pnad investigou um conjunto extenso de dados que permitiram identificar o acesso a essas tecnologias nos domicílios e o uso individual pelas pessoas. Observe os gráficos abaixo que tratam desse estudo realizado e divulgado pelo IBGE e leia o fragmento da notícia sobre o tema.

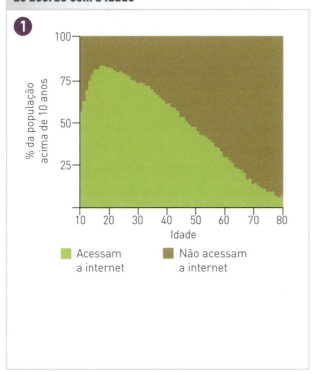

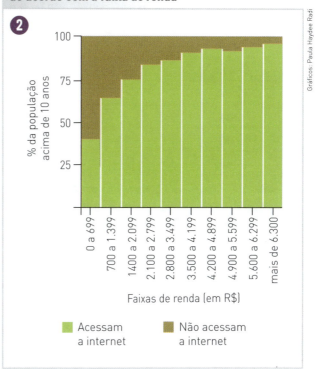

Fonte: IBGE. *PNAD 2015*. Disponível em: <https://biblioteca.ibge.gov.br/visualizacao/livros/liv99054.pdf>. Acesso em: jul. 2018.

Segundo a pesquisa internacional ICT Facts and Figures 2016, realizada pela ITU, a agência da Organização das Nações Unidas (ONU) para tecnologias da informação, a penetração da internet nos domicílios de países desenvolvidos é de cerca de 83,8%. O índice chega a 64,4% nas Américas e a 84% na Europa. [...] Segundo o IBGE, os dados de 2015 revelam que a <u>conectividade é influenciada diretamente pela escolaridade da população</u>. Ou seja, quanto mais anos de estudo um brasileiro tem, mais acesso à internet ele possui. Cerca de 7,4% das pessoas com menos de um ano de instrução usaram a internet no ano passado. Já entre quem possui 15 anos ou mais de estudos, o percentual chegou a 92,3%. [...]

Bárbara Ferreira Santos. Apesar de expansão, acesso à internet no Brasil ainda é baixo. *Exame*, 29 jan. 2018. Disponível em: <https://exame.abril.com.br/brasil/apesar-de-expansao-acesso-a-internet-no-brasil-ainda-e-baixo/>. Acesso em: jul. 2018.

1. Que conclusões podemos obter com base na análise do gráfico 1?
2. De acordo com o gráfico 2, quais grupos de pessoas tem o menor e o maior acesso à internet, respectivamente?
3. Qual é a importância do acesso à internet nos dias atuais para a população de um país?
4. Você tem acesso à internet? Considera importante essa rede de comunicação em seu dia a dia? Justifique.
5. Apresente situações ou exemplos que expliquem a afirmativa destacada no texto.

1. As inovações tecnológicas na área dos transportes e das comunicações tendem a promover maior dinamismo ao espaço geográfico. Podemos dizer que os espaços mais dinâmicos são aqueles nos quais a circulação de mercadorias, pessoas e informações realizam-se em menor tempo.

   Nesse contexto, analise a tabela que compara a estrutura de transportes do Brasil com outros países do mundo e, depois, responda às questões.

Estrutura de transportes					
	Área territorial (em milhões de km²)	Rodovias pavimentadas (mil km de vias)	Ferrovias (mil km)	Dutovias (mil km)	Hidrovias (mil km)
Brasil	8,4	213,5	30,6	19	21
Canadá	9,2	415,6	77,9	110	0,6
China	9,3	4 046	124	118,4	110
EUA	9,1	4 304	293,5	2 225	41
Índia	2,9	3 157	68,5	35	14,5
Rússia	16,9	927	87	251,8	102

   Fontes: Brasil: Ministério dos Transportes, Portos e Aviação Civil. *Anuário estatístico de transportes 2010-2016*. Disponível em: <www.transportes.gov.br/images/2017/Sum%C3%A1rio_Executivo_AET_-_2010_-_2016.pdf>; Mundo: Central Intelligence Agency. *The World Factbook*. Disponível em: <www.cia.gov/library/publications/the-world-factbook/>; Índia – rodovias pavimentadas. Ministério de Estatísticas e Implementação de Programas – Governo da Índia. *ROADS – Statistical Year Book India 2017*. Disponível em: <www.mospi.gov.in/statistical-year-book-india/2017/190>. Acessos em: ago. 2018.

   a) Qual é a principal estrutura de transporte adotada no Brasil?
   b) Escreva um fator que explique a baixa quilometragem das ferrovias no Brasil em relação aos outros países da tabela.
   c) Quais países se destacam com relação à estrutura hidroviária?

2. No século XIX, o que motivou a construção das primeiras ferrovias no Brasil?

3. Escreva as vantagens do transporte ferroviário para países com grande dimensão territorial.

4. Mencione a crítica presente na tira no que se refere aos sistemas de transporte.

5. Diferencie navegação fluvial e marítima. Em seguida, explique a importância da hidrovia Tietê--Paraná para o país.

6 O que são os meios de comunicação? Cite exemplos.

7 Observe os mapas temáticos sobre o acesso à telefonia fixa e móvel no Brasil.

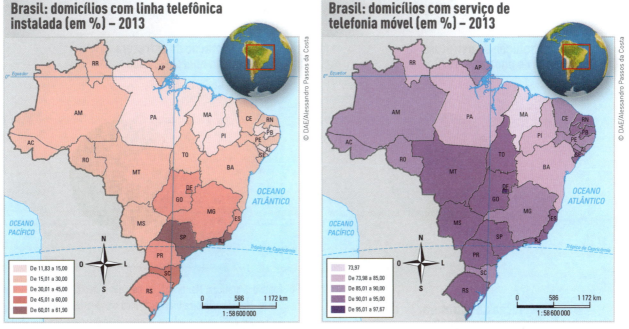

Fonte: *Atlas geográfico escolar*. 7. ed. Rio de Janeiro: IBGE, 2016. p. 144.

a) É possível perceber a desigualdade entre o acesso a serviços de telefonia fixa e móvel nos estados do Brasil? Justifique sua resposta.

b) De acordo com os mapas, quais são os dados de telefonia fixa e móvel referentes ao estado em que você mora?

8 Leia o trecho de reportagem e faça o que se pede a seguir.

Os desafios da mulher caminhoneira

É cada vez maior o número de mulheres que decidem ingressar em um mercado de trabalho tão masculinizado quanto o de ser caminhoneiro. A profissão não é mais nova para elas, afinal, conta a história que a primeira mulher caminhoneira no país foi Neiva Chaves Zelaya, lá nos anos de 1950. Ela, inclusive, trabalhou na construção de Brasília, capital federal. De lá para cá, elas vêm conquistando o seu espaço e dominando caminhões de grande porte, como carretas, bitrens e até 'nove eixos'.

A união de uma máquina tão bruta e pesada com a sutileza da mulher, antes vista como incompatível, aos poucos vem sendo bem aceita e vista com bons olhos, haja vista que já existem empresas brasileiras de transporte contratando apenas mulheres motoristas porque consideram elas mais "atenciosas e cuidadosas". [...]

Fernando Biesdorf. Os desafios da mulher caminhoneira. *Setcom*, 5 maio 2016. Disponível em: <www.setcom.org.br/noticias/detalhes/os-desafios-da-mulher-caminhoneira>. Acesso em: ago. 2018.

a) Por que o fato de uma mulher dirigir caminhões é considerado incomum?

b) Cite exemplos de outras profissões que antes eram exercidas apenas por profissionais homens e atualmente também são exercidas por mulheres.

c) Escreva duas sugestões para combater a discriminação de profissionais por questões de gênero.

9 Retome a leitura dos mapas "Brasil: principais hidrovias", da página 172, e "Brasil: regiões hidrográficas", da página 64. Identifique os rios das principais hidrovias brasileiras da Amazônia, da Região Nordeste e do Centro-Sul.

Retomar

1. Analise a sequência de gráficos sobre a oferta de energia no Brasil e depois faça o que se pede.

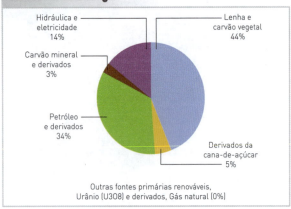

Brasil: evolução da estrutura da oferta de energia – 1970

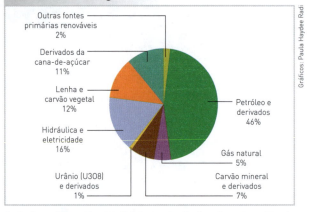

Brasil: evolução da estrutura da oferta de energia – 2000

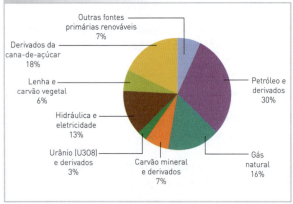

Brasil: evolução da estrutura da oferta de energia – 2030

Fonte dos gráficos: Mauricio T. Tolmasquim, Amilcar Guerreiro e Ricardo Gorini. Matriz energética brasileira: uma prospectiva. *Novos estudos - CEBRAP, 2007*. Disponível em: <www.scielo.br/scielo.php?pid=S0101-33002007000300003&script=sci_abstract>. Acesso em: jul. 2018.

a) Em 1970, qual era a principal fonte energética do país?

b) Qual a participação do petróleo e seus derivados na matriz energética brasileira em 2000? Qual é a projeção para o uso dessa fonte em 2030?

c) Segundo as projeções, qual fonte de energia renovável será predominante no Brasil em 2030?

2. A matriz elétrica é formada pelo conjunto de fontes disponíveis apenas para a geração de energia elétrica em um país, estado ou no mundo. Precisamos da energia elétrica, por exemplo, para ver televisão, ouvir músicas no rádio, acender a luz, fazer funcionar a geladeira, carregar o celular, entre tantas outras coisas. Compare a utilização de fontes renováveis e não renováveis para a geração de energia elétrica no Brasil.

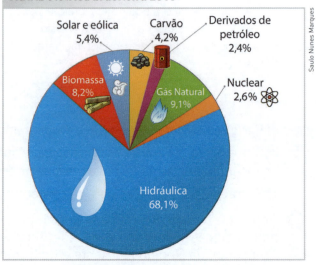

Matriz elétrica brasileira 2016

Fonte: Empresa de Pesquisa Energética. *Matriz energética e elétrica*. Disponível em: <www.epe.gov.br/pt/abcdenergia/matriz-energetica-e-eletrica>. Acesso em: jun. 2018.

3 Leia os trechos da letra de canção e explique a crítica referente à construção de usinas hidrelétricas.

O homem chega e já desfaz a natureza
Tira gente, põe represa, diz que tudo vai mudar
[...]

Vai ter barragem no salto do Sobradinho
E o povo vai se embora com medo de se afogar
[...]

Sá e Guarabyra. Sobradinho. Álbum: *Pirão de Peixe com Pimenta*, 1977.

4 A energia proveniente da biomassa constitui importante fonte energética para o Brasil. Mencione uma vantagem e uma desvantagem desse tipo de fonte no território brasileiro.

5 Analise os mapas e faça o que se pede.

Fonte: *Atlas geográfico escolar*. 7. ed. Rio de Janeiro: IBGE, 2016. p. 141.

a) Comparando os dois mapas, a que conclusão se pode chegar sobre as vias de transporte no Brasil?

b) Qual o papel das rodovias para as atividades econômicas no território brasileiro?

c) Por que as ferrovias seriam as vias de transporte de cargas mais adequadas para o nosso país?

6 Escreva um texto que associe as informações do infográfico a seguir com a importância do investimento em infraestrutura no setor de telecomunicações no Brasil.

Fonte: IBGE. Disponível em: <https://agenciadenoticias.ibge.gov.br/agencia-noticias/2012-agencia-de-noticias/noticias/20102-em-2016-6-9-milhoes-de-domicilios-dependiam-do-sinal-analogico-de-tv-aberta.html>. Acesso em: jul. 2018.

Visualização

A seguir apresentamos um mapa conceitual sobre o tema estudado nesta unidade. Trata-se de uma representação gráfica que organiza o conteúdo, composto de uma estrutura que relaciona os principais conceitos e as palavras-chave. Essa ferramenta serve como resumo e instrumento de compreensão dos textos, além de possibilitar consultas futuras.

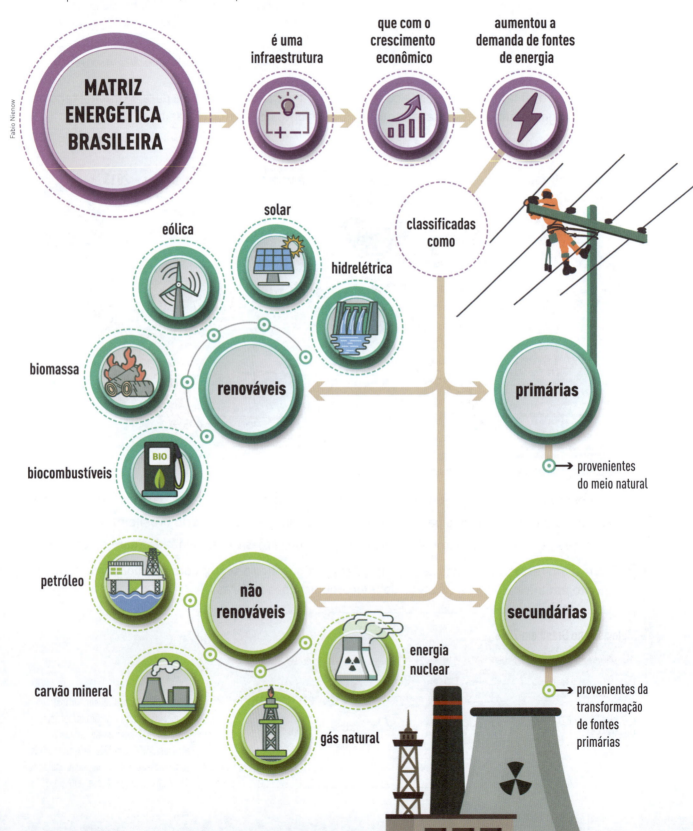

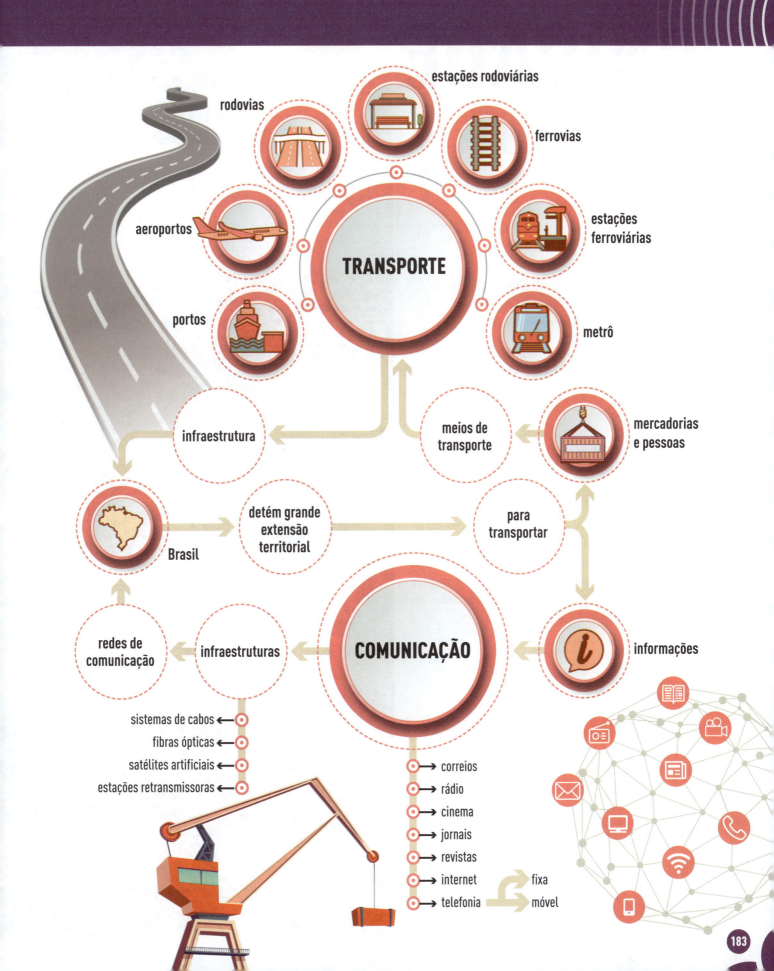

UNIDADE 6

> **Antever**
>
> **1** Descreva a paisagem da fotografia.
>
> **2** Em que aspectos essa paisagem se assemelha à paisagem do lugar onde você mora ou se diferencia dela?
>
> **3** Com base nessa paisagem, comente a densidade do transporte rodoviário no país.
>
> A paisagem que você observa na fotografia mostra o Rio Tietê, na cidade de São Paulo, e as avenidas que compõem sua marginal, conhecida como Marginal Tietê, uma das vias mais importantes do país, que conecta várias regiões da cidade e pela qual trafegam cerca de 380 mil veículos por dia deslocando mercadorias e milhares de pessoas. Essa marginal apresenta-se como um dos símbolos do desenvolvimento econômico do complexo regional Centro-Sul.

Vista aérea do Rio Tietê e da Marginal Tietê. São Paulo (SP), 2018.

Centro-Sul

CAPÍTULO 18 — Localização, ocupação e povoamento

Centro-Sul: localização

Na regionalização geoeconômica do Brasil, o país foi dividido em três complexos regionais: o Centro-Sul, o Nordeste e a Amazônia.

O Complexo Regional **Centro-Sul**, que será estudado nesta unidade, é formado pelos estados do Rio Grande do Sul, Santa Catarina, Paraná, São Paulo, Rio de Janeiro, Mato Grosso do Sul, Espírito Santo e Goiás, além da maior parte do estado de Minas Gerais e parte dos estados de Mato Grosso e Tocantins. Esse complexo regional engloba também o Distrito Federal.

No mapa a seguir, observe a parte do território brasileiro que o Centro-Sul abrange.

Fonte: *Atlas geográfico escolar.* 7. ed. Rio de Janeiro: IBGE, 2016. p. 152.

O Centro-Sul é a região brasileira de maior **dinamismo econômico** e **socioespacial**. Atualmente evidencia-se pelos seguintes aspectos: grande concentração populacional, elevada urbanização, abundância de indústrias, densa rede de transportes, elevado consumo de energia e atividade agropecuária moderna.

A história da ocupação e do povoamento do Centro-Sul

No século XVI, antes da ocupação **europeia** em terras brasileiras, as áreas do Centro-Sul eram habitadas por milhares de **indígenas**, divididos em uma variedade de etnias. Nessa região vivem atualmente, em maior número, indígenas das etnias guarani, kaingang, tupiniquim, terena, entre outras, distribuídos entre os diferentes estados.

Até meados do século XVII, o Nordeste era a área de maior dinamismo econômico entre as áreas coloniais portuguesas que atualmente compõem o território brasileiro. O declínio da produção açucareira no Nordeste, aliado à descoberta de ouro e pedras preciosas nas Minas Gerais, provocou o deslocamento dos centros econômicos e políticos do litoral para o interior.

A **região mineradora** de Minas Gerais tornou-se o centro econômico da colônia devido à riqueza gerada pelo ouro e ao grande contingente de pessoas que para ela se dirigiam atraídas pelo desejo de enriquecimento. Como você já estudou, a exploração do ouro deu origem a outras atividades na região, como a agricultura e pecuária, voltadas a atender às necessidades de alimentação da população. Em 1763 a capital do Brasil foi transferida de Salvador para o Rio de Janeiro.

Naquela época, o dinamismo econômico de Minas Gerais impulsionou até mesmo a economia do sul do atual território brasileiro, que também teve importante crescimento em razão da pecuária e do tropeirismo.

O tropeirismo consistia em conduzir o gado bovino do sul do país à região das minas para servir de alimento ao grande contingente de pessoas que trabalhavam na garimpagem. Também conduzia mulas que eram utilizadas para transportar o ouro até o porto do Rio de Janeiro, de onde era embarcado para Portugal. Vilarejos e pequenas cidades surgiram nos locais de parada para descanso das tropas, o que contribuiu para o povoamento do interior do Centro-Sul e a integridade do país. Observe o mapa de mineração e pecuária no Brasil do século XVIII.

Em meados do século XVIII, com o esgotamento das jazidas e a falta de estímulo causada pelos altos impostos cobrados pelo governo português, a população da região mineradora foi, aos poucos, migrando para outros lugares do Brasil. Uma parcela migrou para áreas que correspondem ao atual estado de São Paulo, que já se destacava em razão da **cultura cafeeira** e recebia trabalhadores também de outros locais. A partir da metade do século XIX, o café passou a ser o principal produto de exportação do país, alterando profundamente a organização do espaço da região. A primeira mão de obra utilizada nas lavouras de café foi a dos **africanos** escravizados e de seus descendentes, mais tarde substituídos pelos **imigrantes**, principalmente europeus.

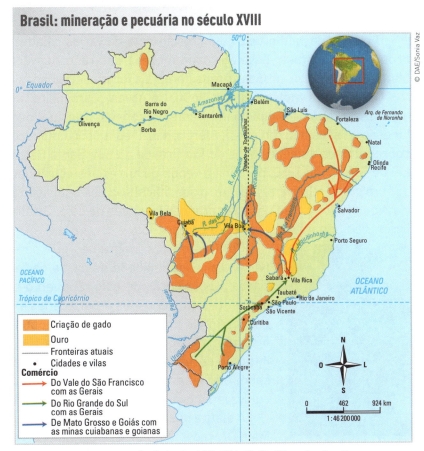

Fontes: *Atlas histórico escolar*. Rio de Janeiro: MEC, 1986; Cândido Vilares Gancho e Vera Vilhena Toledo. *Caminhos do boi: pecuária bovina no Brasil*. São Paulo: Moderna, 1990.

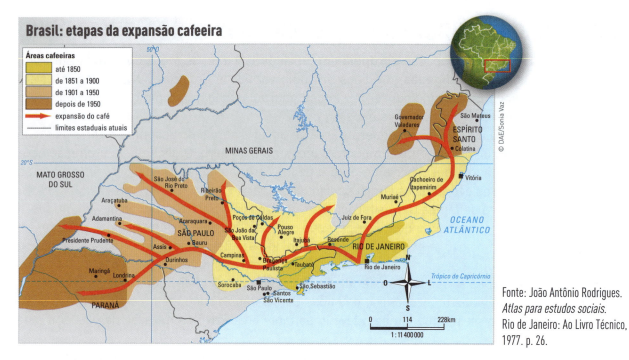

Fonte: João Antônio Rodrigues. *Atlas para estudos sociais.* Rio de Janeiro: Ao Livro Técnico, 1977. p. 26.

Como visto anteriormente, os africanos foram uma das matrizes que deu origem ao povo brasileiro, com expressiva participação no povoamento da Região Centro-Sul.

A **cafeicultura** levou à ocupação de terras dos atuais estados do Rio de Janeiro e Espírito Santo, de partes de Minas Gerais e de São Paulo e do norte do Paraná. O plantio de café também estimulou a construção de ferrovias destinadas ao transporte do produto até o Porto de Santos, de onde era embarcado para a Europa.

O cultivo do café propiciou o crescimento de várias cidades e transformou São Paulo no centro econômico do Brasil. Essa atividade foi uma das responsáveis pelo desmatamento de trechos da Mata Atlântica, pois grandes áreas florestais foram derrubadas para ceder espaço a esse cultivo.

Na segunda metade do século XIX, o governo brasileiro, interessado em povoar o sul do país, decidiu estimular a vinda de imigrantes europeus, principalmente alemães, italianos e eslavos (poloneses, russos e ucranianos), oferecendo-lhes a oportunidade de se tornarem proprietários rurais, sobretudo nos atuais estados do Rio Grande do Sul, Santa Catarina e Paraná. Cabe relembrar que a Lei de Terras, de 1850, permitia a venda de terras aos estrangeiros, mas elas eram comercializadas por um preço relativamente alto, o que dificultava sua aquisição pelos imigrantes mais pobres, que se viam obrigados a trabalhar nas grandes fazendas de café. Os africanos e seus descendentes, mesmo livres, não tinham recursos para comprá-las.

Família de colonos japoneses em meio ao cafezal, 1933.

Para os muitos imigrantes que se estabeleceram no território paulista não havia a possibilidade de posse da terra. Eles trabalhavam como assalariados nas lavouras de café. Enquanto nos estados do Sul se desenvolvia a agricultura em pequenas propriedades e se formavam colônias de imigrantes, em São Paulo boa parte do dinheiro obtido com a produção de café propiciava o estabelecimento de indústrias e a consequente urbanização da região. No início do século XX, os primeiros japoneses chegaram às lavouras cafeeiras, sobretudo no estado de São Paulo. Já em 1917, grandes colônias japonesas cultivavam novos produtos, como seda e frutas, e, nos anos seguintes, o arroz.

A efetiva ocupação e o povoamento das terras dos atuais estados de Goiás, Mato Grosso e Mato Grosso do Sul ocorreram principalmente depois de 1940, em áreas de colonização criadas pelo governo com o objetivo de expandir as fronteiras agrícolas e impulsionar o povoamento rumo ao interior do Brasil.

Cartografia em foco

Observe e analise o mapa.

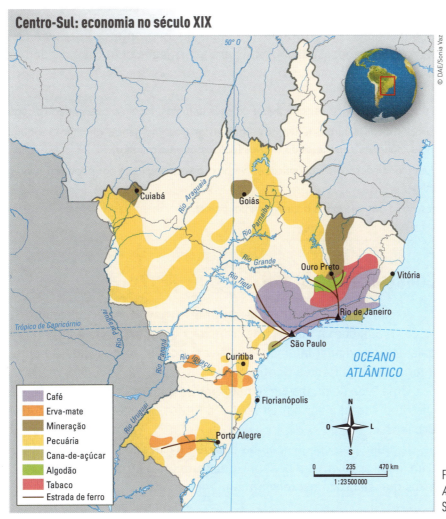

Fonte: José Jobson de Arruda. *Atlas histórico básico*. 17. ed. São Paulo: Ática, 2011. p. 43.

1. Elabore um quadro como o modelo a seguir e complete-o com os estados do Centro-Sul em que eram praticadas as seguintes atividades econômicas, a partir do século XIX.

	Estados do Centro-Sul
Mineração	
Pecuária	
Cultivo do café	

2. Relacione essas atividades com o povoamento de áreas interioranas do Centro-Sul.
3. Justifique a importância do café na ocupação da região com base na informação do mapa.
4. Além do café, que outros cultivos predominavam no Centro-Sul no período? Em que estados?
5. Que tipo de transporte é retratado no mapa? Qual é sua importância para a economia e a ocupação humana no período?

189

Conviver

A formação do povo brasileiro foi marcada por um forte processo de miscigenação. Nesse processo, o Centro-Sul destaca-se pela grande influência de imigrantes europeus e asiáticos, que, com os indígenas e os africanos, contribuíram para a formação cultural e econômica desse complexo regional.

1. Com a orientação do professor, reúna-se com alguns colegas e, juntos, façam o que se pede a seguir.

   a) Pesquisem as características culturais de um dos seguintes grupos: indígenas, africanos, portugueses, espanhóis, alemães, italianos, japoneses ou eslavos (poloneses e ucranianos).

   b) Pesquisem as atuais condições socioeconômicas, reivindicações e conquistas das populações indígenas e afrodescendentes.

   c) Apresentem o resultado das pesquisas à turma em um painel.

Construção de Brasília

Ampliar

A flor do cerrado: Brasília, de Ana Miranda (Companhia das Letrinhas).

Narra a construção de Brasília, a vida no canteiro de obras e as festividades da inauguração da nova capital em 1960.

A construção de **Brasília** durante o governo de Juscelino Kubitschek (1956-1960), com o objetivo de transferir a capital do Brasil para o centro do país, foi o principal fator de incentivo à ocupação e ao povoamento de áreas interioranas da Região Centro-Sul.

Uma área de quase 6 mil quilômetros quadrados foi demarcada para ser o Distrito Federal e abrigar Brasília – a futura capital do país – e outros núcleos urbanos.

O projeto de construção da cidade foi traçado pelo urbanista Lúcio Costa com inspiração em um desenho que remete ao formato de um avião, com dois eixos que se cruzam e formam um ângulo reto.

Denominada Plano-Piloto, essa área passou a abrigar os órgãos públicos, as moradias de funcionários da administração federal, as embaixadas, os setores cultural e econômico e os serviços de atendimento à população.

Ao redor de Brasília formaram-se vários núcleos urbanos, que hoje compõem as regiões administrativas de Guará, Gama, Núcleo Bandeirante, Taguatinga, Ceilândia, Paranoá, Cruzeiro, Sobradinho, Planaltina, Brazlândia, entre outras. Nessas cidades concentra-se a maioria da população do Distrito Federal. Seus habitantes geralmente trabalham em Brasília como comerciários, operários e bancários, com destaque para o funcionalismo público.

Distrito Federal: político

Fonte: DNIT. Disponível em: <www.dnit.gov.br/download/mapas-multimodais/mapas-multimodais/df.pdf>. Acesso em: ago. 2018.

Atividades

1 Com base no mapa abaixo, faça o que se pede.

Fonte: *Atlas geográfico escolar*. 7. ed. Rio de Janeiro: IBGE, 2016. p. 152.

a) Qual é a regionalização representada nesse mapa?

b) Identifique os três complexos regionais conforme a numeração.

c) Que estados integram o complexo 1?

2 Explique o fator econômico responsável pela transferência do centro econômico do Nordeste para o Centro-Sul a partir do século XVIII.

3 Apresente duas intenções (interesses) do governo brasileiro na construção de Brasília.

4 Relacione a temática abordada no mapa com o processo histórico de ocupação do Centro-Sul. Registre suas conclusões.

Fonte: SOS Mata Atlântica. Disponível em: <http://mapas.sosma.org.br/>. Acesso em: ago. 2018.

5 O ano de 2008 foi especial para os brasileiros descendentes de japoneses, pois a imigração japonesa no Brasil completou 100 anos. Em 18 de junho de 1908, o navio Kasato Maru atracou no Porto de Santos (SP) com os primeiros 781 imigrantes japoneses. Qual foi a importância dessa imigração para a ocupação e o povoamento do Centro-Sul?

CAPÍTULO 19

Indústria e urbanização

Centro-Sul: história da industrialização

A importância histórica do Complexo Regional Centro-Sul data do desenvolvimento da atividade mineradora no século XVIII, quando a região das Minas passou a ser o eixo econômico e político do país. Após a mineração, com a valorização do cultivo do café no século XIX, a região continuou no comando econômico do país, especialmente nos estados de São Paulo e Rio de Janeiro.

Como já foi estudado, foi no final do século XIX que se instalaram, principalmente em São Paulo, as primeiras indústrias domésticas no Brasil. A industrialização do Centro-Sul começou a ganhar força com a crise do café, a partir da década de 1930, quando os Estados Unidos, maior importador do café brasileiro, entrou em crise econômica interna e deixou de comprar o produto. Sem compradores, muitos cafeicultores passaram a investir o dinheiro acumulado em pequenas fábricas, tornando-se empresários. Inicialmente, esse investimento se deu em **indústrias de bens de consumo**, como a têxtil, a de alimentos e a de bebidas, no estado de São Paulo – em especial, na capital.

Contudo, foi a partir da década de 1950 que o processo de industrialização acelerou, sobretudo no estado de São Paulo, devido principalmente à Segunda Guerra Mundial (1939-1945), quando o país se viu obrigado a produzir os itens que até então eram importados dos Estados Unidos e da Europa. Esse movimento ficou conhecido como **política de substituição das importações**.

Antes disso, o governo já investia na indústria de base, com siderúrgicas e metalúrgicas instaladas principalmente nos estados de São Paulo e Rio de Janeiro. A Companhia Siderúrgica Nacional (CSN) é, até hoje, a maior usina siderúrgica da América Latina e uma das maiores do mundo.

A Companhia Siderúrgica Nacional (CSN) contribuiu para impulsionar a industrialização do Centro-Sul do país. Volta Redonda (RJ), 2018.

Com a oferta de emprego no setor industrial, que passou a produzir manufaturados, somada à introdução da tecnologia no campo, as cidades do Centro-Sul, principalmente as grandes e médias, passaram a receber intensos fluxos migratórios de pequenos agricultores, muitos deles imigrantes.

No Centro-Sul, intensificou-se a construção de usinas hidrelétricas e estradas, o que estimulou inúmeros setores, como o de prestação de serviços, movimentou portos e aeroportos e aqueceu a economia de forma geral. O Porto de Santos (SP), que veio a se tornar o maior do país, e os aeroportos de São Paulo, Rio de Janeiro e Brasília representam a força econômica do Centro-Sul.

Entre as consequências do desenvolvimento industrial do Centro-Sul estão a densidade e a variedade do setor energético da região, que abastece e atende o maior parque industrial e a região mais populosa do país.

Observe os mapas a seguir.

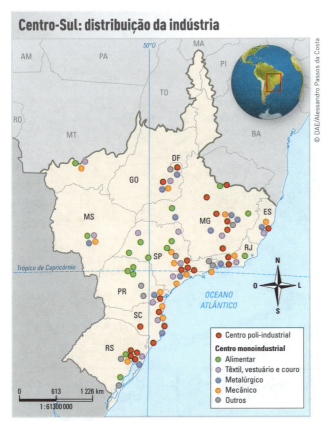

Fonte: *Atlas geográfico Melhoramentos*. 4. ed. São Paulo: Melhoramentos, 2017. p. 70.

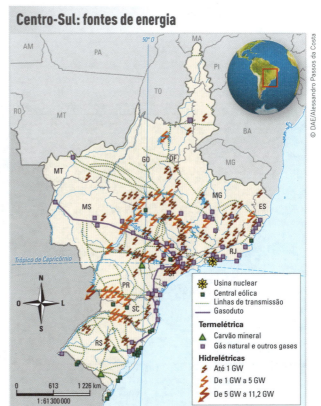

Fonte: *Atlas geográfico Melhoramentos*. 4. ed. São Paulo: Melhoramentos, 2017. p. 70.

ZOOM

1. O que cada mapa representa?
2. Centro poli-industrial é aquele que abriga vários tipos de indústrias. Em que estados do Centro-Sul ele se destaca?
3. Quais são os principais tipos de usinas que atendem à demanda de energia da região Centro-Sul?
4. Que relação pode estabelecer-se entre as duas representações no que se refere ao desenvolvimento econômico do Centro-Sul?

Dinamismo industrial

No mapa de distribuição da indústria mostrado na página anterior, você deve ter notado que nos estados do Centro-Sul há centros com grande variedade de indústrias, geralmente nas regiões metropolitanas.

O Estado de **São Paulo** destaca-se no contexto nacional e da Região Centro-Sul pela concentração industrial, especialmente do setor de indústrias de construção e transformação, e por ser o maior centro comercial e financeiro do país. Em âmbito internacional, o estado tem o maior parque industrial da América Latina.

Vista aérea de indústrias. Campinas (SP), 2016.

Minas Gerais destaca-se como o segundo centro mais industrializado do país, com grande produção mineral, principalmente a extração de ferro no Quadrilátero Ferrífero, e desenvolvimento das indústrias siderúrgica e metalúrgica, cuja maior concentração se dá em Belo Horizonte e na região metropolitana. O Quadrilátero Ferrífero recebe esse nome porque a configuração da área onde esse minério é explorado tem a forma de um quadrilátero e seus principais polos produtores são as cidades de Belo Horizonte, Santa Bárbara, Mariana, Itabira e Congonhas. Observe essa região no mapa a seguir.

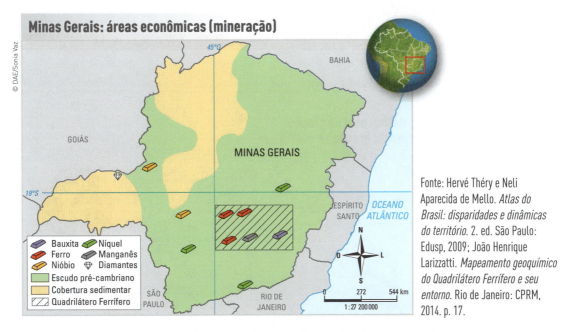

Fonte: Hervé Théry e Neli Aparecida de Mello. *Atlas do Brasil: disparidades e dinâmicas do território*. 2. ed. São Paulo: Edusp, 2009; João Henrique Larizzatti. *Mapeamento geoquímico do Quadrilátero Ferrífero e seu entorno*. Rio de Janeiro: CPRM, 2014. p. 17.

O **Rio de Janeiro**, apesar da crise econômica pela qual passa nos últimos anos, sempre se destacou nos setores petrolífero e siderúrgico. O estado tem intensa atividade na exploração e extração de petróleo, na Bacia de Campos, com altos investimentos na área de extração, construção e manutenção de plataformas, oleodutos e gasodutos, além do desenvolvimento da indústria naval.

Juntos, estes três estados – São Paulo, Minas Gerais e Rio de Janeiro – concentram o maior parque industrial do país.

No **Espírito Santo**, os setores industriais mais desenvolvidos são o de **celulose** e o de rochas ornamentais (mármore e granito).

Glossário

Celulose: substância fibrosa existente na maioria das plantas, base para a fabricação de papel.

No **Paraná**, expandiu-se a agroindústria, uma consequência do desenvolvimento da agricultura do estado. A indústria automotiva tem tido crescimento, principalmente na região metropolitana de Curitiba, a que apresenta o maior parque industrial do estado. Londrina e Maringá, no norte do estado, também têm alcançado expansão industrial significativa.

Em **Santa Catarina**, o destaque industrial são os setores de vestuário (Vale do Itajaí), metalmecânico (região de Joinville), de agropecuária (oeste), extração de carvão (sul) e madeireiro (região serrana).

A indústria do **Rio Grande do Sul** destaca-se pela diversificação e integração dos polos espalhados pelo estado, com destaque para Porto Alegre e sua região metropolitana e também Caxias do Sul. Os setores industriais de maior relevância são o de alimentos, o moveleiro, o têxtil e o metalmecânico.

No sul do **Mato Grosso**, Dourados é o mais importante polo econômico. Com intensa atividade de agricultura e pecuária, os setores industriais mais relevantes são a indústria de alimentos e os frigoríficos.

No **Mato Grosso do Sul**, as indústrias alimentícia e madeireira são as mais numerosas, sendo Campo Grande e Corumbá os principais polos econômicos do estado.

Como já foi mencionado anteriormente, o Centro-Sul passa por uma fase de **desconcentração industrial**, tendência que teve início na década de 1990. Nesse processo, muitas indústrias saíram do eixo Rio-São Paulo e até mesmo das capitais e deslocaram-se para o interior dos estados, especialmente para cidades de porte médio. Mesmo com essa tendência, o Centro-Sul ainda se consolida como o maior centro da economia nacional, atraindo investimentos, com destaque para as capitais e regiões metropolitanas, bem como algumas cidades interioranas que têm se mostrado atrativas.

Cartografia em foco

Observe o mapa a seguir e responda às questões.

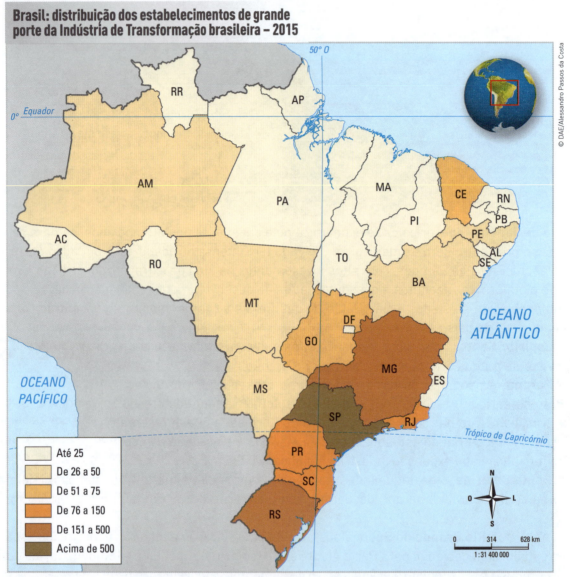

Fontes: *Atlas geográfico escolar*. 7. ed. Rio de Janeiro: IBGE, 2016. p. 90. Fiesp/Ciesp: Panorama da Indústria de Transformação Brasileira. *Depecon*. 14. ed. Última atualização 30 de junho de 2017. p. 27. Disponível em: <www.fiesp.com.br/indices-pesquisas-e-publicacoes/panorama-da-industria-de-transformacao-brasileira/>. Acesso em: ago. 2018.

1. O que o mapa representa?
2. O que indica a gradação de cores?
3. O que é uma indústria de transformação? Quais são seus tipos?
4. Que estado brasileiro se destaca por abrigar mais de 500 indústrias de transformação de grande porte?
5. O que você conclui ao comparar os dados da região Centro-Sul com os das outras regiões?
6. Em relação ao estado em que você mora, o que essa representação informa?

Urbanização e expansão das cidades no Centro-Sul

O Centro-Sul é atualmente o complexo regional **mais populoso** do país, com cerca de 130 milhões de habitantes (segundo estimativa do IBGE em 2018), o que corresponde a 63% do total da população brasileira. A população do Centro-Sul não está bem distribuída pela região, com concentração maior nos estados de São Paulo e Rio de Janeiro.

Como você já sabe, a grande maioria dos imigrantes que chegaram ao Brasil a partir do século XIX se fixaram em porções do Centro-Sul do país, ocupando-se principalmente com atividades agrícolas. Mas foram os fluxos migratórios internos, ocorridos sobretudo na segunda metade do século XX, que levaram à concentração populacional nessa porção do país, estabelecendo-se especialmente nas cidades. Os migrantes, principalmente do Nordeste, foram atraídos pela expansão industrial da região e pela perspectiva de melhores condições de vida.

A indústria passou a transformar o espaço do Centro-Sul, influenciando sua densa rede urbana com o crescimento das capitais, de suas respectivas regiões metropolitanas e das cidades do interior.

Atualmente, das dez áreas mais urbanizadas do país, oito estão localizadas no Centro-Sul: Campinas (SP), São Paulo (SP), Rio de Janeiro (RJ), Brasília (DF), Curitiba (PR), Goiânia (GO), Belo Horizonte (MG) e Campo Grande (MS).

Quanto à rede urbana, o **eixo Rio de Janeiro-São Paulo** apresenta a maior densidade de municípios de todo esse complexo regional.

As cidades de São Paulo e Rio de Janeiro são as maiores metrópoles do país, centros de referência cultural, política e econômica. Ambas exercem influência sobre as cidades próximas, assim como em todo o país. Em razão de sua importância no cenário mundial, são consideradas metrópoles globais.

A **Região Metropolitana de São Paulo** (Grande São Paulo) é composta atualmente de 39 municípios, que formam uma grande área urbana, a maior área metropolitana do país. A capital do estado e suas cidades vizinhas e interligadas – como Santo André, São Bernardo do Campo, São Caetano do Sul, Diadema, Mauá, Ribeirão Pires, Guarulhos, Mogi das Cruzes e Osasco – agregam quase todos os tipos de indústria: automobilística, siderúrgica, petroquímica, eletrônica, entre outras.

Fonte: IBGE. Disponível em: <ftp://geoftp.ibge.gov.br/organizacao_do_territorio/tipologias_do_territorio/areas_urbanizadas_do_brasil/2015/Mapas/Mapa00_AreasUrbanizadas2015_Brasil.pdf>. Acesso em: ago. 2018.

Além das indústrias, a Grande São Paulo caracteriza-se por um comércio extremamente fortalecido e por importantes áreas agrícolas. Veja os dados de área e população da Região Metropolitana de São Paulo comparados aos dados de todo o estado de São Paulo:

Municípios	Área (km²)	População – 2017	Densidade demográfica – 2017 (hab./km²)
Grande São Paulo	7 946,96	21 391 624	2 691,8
Estado de São Paulo	248 222	45 094 866	181,67

Fonte: Emplasa, Governo do Estado de São Paulo. Disponível em: <www.emplasa.sp.gov.br/RMSP>. Acesso em: ago. 2018.

A **Região Metropolitana do Rio de Janeiro** (Grande Rio de Janeiro) é a segunda maior área metropolitana do Brasil em número de habitantes. Engloba a cidade do Rio de Janeiro e outras importantes cidades – como Niterói, Nova Iguaçu, Duque de Caxias e São Gonçalo –, que, juntas, apresentam diversificado parque industrial.

Distantes cerca de 400 quilômetros, essas duas metrópoles estão unidas pela **Via Dutra** (parte da BR-116), uma das estradas mais movimentadas do país.

O trecho da BR-116 entre as cidades de São Paulo e Rio de Janeiro, também conhecido como Via Dutra, é o trecho rodoviário mais movimentado do país. São José dos Campos (SP), 2016.

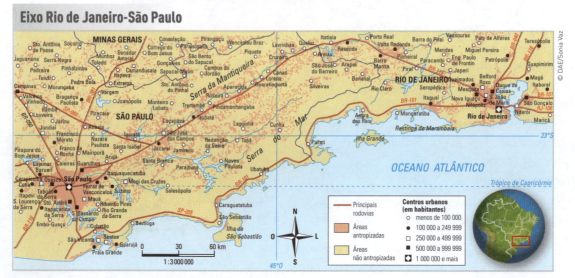

Fonte: *Atlas geográfico escolar*. 7. ed. Rio de Janeiro: IBGE, 2016. p. 146.

À esquerda, vista aérea da cidade de São Paulo (SP), 2018; à direita, vista aérea da cidade do Rio de Janeiro (RJ), 2018. Esses são os maiores polos econômicos não só do Centro-Sul mas de todo o país.

No Centro-Sul também estão as **metrópoles nacionais** Porto Alegre, Belo Horizonte, Brasília e Curitiba, a **metrópole regional** Goiânia e vários **centros regionais**.

Segundo o IBGE, o Complexo Regional Centro-Sul apresenta o maior PIB e a maior porcentagem de domicílios atendidos pelo serviço de saneamento básico do país, o que significa dizer que há mais municípios conectados à rede de abastecimento de água, à rede de coleta de esgoto e aos serviços de coleta de lixo.

Contudo, muitas cidades tiveram crescimento desordenado, o que gerou desigualdades e problemas socioambientais. A região concentra o maior número de favelas do país e elevados índices de desemprego e violência urbana, além de poluição ambiental.

Outro problema grave que afeta muitas cidades do Centro-Sul é a concentração de pessoas em áreas de encostas, consideradas de risco para a ocupação humana. Em épocas de chuva intensa, os deslizamentos de terra provocam tragédias, destruindo moradias e pondo em risco a vida da população residente nessas áreas.

Tais acontecimentos são mais frequentes nas regiões de relevo acidentado, como o Vale do Itajaí, em Santa Catarina, e a região serrana do Rio de Janeiro.

A ocupação humana em encostas apresenta alto risco para as pessoas que nelas vivem. Mairiporã (SP), 2016.

Viver

De acordo com dados do Relatório Estatístico do IBGE relativos ao ano de 2010, São Paulo e Rio de Janeiro, as duas maiores cidades do Brasil, comportam o maior número de favelas do país: respectivamente, 1020 e 763.

A urbanização de favelas no Brasil é recente. Trata-se de um projeto realizado pelo Estado, principalmente nas cidades do Rio de Janeiro e de São Paulo, e consiste em melhorar a condição de vida dos habitantes dessas áreas com a inserção de saneamento básico e infraestrutura, por exemplo.

As fotografias a seguir retratam o tema da urbanização de favelas. Observe-as e responda às questões.

Escola de Artes Plásticas e Tecnologia criada pelo artista plástico Vik Muniz no alto do morro do Vidigal. Rio de Janeiro (RJ), 2016.

Moradias próximas ao Córrego do Sapé. São Paulo (SP), 2006.

Reurbanização da comunidade do Sapé, São Paulo (SP), 2017.

① Você considera o projeto de urbanizar favelas importante para as pessoas que moram nessas áreas? Justifique.

② Qual é a grande mudança proporcionada pelo projeto de urbanização de favelas que pode ser observada nas fotografias da cidade de São Paulo?

③ Que benefícios esse projeto proporcionou aos moradores de favelas? Você conhece alguma ação desse tipo no município ou estado em que mora?

1. Explique o que foi a política de substituição de importações e por que ela foi um incentivo ao desenvolvimento industrial.

2. Qual é a importância da criação da CSN para o crescimento industrial do Centro-Sul do Brasil?

3. Cite duas características das indústrias de cada estado do Centro-Sul.

4. Com base na observação do mapa ao lado, responda às questões.

   a) O que diferencia o Centro-Sul das demais regiões quanto à intensidade dos setores de atividades?

   b) Qual setor de atividade apresenta maior PIB? Como esse setor pode ser relacionado à urbanização?

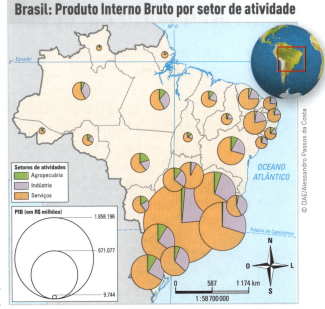

Fonte: *Atlas geográfico Melhoramentos*. 4. ed. São Paulo: Melhoramentos, 2017. p. 68.

5. Observe o mapa que representa mudanças na localização das atividades industriais no estado de São Paulo.

   a) O mapa evidencia o processo de descentralização industrial? Justifique.

   b) Escreva duas causas que expliquem o fenômeno mapeado.

   c) Quais são os benefícios da "desconcentração industrial" para o estado de São Paulo e para o Centro-Sul do Brasil?

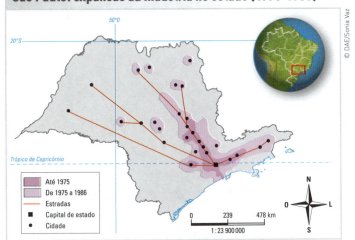

Fonte: Hervé Théry e Neli Aparecida de Mello. *Atlas do Brasil: disparidades e dinâmicas do território*. 2. ed. São Paulo: Edusp; Imprensa Oficial, 2005. p. 157.

6. Caracterize a Região Centro-Sul em relação à:

   a) população;

   b) concentração populacional;

   c) urbanização.

CAPÍTULO 20
Espaço da produção agropecuária

Desenvolvimento agropecuário

Dos complexos regionais brasileiros, o Centro-Sul é o que desenvolve a mais expressiva e moderna atividade **agropecuária**. O espaço rural dessa região passou por grandes transformações, com produção intensa ao longo de décadas, geração de emprego e renda para a população rural, conectando-se ao espaço urbano na cadeia de produção e consumo.

A atividade agropecuária desse complexo regional realiza-se de várias formas e com objetivos diversos: para a exportação e para o mercado interno; em larga e em pequena escala; em grandes e em pequenas propriedades (algumas modernizadas; outras, não); com maior e com menor utilização de mão de obra; com mais uso de tecnologia e com uso menos frequente.

Observe no mapa a seguir a distribuição da atividade agropecuária no Centro-Sul.

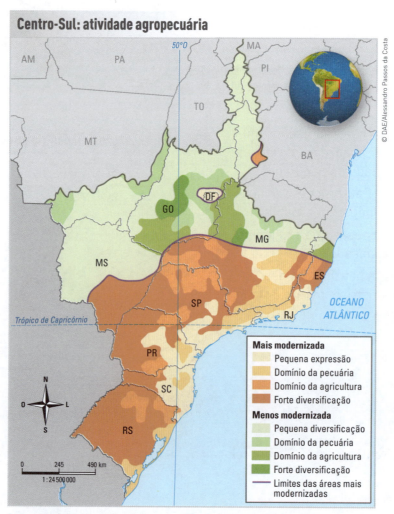

Fonte: *Atlas geográfico Melhoramentos*. 4. ed. São Paulo: Melhoramentos, 2017. p. 69.

Agricultura

Em 2017, a agricultura e a produção de carnes no Brasil representou 23% do PIB do país, com a mais alta criação de emprego no setor nos últimos anos. Dos complexos regionais, o Centro-Sul foi o que teve maior participação nesse rendimento.

O Centro-Sul é o maior **produtor de grãos do país**. Impulsionado pelo agronegócio, esse complexo regional vem mantendo expansão acima da média nacional. Observe no gráfico abaixo a liderança dos estados do Centro-Sul na produção de grãos no período indicado.

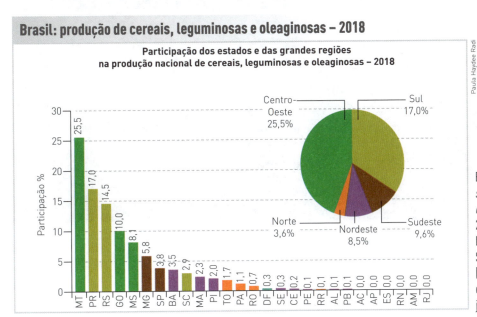

Fonte: Indicadores IBGE. *Levantamento sistemático da produção agrícola: estatística da produção agrícola.* IBGE, 2018. Disponível em: <ftp://ftp.ibge.gov.br/Producao_Agricola/Levantamento_Sistematico_da_Producao_Agricola_[mensal]/Fasciculo_Indicadores_IBGE/estProdAgr_201803.pdf>. Acesso em: jul. 2018.

Em 2017, o estado do Mato Grosso liderou as estatísticas como maior produtor nacional de grãos, seguido por Paraná e Rio Grande do Sul. Destacam-se também outros estados da Região Centro-Sul: Goiás, Mato Grosso do Sul, Minas Gerais, São Paulo e Santa Catarina.

Os principais produtos agrícolas de exportação no Centro-Sul são a soja, o milho, o café, o algodão e a cana-de-açúcar. Esses produtos são transportados para alguns portos marítimos da região – Santos (SP), Paranaguá (PR) e Rio Grande (RS) –, considerados **corredores de exportação** do país. Além deles, também são utilizados os portos fluviais na hidrovia Tietê-Paraná. Esses produtos alimentam o setor de agroindústria do Centro-Sul. Nesse setor, o produto é beneficiado e transformado em derivados para consumo. É na agroindústria, por exemplo, que o milho é transformado em farinha, fubá, farelo, óleo refinado, entre outros itens.

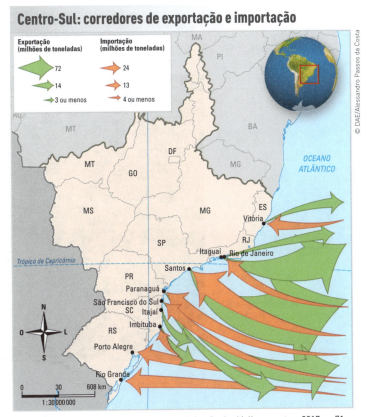

Fonte: *Atlas geográfico Melhoramentos.* 4. ed. São Paulo: Melhoramentos, 2017. p. 71.

Um fator natural que favoreceu o desenvolvimento agrícola do Centro-Sul foi o **solo terra roxa**. Considerado um solo de alta fertilidade, a terra roxa é rica em minerais, especialmente o ferro, e pode ser encontrada nos estados de São Paulo, Paraná, Santa Catarina, Rio Grande do Sul, Minas Gerais e Mato Grosso do Sul.

Trabalhador rural em área de terra roxa para plantação. Campo Mourão (PR), 2017.

Nesses mesmos estados, um fator que contribuiu para a produção agrícola do Centro-Sul foi a presença dos imigrantes, sobretudo italianos, alemães, poloneses, ucranianos e japoneses. Eles deixaram um legado para a agricultura da região ao popularizar a prática da policultura em pequenas propriedades com mão de obra familiar.

A produção de verduras, legumes e frutas é mais intensa nas regiões metropolitanas, a fim de atender à maior demanda do mercado consumidor. Essa produção é realizada geralmente em pequenas propriedades no sistema de agricultura familiar, conhecido como **cinturão verde**: área contínua de chácaras ao redor das maiores cidades que produzem frutas e hortaliças para abastecê-las de alimentos.

A Companhia de Entrepostos e Armazéns Gerais de São Paulo (Ceagesp) concentra a intensa produção de hortifrutigranjeiros do cinturão verde da Grande São Paulo, que diariamente chegam dos espaços rurais para revenda na área urbana. São Paulo (SP), 2017.

A prática da agricultura orgânica ocorre em todo o Centro-Sul, geralmente em pequenas propriedades e com menor aplicação de técnicas. Esses produtos abastecem as pequenas feiras de rua, bem como os grandes supermercados da região.

Pecuária

No Centro-Sul, a atividade criatória também é muito intensa. O rebanho é variado, com criação de bovinos (o mais numeroso), equinos, ovinos, bufalinos, caprinos e suínos.

O gado bovino é criado em toda a região para obtenção da carne (gado de corte), do leite (gado leiteiro) e de derivados. As principais áreas criadoras são: o pampa gaúcho, a região serrana de Santa Catarina, o oeste de São Paulo, o **Triângulo Mineiro** e a Zona da Mata (em Minas Gerais), o sertão de Goiás e a região pantaneira de Mato Grosso do Sul.

Glossário

Triângulo Mineiro: região a oeste de Minas Gerais, polarizada pelas cidades de Uberlândia, Uberaba e Araguari.

No Triângulo Mineiro desenvolve-se a pecuária de corte, com seleção de espécies e pastagens cultivadas. Em algumas propriedades, o gado é criado solto, de forma extensiva, ocupando grandes porções de terra.

Na Zona da Mata mineira destaca-se a pecuária leiteira, que deu origem a uma importante atividade: a indústria de laticínios (iogurte, queijo, leite em pó, creme de leite, requeijão, doce de leite e manteiga), cujo principal produtor é o município de Juiz de Fora.

O gado bovino é criado para o fornecimento de carne e leite a todo o complexo regional. Serra do Salitre (MG), 2016.

O Pantanal, drenado pelo Rio Paraguai e seus afluentes, é a maior planície inundável do mundo. Quando está alagado, o gado é levado para as regiões mais altas. No período de seca, de julho a setembro, as áreas antes inundadas e enriquecidas com sedimentos orgânicos tornam-se excelentes pastagens. O gado criado solto nos campos naturais da planície pantaneira contribuiu para a ocupação humana da região.

A bacia leiteira nos Campos Gerais, no Paraná, também merece consideração devido à grande quantidade de leite e derivados produzidos na região. Ao todo, 26 municípios dependem dessa atividade.

A maior parte do gado bovino no Centro-Sul é criado solto, alimentando-se de capim e grama. Esse sistema tem por objetivo a obtenção da carne, o que gera intensa atividade frigorífica na região, tanto para abastecer o mercado interno quanto para exportação.

Em diversas fazendas, o gado é criado em confinamento com ração balanceada, método que acelera o processo de engorda dos animais. O gado leiteiro é criado geralmente próximo das regiões metropolitanas, das médias e grandes cidades para atender de forma mais rápida a alta demanda do mercado consumidor.

Um rebanho em crescimento no Brasil é o de ovelhas. A ovinocultura é considerada uma das atividades criatórias mais antigas do país e, atualmente, uma das mais lucrativas. Os animais podem ser criados para produção de leite, extração de lã e venda de carne. O estado do Rio Grande do Sul é onde mais se criam ovelhas no Brasil.

A agroindústria ligada às atividades da pecuária emprega muitas pessoas no Centro-Sul. Tangará da Serra (MT), 2017.

O processo de modernização da agropecuária verificado no Centro-Sul e também nas demais regiões brasileiras, intensificado a partir da década de 1970, acarretou diversos impactos ambientais relacionados à perda da biodiversidade, à degradação e à contaminação do solo, dos recursos hídricos e do ar. Além dos impactos ambientais, destacam-se os socioeconômicos, como o êxodo rural, a diminuição da oferta de emprego no campo e o aumento das desigualdades sociais.

O avanço das atividades agropecuárias, sobretudo em áreas do cerrado brasileiro, tem impactado de forma decisiva as comunidades e o ambiente. Observe o infográfico.

Fonte: Elaborado com base em WWF-Brasil. Disponível em: <www.wwf.org.br/natureza_brasileira/areas_prioritarias/cerrado/salveocerrado>. Acesso em: ago. 2018.

zoom

1. Descreva a importância da conservação das áreas do cerrado para comunidades locais, como indígenas, extrativistas e quilombolas.

2. Explique a importância da vegetação do cerrado considerando aspectos ambientais.

3. Mencione razões para a diminuição da vegetação do cerrado.

Atividades

1. Comente dois aspectos da agropecuária do Centro-Sul.
2. Qual é a importância da agroindústria para o Centro-Sul e para o Brasil?
3. Com base na fotografia, explique o que é "cinturão verde" e qual é a justificativa para mantê-lo próximo aos grandes centros urbanos.

Plantação na região do Banhado, São José dos Campos (SP), 2018.

4. Em que regiões do Centro-Sul há intensa atividade ligada à pecuária bovina?
5. Observe a fotografia e escreva um argumento que reconheça a importância da conservação dos territórios dos povos indígenas originários, das comunidades remanescentes de quilombos e de outros povos, como os do cerrado.

Indígena guarani trabalhando na plantação de milho. São Miguel das Missões (RS), 2017.

Retomar

1. Com base na gravura a seguir, responda às questões.

Garimpeiros com bateia em Minas Gerais. c. 1885.

a) Qual é o nome da atividade mostrada na imagem?

b) Em que área do Centro-Sul ela ocorreu e qual foi sua importância no povoamento da região?

2. Associe a industrialização do estado de São Paulo ao desenvolvimento econômico e à concentração populacional do Centro-Sul.

3. Relacione a acelerada industrialização com a densa rede urbana do Centro-Sul.

4. A charge ao lado retrata uma realidade socioeconômica do Centro-Sul e de outras regiões do Brasil. Descreva o que você observa nesta imagem.

5. O que significa dizer que muitas cidades do Centro-Sul têm carência de saneamento básico?

6. Que práticas agrícolas os imigrantes que passaram a ter pequenas propriedades desenvolveram no Centro-Sul do Brasil?

7. Leia a letra da canção e os textos informativos e faça o que se pede.

TEXTO 1

Coração pantaneiro

Meu coração pantaneiro
Onde pulsa a natureza
[...]
Da paixão em correnteza

Comandante em meu cavalo
Nos caminhos boiadeiros
[...]

Heronides da Silva Ramos (Universal Music). Disponível em: <http://letras.mus.br/sergio-reis/103208>. Acesso em: jul. 2018.

TEXTO 2

O Pantanal

    O Pantanal é uma das maiores planícies inundáveis da Terra, considerado "Patrimônio Natural" pelo Artigo 225 da Constituição Brasileira (1988), e "Reserva da Biosfera" pela UNESCO (2000). O Pantanal, apesar do nome, não é um pântano, e sim uma imensa planície sedimentar que sofre inundações periódicas, ao contrário do pântano que é sempre alagado. […]

    A pecuária bovina, a pesca e o turismo são as principais atividades econômicas do Pantanal. A criação de gado é extensiva. Em algumas áreas, o manejo é feito com a rotação de pastagem nativa, que anualmente é queimada. Em outras, o desmatamento vem crescendo exponencialmente, onde o cerradão e a mata estão dando lugar à pastagem cultivada.

    […]

O Pantanal. *Projeto Arara Azul*. Disponível em: <www.projetoararaazul.org.br/arara/Home/OProjeto/%C3%81readeestudodoProjeto/OPantanal/tabid/97/Default.aspx>. Acesso em: jul. 2018.

a) Os versos do Texto 1 retratam características marcantes do Pantanal por meio de duas palavras: correnteza e boiadeiro. Justifique o uso dessas palavras relacionando-as com o que você aprendeu sobre o Pantanal.

b) Segundo o Texto 2, o Pantanal foi declarado Patrimônio Natural e Reserva da Biosfera. Qual é a importância desses títulos para a região? Leia as definições abaixo e justifique.

- O Patrimônio Natural compreende áreas de importância em termos de preservação do ambiente natural.
- A Reserva da Biosfera é um instrumento de conservação que visa desenvolver ações para o combate de problemas, como o desmatamento das florestas, a desertificação, a poluição atmosférica, o efeito estufa etc., privilegiando o uso sustentável dos recursos naturais das áreas protegidas.

8 Leia a tira e descreva a crítica expressa.

209

Visualização

A seguir apresentamos um mapa conceitual sobre o tema estudado nesta unidade. Trata-se de uma representação gráfica que organiza o conteúdo, composto de uma estrutura que relaciona os principais conceitos e as palavras-chave. Essa ferramenta serve como resumo e instrumento de compreensão dos textos, além de possibilitar consultas futuras.

CENTRO-SUL

é um complexo regional ou região geoeconômica

apresenta o maior dinamismo econômico

iniciado com a descoberta de ouro e pedras preciosas

impulsionou a pecuária e o tropeirismo

povoando o interior

é formado pelos estados:
- Rio Grande do Sul
- Santa Catarina
- Paraná
- São Paulo
- Rio de Janeiro
- Mato Grosso do Sul
- Espírito Santo
- Goiás

além da maior parte dos estados de:
- Minas Gerais
- Mato Grosso
- Tocantins

e o
- Distrito Federal

duas ações que contribuíram com o povoamento do interior:

em 1956, inicia-se a construção de Brasília

depois de 1940, o governo cria áreas de colonização

ocorreram três mudanças importantes:
- ◉ → vinda de imigrantes europeus
- ◉ → Abolição da Escravatura (1888)
- ◉ → Lei de Terras (1850)

cafeicultura

posteriormente, a atividade mais importante foi a

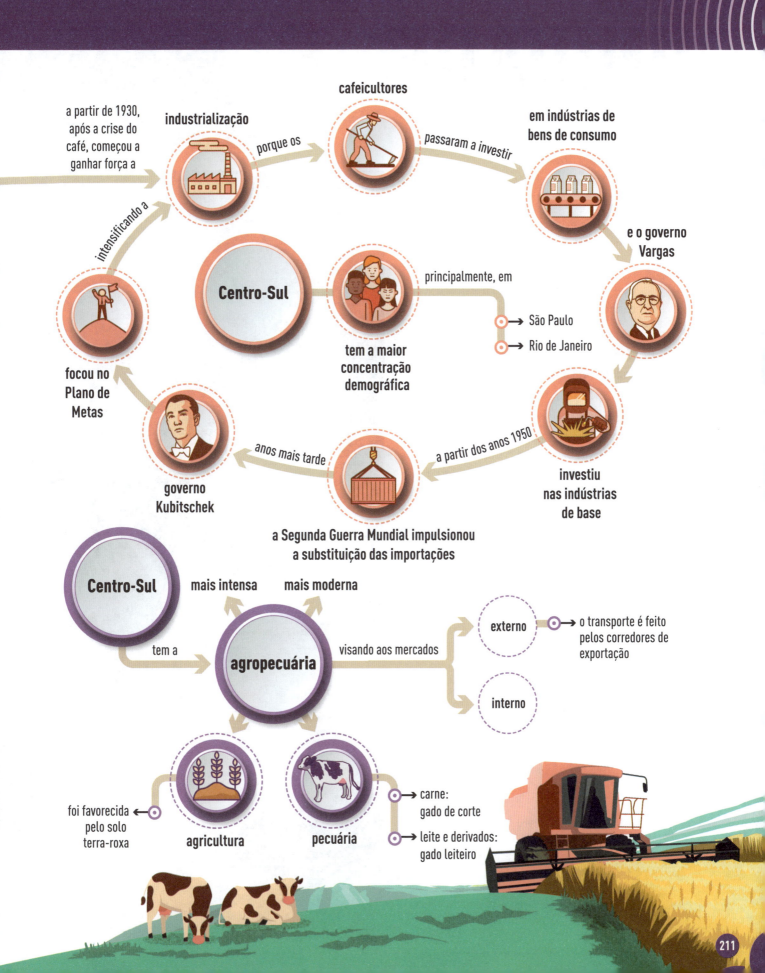

UNIDADE 7

1. Que característica a composição de imagens revela das paisagens nordestinas?

2. Que aspectos do Nordeste brasileiro você conhece ou chamam a sua atenção?

3. Que outras imagens caracterizam esse espaço regional?

O complexo regional nordestino é marcado pela grande diversidade das paisagens. Nele encontramos áreas de clima semiárido, faixas litorâneas, matas, vegetação da caatinga e inúmeras atividades humanas que organizam espaços geográficos muito diferenciados. Nesta unidade você vai conhecer, além do Nordeste das secas, o das grandes metrópoles, das áreas industriais, dos pontos turísticos e da agropecuária, assim como outros aspectos importantes dessa região brasileira.

Diversidade da paisagem nordestina. Praia dos Carneiros. Tamandaré (PE), 2018. Vegetação da caatinga nordestina. Potiretama (CE), 2017. Mata dos cocais. Nazária (PI), 2015.

Nordeste

CAPÍTULO 21
Localização, ocupação e povoamento

Nordeste: localização

O Complexo Regional **Nordeste** compreende os estados do Piauí, Ceará, Rio Grande do Norte, Paraíba, Pernambuco, Alagoas, Sergipe e Bahia, além de grande parte do estado do Maranhão e do norte de Minas Gerais.

Observe a região representada no mapa a seguir.

Nordeste: complexo regional geoeconômico

Fonte: *Atlas geográfico escolar*. 7. ed. Rio de Janeiro: IBGE, 2016. p. 152.

O Nordeste ocupa cerca de 18% do território brasileiro e é a segunda maior região do país. Ao norte e à leste, é banhado pelo Oceano Atlântico. Apresenta enorme diversidade de paisagens, assim como profundos contrastes econômicos e sociais. Segundo estimativa do IBGE realizada em 2018, atualmente a região é habitada por mais de 56 milhões de pessoas, com maior concentração na faixa litorânea.

A história da ocupação e do povoamento do Nordeste

O processo de ocupação territorial do Brasil foi um fator determinante na organização geográfica do Nordeste. Como primeira área de colonização portuguesa na América, iniciada no século XVI, em nenhuma outra região foi tão marcante a miscigenação dos três grupos étnicos formadores do povo brasileiro: indígenas, africanos e europeus.

As primeiras ocupações humanas na região e as consequentes modificações ocorridas na paisagem do Nordeste nos remetem aos grupos populacionais **indígenas** que viviam na América pré-colombiana.

Os indígenas nordestinos contatados pelos primeiros colonizadores **europeus** pertenciam ao grupo de tradição *tupi-guarani*. As diferentes etnias que compunham esse grupo – *potiguaras*, *tabajaras*, *caetés* e *tupinambás* – se organizavam em sociedades tribais e ocupavam espaços geográficos dispersos e variáveis. Os *potiguaras*, por exemplo, ocupavam assentamentos ligados aos recursos marinhos, no litoral, ou aldeias com culturas agrícolas e ceramistas em áreas da Mata Atlântica. Atualmente, estão distribuídos em três reservas indígenas no litoral da Paraíba.

Observe no mapa a seguir a distribuição geográfica dessas etnias antes da conquista do território pelos portugueses.

Lopo Homem. *Terra Brasilis* (detalhe), 1519. Publicado no *Atlas Miller*, o mapa tem ilustrações realistas dos habitantes indígenas, alguns deles cuidando do pau-brasil.

Fonte: Cristiane Gomes Barreto. *Devastação e proteção da Mata Atlântica nordestina: formação da paisagem e políticas ambientais*. Brasília, 2013. Tese (Doutorado em Política e Gestão Ambiental) – Centro de Desenvolvimento Sustentável, Universidade de Brasília. p. 39.

Já estudamos anteriormente que a ocupação de grupos europeus e a formação do território brasileiro se deu, inicialmente, na região Nordeste. Vamos aqui retomar algumas características específicas desse processo no que se refere à essa região em particular.

Nos primeiros anos do domínio português, a principal atividade econômica desenvolvida no Nordeste foi a exploração da madeira de pau-brasil no litoral.

Posteriormente, com o cultivo da cana-de-açúcar e a instalação de engenhos, a região contou com a chegada de muitos portugueses para colonizar efetivamente as novas terras, além da imigração forçada de **africanos** para realizar o trabalho escravo nas lavouras. Antes dos africanos, muitos indígenas foram escravizados para servir de mão de obra.

Frans Post. *Paisagem com plantação (O engenho)*, 1668.

Os colonizadores encontraram, principalmente no litoral nordestino, condições favoráveis para o cultivo da **cana-de-açúcar**: clima quente e úmido e terra argilosa e fértil (conhecida como solo massapê). A região passou a ganhar importância para a metrópole, pois atendia aos interesses que vigoravam na Europa, onde o açúcar era largamente consumido.

Em 1549, Salvador, atual capital do estado da Bahia, tornou-se capital do Brasil Imperial. As cidades de Recife e Olinda, localizadas no atual estado de Pernambuco, também se destacaram nesse período. A Região Nordeste passou a ser o centro econômico e político da América Portuguesa.

Nos primeiros séculos de colonização, o Nordeste era a região que concentrava mais habitantes e produzia mais riquezas para a metrópole portuguesa. Como a produção de açúcar foi a base da economia brasileira durante os séculos XVI e XVII, o cultivo da cana, em regime de monocultura, ocupava grandes extensões de terra. Paralelamente, desenvolveram-se na região a cultura do tabaco, a agricultura de subsistência e a criação de gado. Mais tarde, o cultivo do algodão foi introduzido na colônia, inicialmente no estado do Maranhão e, depois, no Sertão nordestino.

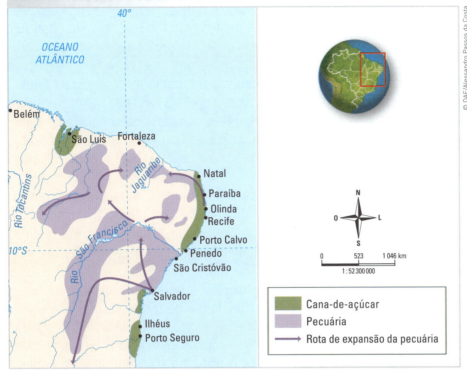

Nordeste: economia no século XVII

Fonte: José Jobson de A. Arruda. *Atlas histórico básico*. São Paulo: Ática, 2011. p. 38.

A partir do século XVIII, o açúcar brasileiro passou a concorrer com o produzido nas colônias inglesas, francesas e holandesas estabelecidas em ilhas da América Central. Houve queda do preço e diminuição da produção. Com isso, muitos engenhos foram fechados e parte da população deslocou-se para a região das Minas Gerais, em busca de trabalho na extração de ouro e pedras preciosas. Assim, o Nordeste perdeu importância econômica e política. Em 1763, a capital do Brasil foi transferida para o Centro-Sul – de Salvador para o Rio de Janeiro.

Além do cultivo da cana-de-açúcar, a **pecuária** também propiciou a ocupação das terras na região. A partir do século XVII, seguindo o curso do Rio São Francisco, as boiadas penetraram no interior nordestino.

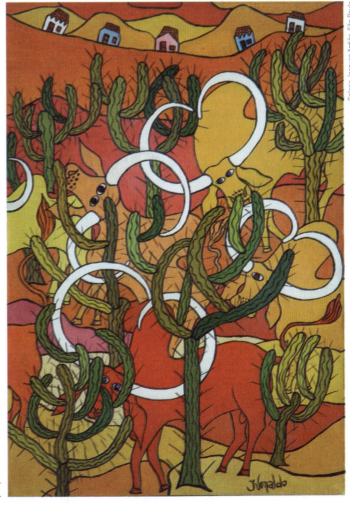

Ivonaldo. *Boiada no sertão*, 1970. Óleo sobre tela, 70 cm × 50 cm.

Fluxos migratórios e concentração populacional

Até meados do século XIX, o Nordeste foi um importante centro populacional. No final daquele século, entretanto, teve início um grande **fluxo migratório** em razão da prolongada seca que comprometeu a atividade agropecuária. Com isso, muitas pessoas deixaram a região e migraram para a Amazônia, no período áureo da borracha (1880-1911), à procura de trabalho na extração do látex.

A herança de concentração de terras e de renda, bem como a economia baseada na monocultura e na pecuária extensiva voltada aos interesses estrangeiros, manteve boa parte da população do Nordeste em estado de pobreza, sem acesso à terra e à produção. Essa situação originou movimentos migratórios em direção às áreas de maior crescimento econômico, como as capitais dos estados nordestinos e outras regiões do país.

O maior fluxo migratório nordestino ocorreu entre os anos de 1920 e 1970, para a região Centro-Sul, especialmente para as metrópoles de São Paulo e Rio de Janeiro, que ofereciam trabalho na construção civil, no comércio e nas indústrias. Em meados da década de 1950, muitos nordestinos migraram para o Brasil central atraídos pelas oportunidades de trabalho na construção de Brasília, que viria a ser a nova capital do país.

Em virtude das secas recorrentes no Sertão, ainda hoje existem áreas de repulsão no interior nordestino, pois nesses períodos a população fica sem oportunidades de trabalho, além de sofrer outras carências. Para evitar a saída da população, seriam necessários mais investimentos nas áreas em que se praticam a agricultura e a pecuária. Embora existam projetos de irrigação, plantio e frentes de trabalho no Sertão, essas iniciativas ainda não oferecem trabalho suficiente para atender à demanda da população.

A partir da década de 1970, a Amazônia – sobretudo o leste do Pará e o oeste do Maranhão – voltou a ser uma região de atração para muitos nordestinos.

Atualmente, a maior mobilidade da população nordestina ocorre em âmbito **intrarregional**, com fluxos migratórios para as capitais estaduais, principalmente as três metrópoles mais populosas do Nordeste: **Salvador** (BA), **Recife** (PE) e **Fortaleza** (CE). Esse é um dos principais motivos que fazem a maioria da população nordestina (75%) se concentrar em cidades, especialmente nas áreas urbanas do litoral e do Agreste.

Essa mobilidade acarretou graves problemas habitacionais nos espaços urbanos, como a falta de infraestrutura nas periferias, pois as cidades não estavam preparadas para acomodar tão grande quantidade de migrantes.

Fonte: *Atlas geográfico do estudante*. São Paulo: FTD, 2011. p. 19.

De olho no legado

O rio São Francisco e seus caminhos

Devido às investidas de conhecimento do território interiorano do Nordeste, iniciadas já no século XVI e intensificadas nos Seiscentos, algumas "marcas" – trilhas e rotas – foram deixadas na região pelos colonizadores. Muitas delas eram reutilizações de antigos caminhos elaborados pelos indígenas locais [...]

No entanto, o desenvolvimento de estradas propriamente ditas pelos interiores baiano e pernambucano ocorreu graças à pecuária e aos percursos criados pelo gado. As vias ensejavam o conhecimento do território, diminuição do isolamento em que se encontravam os moradores da área, aumento do comércio, controle fiscal e administrativo por parte das câmaras das vilas e lucro ao cofre da Fazenda Real, através da coleta dos dízimos. Nos tempos primeiros de ocupação dos sertões, tais vias eram "mal definidas, perceptíveis só aos olhos dos tupis". Eram caminhos originados por técnica rudimentar, feitos "tanto de enxada como foice e machado".

Muitas rotas seguiam o curso dos principais rios. No Ceará, a estrada geral do Jaguaribe esteve marginal ao percurso elaborado pelo rio de mesmo nome, e ligou o litoral cearense ao rio São Francisco.

A estrada real do gado, caminho cuja elaboração fora articulada pela monarquia lusa, percorria o "serpentear" dos rios Itapicuru (MA) e Canindé (PI). Determinados caminhos tiveram como ponto de chegada o "Velho Chico" ou nele cruzavam, originando outras estradas, cujas conexões uniram os sertões ao litoral e às outras partes da Colônia.

A rede de relações efetuadas entre as distintas partes da Colônia alargou-se com a descoberta das minas de ouro, ocorrida no final do século XVII. [...] O rio foi de fato um eixo condutor, baliza nos intentos de devassar, conhecer, povoar e dilatar as fronteiras do Brasil Colônia.

Rio dos currais: paisagem material e rede urbana do Rio São Francisco nas capitanias da Bahia e Pernambuco. *Anais do Museu Paulista*, São Paulo, v. 21, n. 2, jul./dez. 2013. Disponível em: <www.scielo.br/scielo.php?pid=S0101-47142013000200003&script=sci_abstract&tlng=pt>. Acesso em: jul. 2018.

Carta de Johannes Vingboons, de 1665, que apresenta um trecho do Rio São Francisco.

1. No século XVII, qual foi a base econômica de povoamento do interior do Nordeste?
2. Qual foi o principal rio que serviu de entrada para o interior? Com que outra denominação esse rio foi mencionado no texto?
3. Que grupo humano já conhecia as trilhas e rotas antes dos colonizadores?
4. As estradas que se originaram no interior permitiam a conexão de três espaços econômicos distintos. Quais eram eles?

Conviver

> O fator mais negativo para a cidadania foi a escravidão [...]. Toda pessoa com algum recurso possuía um ou mais escravos. O Estado, os funcionários públicos, as ordens religiosas, os padres, todos eram proprietários de escravos. Era tão grande a força da escravidão que os próprios libertos, uma vez livres, adquiriam escravos. A escravidão penetrava em todas as classes [...]. A sociedade colonial era escravista de alto a baixo.
>
> José Murilo de Carvalho. *Cidadania no Brasil: o longo caminho.* Rio de Janeiro: Civilização Brasileira, 2001. p. 20.

A escravidão perdurou séculos na história do Brasil, em todo o período colonial e imperial – só em 1888 ocorreu a abolição da escravatura. Ainda nos dias atuais é possível perceber algumas práticas que se originaram naquele período, como o racismo e o preconceito.

Dada a necessidade de combater o racismo e outras formas de intolerância em relação às pessoas de ascendência africana em todo o mundo, a Organização das Nações Unidas (ONU) proclamou o ano de 2001 como o Ano Internacional dos Povos Afrodescendentes.

No Brasil, o Dia da Consciência Negra foi estabelecido pela Lei nº 10.639, de 9 de janeiro de 2003.

① Discuta com os colegas sobre a permanência do racismo e de outras formas de intolerância no Brasil, bem como sobre as ações afirmativas que têm reduzido essas práticas.

Atividades

1. Que estados brasileiros compõem o Complexo Regional Nordeste?

2. Apresente um argumento que reconheça os territórios dos povos indígenas na Região Nordeste do Brasil.

3. Observe a imagem e responda às questões a seguir.

O engenho de cana-de-açúcar. Gravura do livro *Travels in Brazil*, de Henry Koster, Londres, 1816.

a) A que atividade econômica a gravura faz referência?

b) Cite as condições naturais favoráveis ao desenvolvimento da cultura de cana-de-açúcar no nordeste brasileiro.

c) Qual era o modelo de cultivo da cana-de-açúcar no período em relação à terra ocupada e à mão de obra?

d) Explique a importância dessa atividade para a ocupação e o povoamento do Nordeste brasileiro.

e) Por que, a partir do século XVIII, a região perdeu importância econômica e política?

4. Escreva o que você entendeu sobre a importância da pecuária bovina para a ocupação e o povoamento do interior da Região Nordeste.

5. No final do século XIX ocorreu um grande fluxo migratório de nordestinos para a Amazônia. Qual foi a razão dessa migração e por que a Amazônia era uma região de atração para as pessoas no período?

6 A palavra retirante refere-se a uma pessoa que migra durante as grandes secas.

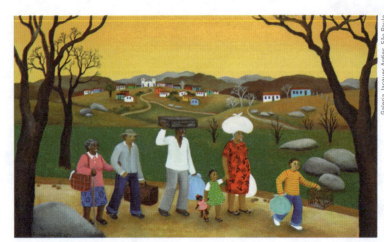

Barbara Rochlitz. *Os retirantes*, 2011. Óleo sobre tela, 30 cm × 50 cm.

a) Observe a tela reproduzida acima e justifique o título da obra.
b) Que fatores naturais do sertão contribuem para a migração da população?
c) Em seu município ocorre a saída ou a chegada de pessoas por essa razão? Justifique e, caso haja outro motivo, comente por que isso acontece.

7 Durante séculos, a economia do Nordeste foi desenvolvida por meio do trabalho escravo. No período da escravidão no Brasil, os negros escravizados resistiram como puderam – a formação de quilombos foi uma das maneiras mais significativas. As comunidades remanescentes de quilombolas não se configuram mais como isoladas, mas como comunidades de grupos étnico-raciais com características históricas e sociais próprias. Observe os dados a seguir.

Comunidades quilombolas no Brasil (total = 2 847)					
Região Sul	**175**	**Região Norte**	**442**	**Região Nordeste**	**1 724**
Rio Grande do Sul	148	Pará	403	Maranhão	734
Santa Catarina	19	Tocantins	16	Bahia	469
Paraná	8	Amapá	15	Piauí	174
Região Sudeste	**375**	Rondônia	5	Pernambuco	102
Minas Gerais	204	Amazonas	3	Ceará	79
São Paulo	85	**Região Centro-Oeste**	**131**	Rio Grande do Norte	68
Espírito Santo	52	Mato Grosso	73	Alagoas	52
Rio de Janeiro	34	Goiás	33	Sergipe	29
		Mato Grosso do Sul	25	Paraíba	17

Fonte: Territórios remanescentes de quilombos. *Unidades de Conservação no Brasil*. Disponível em: <https://uc.socioambiental.org/territ%C3%B3rios-de-ocupa%C3%A7%C3%A3o-tradicional/territ%C3%B3rios-remanescentes-de-quilombos>. Acesso em: jul. 2018.

a) Em que região se concentra a maior parte das comunidades quilombolas no Brasil?
b) Quais são os dois estados com maior número de comunidades?
c) Relacione esses dados com a história da ocupação humana no Nordeste e no Brasil.
d) Explique:
- a importância dos quilombos para os negros durante o período da escravidão no Brasil;
- a formação de grupos étnicos-raciais com características históricas e sociais próprias.

CAPÍTULO 22 Regiões Nordestinas

Regionalização

As diferentes paisagens nordestinas, associadas aos aspectos históricos e econômicos que marcam a região, levaram a uma divisão do Nordeste em quatro unidades distintas: **Zona da Mata**, **Agreste**, **Sertão** e **Meio-Norte**.

Observe no mapa a seguir essa regionalização.

Zona da Mata: litoral populoso. João Pessoa (PB), 2016.

Agreste: agricultura familiar. Brejão (PE), 2016.

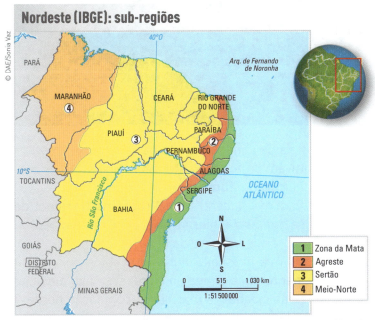

Fonte: Carlos Garcia. *O que é Nordeste Brasileiro*. 8. ed. São Paulo: Brasiliense, 1990, p. 9.

Meio-Norte: extração de babaçu. Nazária (PI), 2015.

Sertão: criação extensiva de gado. Taperoá (PB), 2017.

A apropriação da natureza e dos recursos em cada sub-região nordestina propiciou o desenvolvimento de atividades econômicas específicas: agricultura comercial, indústria, turismo e comércio na Zona da Mata; agricultura familiar no Agreste; extrativismo no Meio-Norte; e pecuária no Sertão.

Vejamos a seguir as principais características de cada uma delas.

223

Zona da Mata

A **Zona da Mata** compreende a área litorânea que se estende do Rio Grande do Norte à Bahia. De clima tropical atlântico e relevo predominantemente formado por planícies e tabuleiros, recebeu esse nome porque a **Mata Atlântica** é a vegetação original que a cobria.

Estima-se que restem apenas 12% da mata nativa que preenchia essa sub-região há 500 anos. A devastação começou no século XVI, com a exploração do pau-brasil; mais tarde, grande parte da cobertura vegetal foi eliminada e substituída pela agricultura da cana-de-açúcar. Contudo, a maior parte da Mata Atlântica foi devastada recentemente, nas últimas décadas do século XX.

Fonte: Carlos Garcia. *O que é Nordeste brasileiro*. 8. ed. São Paulo: Brasiliense, 1990. p. 9.

Mata Atlântica na Ilha dos Frades. Salvador (BA), 2016.

Glossário

Programa Nacional do Álcool: programa nacional de incentivo à produção do etanol, derivado da cana-de-açúcar, em substituição à gasolina, com o objetivo de reduzir as importações de petróleo.

A maior parte dos solos férteis da Zona da Mata ainda pertencem a grandes proprietários rurais que cultivam principalmente **cana-de-açúcar** (sobretudo em Pernambuco e Alagoas), **cacau** e **fumo** (no sul da Bahia).

A partir da década de 1970, com o incentivo do **Programa Nacional do Álcool** (Proálcool), instalaram-se muitas destilarias na região. Isso aumentou o número de trabalhadores temporários no corte da cana.

Por ter sido a base da economia brasileira durante séculos, a Zona da Mata constitui a área de povoamento mais antiga do Nordeste. Nela ainda se concentra, predominantemente nas cidades, a maioria da população nordestina. Salvador e Recife são as maiores metrópoles da Zona da Mata, seguidas por Maceió e Natal.

Além dessas grandes capitais estaduais, nessa sub-região estão os **centros comerciais** e **industriais** mais importantes, assim como a maior parte da **produção agrícola** do Nordeste. A **pesca** e a extração de **petróleo** e **sal** também são atividades importantes. Outro setor de destaque é o **turismo**, estimulado pelas belas paisagens litorâneas com clima quente durante todo o ano.

Cartografia em foco

A sequência de mapas a seguir representa a evolução da floresta e da vegetação nordestina da Zona da Mata. Quanto à vegetação que ainda existe, parte dela é formada por porções da paisagem natural que resultaram da regeneração de áreas modificadas pelos seres humanos. Outra parte são nichos protegidos, devido a motivos variados, por proprietários particulares, senhores de engenhos e usineiros do setor sucroalcooleiro (que utiliza a cana para produção de etanol).

Após a leitura dos mapas, responda às questões a seguir.

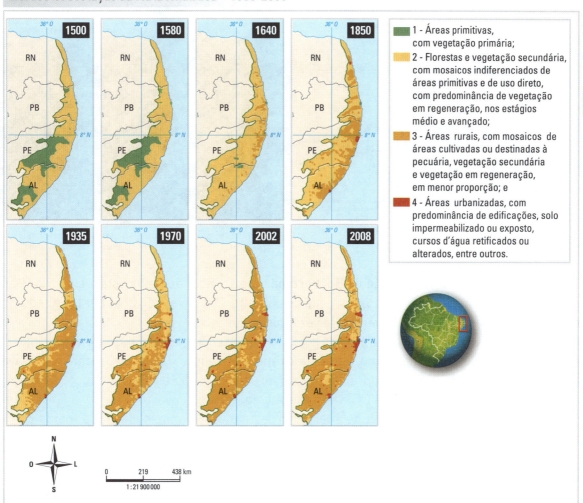

Fonte: Cristiane Gomes Barreto. *Devastação e proteção da Mata Atlântica nordestina: formação da paisagem e políticas ambientais*. Brasília, 2013. Tese (Doutorado em Política e Gestão Ambiental) – Centro de Desenvolvimento Sustentável, Universidade de Brasília, 2013. p. 171.

1. A que bioma os mapas fazem referência?
2. Na leitura da sequência dos mapas, a que conclusão se pode chegar?
3. Que razões levaram às transformações no espaço? Justifique.
4. Discuta com os colegas sobre a importância dos donos de terras para a proteção ambiental desse bioma, visto que 90% das áreas de florestas conservadas são privadas.

Agreste

O **Agreste** corresponde a uma área de transição situada entre a Zona da Mata e o Sertão – entre uma sub-região em que predomina o clima tropical atlântico (quente e úmido) e outra de clima semiárido (quente e seco).

Fonte: Carlos Garcia. *O que é Nordeste brasileiro*. 8. ed. São Paulo: Brasiliense, 1990. p. 9.

Morro do Cruzeiro, escarpas do Planalto da Borborema. Serra de São Bento (RN), 2018.

Destaca-se, no Agreste, o **Planalto da Borborema**, que se estende pelos estados do Rio Grande do Norte, Pernambuco, Paraíba e Alagoas. A leste do planalto, as chuvas são abundantes e regulares; a oeste, em direção ao interior, o clima é cada vez mais seco.

A região se destaca pela pecuária leiteira e indústrias associadas que produzem laticínios. No planalto há importantes cidades, como Campina Grande (Paraíba), Caruaru, Garanhuns, Gravatá, Santa Cruz do Capibaribe, Brejo da Madre de Deus, Belo Jardim e Caetés (Pernambuco), Arapiraca e Palmeira dos Índios (Alagoas) e Santa Cruz (Rio Grande do Norte).

Quando a conquista portuguesa do território nordestino estava consolidada, as matas que cobriam o litoral foram gradualmente retiradas, inicialmente nas várzeas, depois nos tabuleiros e, em seguida, no Planalto da Borborema – em direção ao Agreste – para o plantio da cana e formação de **pastos extensivos**.

Grandes feiras de alimentos e de gado originaram importantes cidades do Agreste, como Caruaru (em Pernambuco), Campina Grande (na Paraíba) e Feira de Santana (na Bahia).

No Agreste predominam pequenas e médias propriedades rurais que desenvolvem a **policultura** em áreas mais úmidas (brejos), como o cultivo de milho, arroz, feijão, mandioca, café e frutas tropicais, além da criação de gado leiteiro. No estado da Bahia, destaca-se o cultivo do **algodão** em médias propriedades. Nas pequenas, a agricultura familiar, em geral, é a única alternativa economicamente viável.

Os produtos dessa sub-região abastecem a Zona da Mata e são comercializados em centros urbanos de todo o país. Nos períodos de corte da cana, muitos moradores do Agreste migram para a Zona da Mata e empregam-se como trabalhadores temporários, regressando a seus locais de origem após a fase da colheita.

Viver

Feira de Mangaio

Cabresto de cavalo e rabichola
[...]
Farinha rapadura e graviola
Eu tenho pra vender, quem quer comprar
Pavio de candeeiro panela de barro

Glorinha Gadelha e Sivuca. Feira de Mangaio. Intérprete: Clara Nunes. In: Clara Nunes. *Esperança*. Rio de Janeiro: EMI-Odeon, 1979.

Feira de Caruaru (PE), 2018.

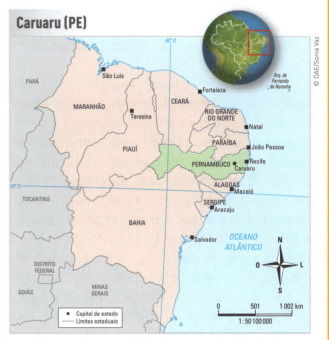

Fonte: *Atlas geográfico escolar*. 7. ed. Rio de Janeiro: IBGE, 2016. p. 90, 167.

1. A letra da canção, da qual reproduzimos um trecho acima, divulgou para o Brasil uma atividade comum no Nordeste: as feiras que vendem de tudo.

- Reúna-se com um colega e, juntos, criem um acróstico destacando as principais características do Agreste nordestino. Acróstico é uma composição poética em que as letras dos versos (geralmente as iniciais) formam, quando lidas verticalmente, uma palavra ou frase que revela seu tema. A palavra que deve ser utilizada é justamente o nome da sub-região estudada: AGRESTE.
- Em seguida, façam um acróstico sobre algumas características do lugar onde vocês vivem.
- Apresentem o resultado dos trabalhos aos colegas e estabeleçam semelhanças e diferenças entre o Agreste e o lugar onde vivem.

Sertão

O **Sertão** é a maior sub-região do Nordeste. Corresponde a todo o território do Ceará e a grande parte dos estados de Pernambuco, Paraíba, Rio Grande do Norte, Alagoas, Sergipe, Bahia, Piauí e Maranhão.

A paisagem sertaneja é marcada pelo clima semiárido, caracterizado pela escassez e, principalmente, pela irregularidade das chuvas: muitos rios chegam a secar durante as estiagens prolongadas. Mas é pelo Sertão que se estende o **Rio São Francisco** – rio perene, que não seca mesmo quando a estiagem dura muitos anos.

A **Caatinga** é um bioma característico do Nordeste. Apresenta variada fisionomia: florestal, arbustiva e herbácea. Entre suas espécies vegetais encontram-se plantas que se adaptaram para sobreviver a longos períodos de seca, como o xiquexique e o mandacaru.

Fonte: Carlos Garcia. *O que é Nordeste Brasileiro*. 8. ed. São Paulo: Brasiliense, 1990. p. 9.

A biodiversidade da Caatinga possibilita desenvolver várias atividades econômicas, desde a produção de alimentos e de cosméticos até as indústrias farmacêutica e química. Espécies como o pau-ferro, a catingueira-verdadeira, a catingueira-rasteira, a canafístula, o mororó e o juazeiro são utilizadas na alimentação de rebanhos de caprinos, ovinos, bovinos e muares. Entre as frutas destacam-se o umbu, o araticum, o jatobá, o murici e o licuri. Já em relação às espécies medicinais evidenciam-se a aroeira, a braúna, o quatro-patacas, o pinhão, o velame, o marmeleiro, o angico, o sabiá e o jericó, entre outras. Atualmente, vivem na área original da Caatinga mais de 27 milhões de pessoas, que dependem da conservação da biodiversidade desse bioma para a subsistência. No entanto, menos de 1% dessa área está protegida em Unidades de Conservação.

A economia atual do Sertão baseia-se principalmente na criação extensiva de gado, sobretudo **bovino** e **caprino**. Como você já estudou, a criação de gado teve início em meados do século XVI e expandiu-se paralelamente à produção de açúcar. No Sertão, o gado era criado solto, às margens dos rios, em terras que ofereciam boas pastagens. Nessas terras, denominadas currais, organizaram-se fazendas de criação que deram origem a diversas cidades.

Outra atividade importante nessa sub-região foi o cultivo de **algodão**. Nos séculos XVIII e XIX, quando as fábricas de tecidos se multiplicaram, principalmente na Inglaterra, o algodão passou a ser um produto muito procurado. A capitania de Pernambuco tinha as maiores plantações de algodão da região.

Além da criação de gado e do cultivo do algodão, que até hoje são atividades importantes, vem se desenvolvendo no Sertão, especificamente no Vale do São Francisco, a **fruticultura**, cultivo de diversas espécies de frutas por grandes empresas nacionais e internacionais. O fator que possibilitou a prática agrícola em uma região tão árida foi a irrigação de terras às margens do São Francisco e nos vales de alguns afluentes.

Sertanejo toca pequena criação de animais. Manaíra (PB), 2017.

Meio-Norte

Entre o Sertão seco e a Amazônia de clima equatorial, quente e úmido localiza-se a sub-região do **Meio-Norte**, que abrange grande parte dos estados do Maranhão e do Piauí, com população pouco numerosa.

Fonte: Carlos Garcia. *O que é Nordeste brasileiro*. 8. ed. São Paulo: Brasiliense, 1990. p. 9.

Floresta dos cocais. Timon (MA), 2015.

Em razão da diversidade climática, a vegetação muda drasticamente à medida que se aproxima da Floresta Amazônica, passando da vegetação seca da caatinga para a formação de floresta mais fechada da **Mata dos Cocais**. No sul do Piauí e do Maranhão predomina o cerrado, vegetação rasteira entremeada de pequenas árvores e arbustos com galhos retorcidos.

O **extrativismo vegetal**, a **pecuária** e o cultivo de **soja** e **arroz** são as principais atividades econômicas desenvolvidas nessa sub-região. A soja é cultivada nas áreas antes cobertas pelo cerrado, e o arroz é cultivado principalmente nas planícies fluviais e nas várzeas dos rios. As espécies mais exploradas no extrativismo vegetal são a carnaúba e o babaçu.

Atividades

1 Observe o mapa ao lado.

a) Identifique as sub-regiões nordestinas indicadas pelos números de 1 a 4.

b) Apresente uma característica econômica referente a cada uma delas.

2 No livro *Seara vermelha*, o escritor Jorge Amado descreve algumas paisagens do Sertão nordestino. Leia um trecho da obra e represente com desenhos a paisagem descrita.

> Os arbustos ralos elevam-se por léguas e léguas no Sertão seco e bravio, como um deserto de espinhos. Cobras e lagartos arrastam-se por entre pedras sob o Sol escaldante do meio-dia [...]. Os espinhos se cruzam na Caatinga... a seca, o espinho e o veneno, a carência de tudo, do mais rudimentar caminho, de qualquer árvore de boa sombra e de sugosa fruta.
>
> Jorge Amado. *Seara vermelha*. Rio de Janeiro: Record, 1986. p. 55.

3 Os climogramas abaixo representam a variação anual de temperatura e volume de chuva de locais diferentes no Nordeste. Leia-os e resolva as questões propostas.

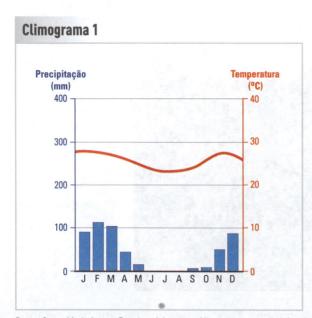

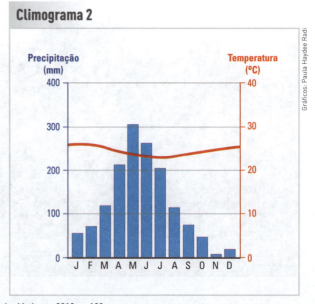

Fonte: Graça Maria Lemos Ferreira. *Atlas geográfico: espaço mundial*. São Paulo: Moderna, 2010. p. 123.

a) Identifique a qual sub-região nordestina se refere cada um dos climogramas.

b) Quais são as diferenças climáticas entre essas duas sub-regiões?

4 No que se refere ao clima e à vegetação, apresente características para as sub-regiões nordestinas.

a) Zona da Mata

b) Agreste

c) Sertão

d) Meio-Norte

230

CAPÍTULO 23
Espaço da produção

Economia e concentração de riqueza

Nas últimas décadas, o Complexo Regional Nordeste apresentou um crescimento econômico que elevou sua participação no conjunto do PIB nacional. No entanto, ele ainda está muito distante das demais regiões, em especial, do Centro-Sul.

A economia do Nordeste se caracteriza há muitos anos como **agroexportadora**, com geração de riqueza pelo capital fundiário e estrutura política fortemente tradicional. A urbanização da região, marcada por grande concentração de pessoas nas cidades, ocorreu mais pela expulsão dos trabalhadores do campo e pelo declínio da agricultura do que pela atração das vagas de trabalho criadas pela industrialização recente.

Região com alto desenvolvimento econômico social. Feira de Santana (BA), 2017.

Região com baixo desenvolvimento social. Belém do São Francisco (PE), 2018.

A Superintendência do Desenvolvimento do Nordeste (Sudene) adotou uma série de políticas e projetos de desenvolvimento para a região, a partir de sua criação em 1959, destacando-se grandes empreendimentos que utilizavam os recursos naturais e o baixo custo da força de trabalho. Desse modo, as características econômicas regionais não mudaram, pois não houve incorporação de estruturas modernas à produção.

Embora a **indústria** tenha papel importante no crescimento econômico do Nordeste, essa região ainda apresenta os mais baixos níveis de renda, escolaridade e qualidade de vida do Brasil, assim como o mais elevado índice de mortalidade infantil. Entretanto, conta com um enorme grupo de pessoas com alta renda, que vivem principalmente nas orlas litorâneas das grandes cidades.

Agropecuária

A **agropecuária** do Nordeste, por não ter passado por grandes renovações como as verificadas no Centro-Sul, apresenta-se, de modo geral, ainda bastante tradicional e pouco mecanizada. Esse setor representa apenas 6,3% da economia nordestina.

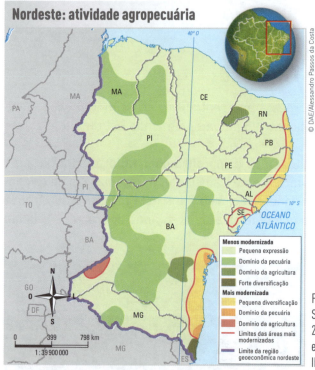

Observe o mapa ao lado.

1. Identifique as áreas em que estão representadas a agricultura e a pecuária – mais e menos modernizadas – no Complexo Regional do Nordeste.

2. Faça uma comparação com as áreas verificadas no Centro-Sul (mapa da página 202) e relate suas conclusões.

Fonte: *Atlas geográfico*. 4. ed. São Paulo: Melhoramentos, 2017. p. 69; Atlas geográfico escolar, 7. ed. Rio de Janeiro: IBGE, 2016. p. 152.

A **cana-de-açúcar** ainda é o principal cultivo comercial (interno e externo) do Nordeste; os principais produtores de açúcar são os estados de Pernambuco e Alagoas. À medida que a agricultura canavieira se industrializou e a infraestrutura associada à agroindústria se desenvolveu, aumentou o número de cidades e grandes usinas, principalmente ao longo dos eixos ferroviários.

Ainda hoje, a maior parte da paisagem agrícola é ocupada por usinas de grupos nacionais e internacionais – muitos dos quais remontam aos antigos senhores de engenho.

Canavial. Ipojuca (PE), 2017.

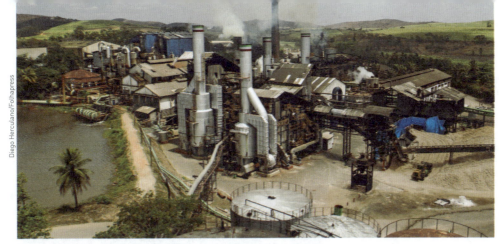

Usina Olho D'Água. Camutanga (PE), 2016.

Embora a produção tenha declinado, o **algodão**, no Agreste, e o **cacau**, na Zona da Mata, também são produtos comerciais tradicionais do Nordeste. Os cultivos ocorrem majoritariamente na Bahia, onde o milho, a banana e o **fumo** (no Recôncavo Baiano) também se destacam, bem como a agricultura moderna da soja, no sudoeste do estado. O cultivo da soja também se estendeu para o sul do Maranhão e do Piauí.

Em áreas do Sertão, o **algodão arbóreo**, principalmente no estado do Ceará, e o sisal, na Bahia, são cultivados para atender às demandas da atividade industrial.

No Ceará e na Bahia, o **arroz irrigado** é amplamente produzido, assim como em Sergipe, Alagoas e Pernambuco. As **frutas** são cultivadas utilizando-se moderna tecnologia de irrigação, e grande parte da produção de uva, manga, melão e abacaxi é destinada ao mercado externo. Em relação à uva, seu cultivo é dominante em Sergipe; quanto ao melão, Rio Grande do Norte e Ceará produzem, juntos, mais de 80% da produção nacional.

Como já estudado, encontram-se no Agreste – principalmente nos estados de Pernambuco e da Paraíba – pequenas **propriedades policultoras** (de mandioca, feijão, milho etc.) e a pecuária melhorada, que produz leite para abastecer as cidades da Zona da Mata.

No Nordeste, o gado é criado solto, em caráter extensivo, nas pastagens naturais do Sertão. O estado da Bahia é o maior criador de **bovinos** da região, e também possui o maior rebanho de **caprinos** do Brasil.

Criação de cabras. Poções (BA), 2016.

Todas essas atividades contribuíram para o desenvolvimento da região, mas também trouxeram prejuízos ambientais, como o desmatamento acelerado – especialmente por causa do consumo de lenha nativa para fins domésticos e industriais – e a criação de áreas para pastagens e agricultura. Realizadas com frequência para facilitar a colheita manual, as queimadas da lavoura canavieira, além de poluírem o ar e serem prejudiciais à saúde, muitas vezes avançam nas áreas de vegetação natural. Embora essa prática tenha se reduzido no Centro-Sul, ainda é muito utilizada no Nordeste.

Indústria e extrativismo mineral

A maior parte das indústrias do Nordeste estão instaladas nos municípios de três capitais: Salvador, Recife e Fortaleza. Nesses centros destacam-se as indústrias química, têxtil, alimentícia e metalúrgica, além da agroindústria da fruticultura.

A **indústria** é o setor que propiciou o crescimento econômico do Nordeste verificado nas últimas décadas. Uma melhora no quadro socioeconômico da região, com pequena redução da desigualdade social, associada às políticas regionais (isenção de impostos e redução da carga tributária) para a atração de novas indústrias, favoreceu novos investimentos no Nordeste, como a instalação de indústrias automobilísticas.

Ao redor da cidade de Salvador, o Recôncavo Baiano se destaca pela extração de **petróleo** e pela presença de muitas indústrias, sobretudo petroquímicas. A extração de petróleo nos estados de Sergipe, Rio Grande do Norte, Bahia, Alagoas e no sertão do Ceará é responsável por 18% da produção brasileira.

A pesca e a extração de **sal** são destaques no estado do Rio Grande do Norte. O sal marinho, além de ser utilizado na culinária, é matéria-prima para as indústrias química e de fertilizantes. Esse estado responde por 80% da produção brasileira de sal marinho, seguido por Rio de Janeiro (Cabo Frio e Araruama) e Ceará (Aracati).

No Rio Grande do Norte, a produção e a industrialização do sal se desenvolvem nos municípios de Macau, Areia Branca, Açu, Grossos e Mossoró. As condições geográficas são extremamente favoráveis e justificam o primeiro lugar na produção: grande concentração de sal nas águas, clima quente e seco, marés altas e ventos constantes e regulares, que aceleram o processo de evaporação da água, além do solo altamente impermeável.

O processo de extração do sal tem início com o bombeamento da água do mar para grandes depósitos na terra. Em seguida, a água passa por diversos evaporadores, sofrendo a ação do sol e do vento, até formar a salmoura. O que resta da água é devolvido ao mar, e o sal obtido é armazenado em áreas de estocagem e secagem para ser beneficiado e comercializado. Atualmente, o trabalho nas salinas é mecanizado, com o uso de guindastes, esteiras, tratores e caminhões, o que garante melhor qualidade e produtividade.

Complexo industrial. Jaboatão dos Guararapes (PE), 2015.

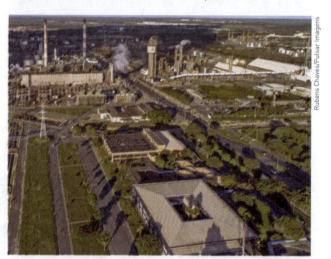

Complexo petroquímico no Polo Industrial de Camaçari (BA), 2017.

Extração de sal no Nordeste. Galinhos (RN), 2018.

Extrativismo vegetal

No Nordeste, a atividade extrativa vegetal é representada pelas palmeiras da Mata dos Cocais.

Uma delas é a **carnaúba**, conhecida como "árvore da providência", pois dela tudo se aproveita. A madeira é muito resistente; o fruto é comestível e também é usado na alimentação do gado; as raízes servem para preparar medicamentos; as folhas, para tecer cordas, redes e esteiras; as sementes, para produzir óleo de cozinha; e a cera, para fabricar velas, tintas, graxas e vernizes.

O **babaçu** é outra árvore de grande importância para a Região Nordeste. Em todo o Brasil, existem 18 milhões de hectares de babaçuais, a maior parte no estado do Maranhão. Seus frutos são empregados na confecção de remédios, creme hidratante, maquiagem, loção para o corpo, carvão e óleo industrial ou comestível, entre outros produtos.

Quebra do coco de babaçu. Caxias (MA), 2014.

 **Viver**

Leia o texto a seguir e, depois, faça o que se pede.

Quebradeiras de coco babaçu

Entre a Caatinga e o Cerrado, nos estados do Maranhão, Piauí, Tocantins e Pará, vivem as mulheres quebradeiras de coco babaçu. Elas somam mais de 300 mil mulheres trabalhadoras rurais que vivem em função do extrativismo do babaçu, uma das mais importantes palmeiras brasileiras. [...]

Da árvore do babaçu, as mulheres extraem o seu sustento. Transformam as palhas das folhas em cestos, a casca do coco em carvão e a castanha em azeite e sabão. Organizadas, criaram cooperativas para produção e comercialização de seus produtos, como farinha, azeite, sabonete e outros derivados do babaçu.

Quebradeiras de coco babaçu. *Cerratinga*. Disponível em: <www.cerratinga.org.br/populacoes/quebradeiras>. Acesso em: jun. 2018.

❶ Escreva dois argumentos, de acordo com a notícia, que justifiquem a importância de se conservar a formação vegetal descrita.

❷ Cite a utilidade econômica do babaçu mencionada no texto.

❸ Debata com os colegas a importância do trabalho das mulheres quebradeiras de coco babaçu.

Atividades

1. Observe no gráfico os valores do rendimento nominal mensal (referentes a 2016) divulgados pelo IBGE, considerando como base as informações da Pesquisa Nacional por Amostra de Domicílio Contínua (Pnad Contínua). Em seguida, responda à questão.

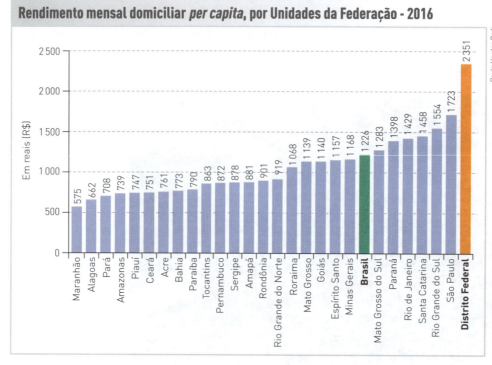

Fonte: Ceará tem 6ª pior renda domiciliar *per capita*. *Diário do Nordeste*, Ceará, 25 fev. 2017. Disponível em: <http://diariodonordeste.verdesmares.com.br/cadernos/negocios/ceara-tem-6-pior-renda-domiciliar-per-capita-1.1711334>. Acesso em: jul. 2018.

a) Considerando o rendimento mensal domiciliar *per capita* de cada estado brasileiro, os dados evidenciam alguma desigualdade de renda entre as regiões? Explique.

2. Explique a importância do cultivo da cana-de-açúcar para a economia nordestina.

3. Observe as imagens e diferencie os sistemas de criação praticados no Agreste e no Sertão nordestino.

Aiquara (BA), 2016.

Manaíra (PB), 2017.

4. Apresente dois fatores que contribuíram para o aumento da atividade industrial na Região Nordeste.

5. Que condições naturais favorecem a exploração de sal marinho no estado do Rio Grande do Norte?

CAPÍTULO 24
A seca e os projetos hídricos

A questão da seca

A **seca** é um fenômeno natural do Sertão nordestino, caracterizado pela distribuição irregular de chuvas na região. Esse fenômeno é mencionado em várias letras de canções e em poemas, como no exemplo a seguir.

Morte e vida Severina

[...]
Somos muitos Severinos
iguais em tudo e na sina:
a de abrandar estas pedras
suando-se muito em cima,
a de tentar despertar
terra sempre mais extinta,
a de querer arrancar
alguns roçado da cinza.

Mas, para que me conheçam
melhor Vossas Senhorias
e melhor possam seguir
a história de minha vida,
passo a ser o Severino
que em vossa presença emigra.
[...]

João Cabral de Mello Neto. *Morte e vida Severina*. Disponível em: <http://docente.ifrn.edu.br/paulomartins/ morte-e-vida-severina-de-joao-cabral-de-melo-neto/at_download/file>. Acesso em: out. 2018.

 Ampliar

Morte e vida Severina em desenho animado
https://tvescola.org.br/tve/video/morteevidaseverina
Animação que dá vida aos personagens do auto de Natal pernambucano publicado em 1956.

Área seca após seis anos sem chuva no sertão. Potiretama (CE), 2017.

Glossário

Polígono das Secas: expressão criada em 1951 para designar a área atingida pela seca, onde a pluviosidade é inferior a 750 mm anuais. Corresponde a uma área de 950 mil km², que equivale a mais da metade do território do Nordeste.

Pelos registros históricos, as secas são conhecidas no Brasil desde o século XVI. No Nordeste, o fenômeno aparece com intervalos que podem se prolongar por até cinco anos, e a intensidade com que a seca se manifesta depende do maior ou menor índice de chuvas. Essas variações climáticas prejudicam o crescimento das plantações e a vida das pessoas que habitam a região.

Em 1951, foi demarcada uma área de seca no Nordeste com aproximadamente 950 mil km², que se estende do Piauí até o norte de Minas Gerais. Ao longo do tempo, mais municípios foram incluídos nessa demarcação: alguns do Maranhão e da Bahia, outros da região leste de Goiás até Tocantins. Essa área é conhecida como **Polígono das Secas**.

Observe e compare os mapas do Monitor de Secas. Neles é possível acompanhar, mês a mês, como a seca progride ou regride em todos os estados do Nordeste. Essa representação acaba por produzir um "mapa da seca".

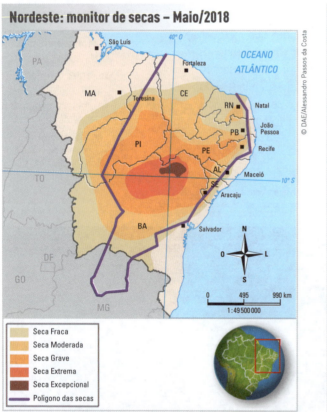

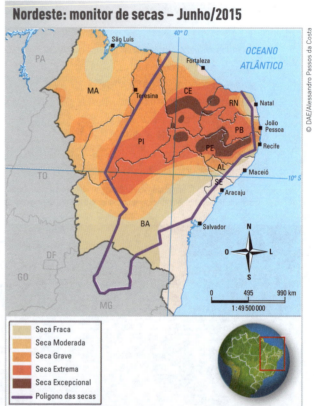

Fonte: Vera Caldine e Leda Ísola. *Atlas geográfico Saraiva*. 4. ed. São Paulo: Saraiva, 2013. p. 72; Funceme. *Monitor de secas do Nordeste do Brasil*, 16 jul. 2018. Disponível em: <http://msne.funceme.br/map/mapa-monitor/comparacao>. Acesso em: jul. 2018.

1. Os mapas representam diferenças quanto às áreas atingidas pela seca em períodos distintos? Explique.

2. Explique a importância do "monitor das secas".

3. Que impactos socioambientais podem ocorrer em áreas atingidas por secas extremas?

4. Converse com os colegas e o professor sobre essa temática e apresente algumas medidas que podem reduzir esses impactos.

A baixa e irregular quantidade de chuvas no Sertão nordestino, assim como as secas prolongadas, decorrem principalmente da atuação irregular das massas de ar. Mas o que isso significa? As massas de ar que atingem o Sertão, vindas do litoral, normalmente já estão secas, ou seja, perderam sua umidade antes de chegar à região. Além disso, a área recebe pouca influência das massas de ar úmidas e frias provenientes do sul do país.

Ocorre que o Planalto da Borborema, com altitudes entre 800 e 1 000 metros, constitui uma barreira natural que impede a penetração dos ventos úmidos vindos do litoral do Atlântico para o interior, influenciando na baixa umidade do Sertão nordestino.

Observe no esquema a seguir a influência do relevo no **clima semiárido** do Sertão.

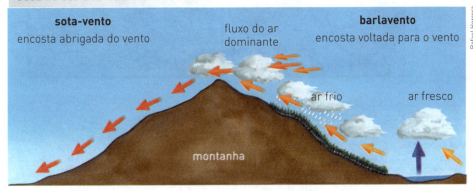

Fonte: Jurandyr Ross. *Geografia do Brasil*. 5. ed. São Paulo: Edusp, 2005. p. 104.

Poucas soluções se efetivaram até o momento para que a população pudesse obter água e realizar sem impedimentos suas atividades econômicas, como a agricultura e a pecuária no semiárido. Se a seca é um fator natural do Sertão, o mesmo não se pode dizer da pobreza e da miséria. Elas são provocadas pela concentração de renda e de terras nas mãos de poucos, além dos desvios de dinheiro público que deveria ser aplicado na região. O problema da distribuição de água é maior que o da falta desse recurso. É necessária uma política pública permanente de acesso à água potável, com projetos, investimentos e alternativas que não se restrinjam apenas a uma parcela da população.

Há muito tempo o governo federal tenta combater o problema da seca por meio da construção de açudes e barragens para reter a água das chuvas. Desde 2009, são realizadas obras de **transposição das águas do Rio São Francisco**. Esse projeto consiste em levar parte dessas águas para outras áreas da região, em especial ao Polígono das Secas, que precisa de abastecimento para diversas finalidades.

Vista aérea de trecho do canal de transposição do Rio São Francisco. Cabrobó (PE), 2018.

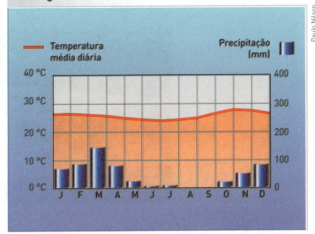

Fonte: Olly Phillipson. *Atlas geográfico mundial* com o Brasil em destaque. São Paulo: Fundamento Educacional, 2010.

 **Viver**

1 Leia a tira a seguir e responda: A qual sub-região ela pode estar relacionada? Justifique sua resposta com um argumento geográfico.

2 Leia o trecho da notícia a seguir e, depois, faça o que se pede.

No semiárido, a convivência com a seca

No semiárido nordestino, o trato da seca vem mudando ao longo dos últimos anos. Se antes a população combatia o fenômeno, agora se vê diante de uma nova proposta política: a convivência com a seca. Há oito anos, Aparecida dos Santos recebeu uma cisterna para armazenar água em sua residência. Até então, era preciso andar cerca de três quilômetros para buscar água para ela e os quatro filhos. Aos 39 anos, Aparecida lembra que a infância inteira foi assim na cidade de Ipirá, na Bahia, a cerca de 200 quilômetros de Salvador: "A gente ia buscar água de bode, como a gente chama. É água barrenta, que a gente tinha que filtrar e ferver. Mas esse era o jeito: pegar água com balde e voltar carregando na cabeça", diz ela. A estratégia é difundida por dois programas que recebem apoio do governo federal e pretende fazer com que cada família consiga estocar a sua água durante o período de chuvas e manejá-la pelos meses de estiagem. […]

Paloma Rodrigues. No semiárido, a convivência com a seca. *Carta Capital*, 10 jun. 2014.
Disponível em: <www.cartacapital.com.br/sociedade/semiarido-187.html>. Acesso em: jul. 2018.

Cisterna construída na região do semiárido (PB), 2017.

a) Como é possível a convivência com a seca, de acordo com o texto?
b) Indique uma vantagem do sistema de cisternas domésticas contra o efeito da seca.

Conviver

A transposição do Rio São Francisco envolve a integração de rios temporários do semiárido por meio de canais artificiais. O projeto desloca águas do Rio São Francisco, integrando-o com outras bacias hidrográficas do norte da região, ao longo do território de quatro estados: Pernambuco, Paraíba, Ceará e Rio Grande do Norte.

O infográfico simula um debate que apresenta argumentos contra e a favor da transposição do Rio São Francisco.

OS ARGUMENTOS

 CONTRA
Segundo o Comitê da Bacia do Rio São Francisco

- O projeto limita a liberação de novas autorizações de uso de água para projetos regionais
- Devido ao regime das águas, a obra ficaria 60% do tempo ociosa
- A transposição não atenderia à população rural, pois seria inviável a construção de dutos para atender a regiões afastadas e pouco habitadas
- 57% do semi-árido está próximo das margens do rio São Francisco, e não há um projeto de economia sustentável para a região
- O custo da água chega a ser cinco vezes maior do que o do abastecimento convencional
- Não há integração com projetos estaduais de fornecimento de água
- Utiliza a capacidade instalada de açudes e não prevê a sua ampliação

 A FAVOR
Segundo o Ministério da Integração Nacional

- Os contratos de uso de água serão revistos, o que deve melhorar a sua utilização
- Na época de cheia do rio, a sobra de energia das usinas diminuirá o custo operacional da transposição
- A seca de 1998/2000 custou R$ 2,2 bilhões somente em assistencialismo, portanto, dois períodos de estiagem pagariam a obra, orçada em R$ 4,5 bilhões
- Em paralelo, seguem projetos para a agricultura familiar e a revitalização do rio, que deve gerar pelo menos 180 mil empregos no cultivo irrigado
- Serão instaladas 1 milhão de cisternas em locais não atendidos pela transposição
- O projeto é "estruturante" e possibilita criar outros programas para o desenvolvimento da região

ENTENDA O PROJETO

- A transposição visa diminuir os efeitos da seca no sertão nordestino, aumentando a vazão de água de alguns dos rios da região e construindo barragens para armazenar e fornecer água em época de estiagem

Editoria de Arte/Folhapress

1. Com o auxílio do professor, reúna-se com os colegas em grupos, organizados entre os que defenderão argumentos "favoráveis" ou "contrários" à transposição do Rio São Francisco. Cada equipe deverá apresentar seu ponto de vista. Para isso, será necessário considerar aspectos indicados pelo infográfico mas também realizar uma pesquisa sobre o tema.

   Juntos, organizem um painel com o registro das ideias e informações, como no exemplo a seguir.

Argumentos a favor	Argumentos contra

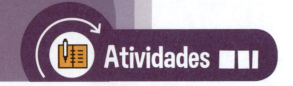

1 Leia o texto a seguir e responda às questões.

No Ceará são comuns eventos de seca. Por causa dessa realidade os governos estadual e federal investiram bastante tempo e dinheiro na construção de açudes. Muitos deles são famosos como o Cedro, em Quixadá, o Orós, que leva o nome da cidade e o Castanhão, que inundou uma cidade inteira para que pudesse ser concluído.

Acumular água com açudagem foi importante para garantir o abastecimento de várias cidades do Ceará, principalmente Fortaleza (2,6 milhões de habitantes), onde parte da água consumida vem da Caatinga. O desmatamento crescente representa grande risco para a manutenção da nossa segurança hídrica, logo **construir açudes não é o suficiente**. Se as nascentes e os leitos dos rios não forem preservados e restaurados com mata nativa, os cursos d'água serão cada vez mais assoreados e não haverá água para guardar. [...]

Projeto água preservada. Disponível em: <https://issuu.com/acaatinga/docs/almanaque_agua_preservada>. Acesso em: ago. 2018.

Açude Cedro, do Sistema Jaguaribe, no sertão cearense. Quixadá (CE), 2015.

a) Comente o trecho destacado no texto.
b) Qual é a importância da Caatinga no abastecimento de água dos municípios do Ceará?
c) Explique a relação entre: desmatamento e escassez de água.

2 Explique a afirmativa: "No Nordeste o problema da distribuição de água é maior que o da falta desse recurso".

3 Leia o texto e, a seguir, faça o que se pede.

[...] Segundo a Fundação Joaquim Nabuco existem mais 80 mil açudes de grande, médio e pequeno porte no Nordeste, com capacidade total de acumulação de 37 bilhões de m³ de água. Estes reservatórios, no entanto, não estão nas mãos dos trabalhadores, que acabam por depender de carros-pipa e outras formas de acesso à água para o consumo familiar de sua produção. [...] Outra contradição que se une à distribuição desigual de terras é a falta de acesso a tecnologias de captação e acúmulo de água, que é voltada apenas para o setor agropecuário. No semiárido brasileiro, em especial na região do Vale do São Francisco, estão localizadas as chamadas "ilhas de tecnologia", onde a produção irrigada é responsável por grande parte da exportação de frutas do país. [...]

Seca no Nordeste, um problema de desigualdade. Movimento dos Atingidos por Barragens (MAB), 7 fev. 2017. Disponível em: <www.mabnacional.org.br/noticia/seca-no-nordeste-um-problema-desigualdade>. Acesso em: jul. 2018.

- O texto exemplifica situações que revelam desigualdade quanto a distribuição de água no Nordeste? Justifique.

4 Observe as fotografias. O que elas representam?

Salgueiro (PE), 2017.

Mucugê (BA), 2016.

5 Sobre o Polígono das Secas, faça o que se pede:

a) Que símbolo foi utilizado para indicar a área que o abrange nos mapas da página 238.

b) Elabore um quadro como o modelo a seguir e complete-o.

Polígono das Secas	
O que é?	
Estados do Nordeste que abrange	
Área	
Condições climáticas	

Retomar

1. Copie o quadro abaixo e complete-o com informações sobre os tipos climáticos do Nordeste brasileiro.

Clima	Características
tropical	
tropical atlântico	
semiárido	

2. Observe o mapa e faça o que se pede.

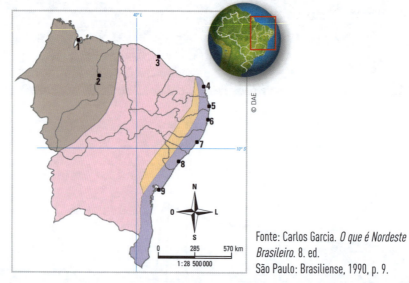

Fonte: Carlos Garcia. *O que é Nordeste Brasileiro*. 8. ed. São Paulo: Brasiliense, 1990, p. 9.

a) Identifique os estados e as respectivas capitais. Utilize os números indicados no mapa.

b) Dê um título ao mapa.

c) Crie uma legenda para nomear as sub-regiões mostradas no mapa. Utilize a simbologia (traços, pontos, linhas) presentes no mapa.

3. Explique a influência do relevo na formação do clima semiárido do Nordeste. Faça um esquema para representar seu texto.

4. Comente a importância do cultivo da cana-de-açúcar e da pecuária bovina na ocupação e povoamento do Nordeste.

5. Retome o mapa "Brasil: migrações (1950-1970)" da página 218. Indique o motivo do deslocamento de nordestinos em direção:

a) à Amazônia;

b) ao Centro-Oeste e Sudeste.

6. Cite exemplos de produtos ou recursos naturais importantes nos diferentes setores da economia nordestina:

a) agricultura;

b) indústria;

c) extrativismo vegetal.

7 Organize um quadro comparativo com características das sub-regiões do Nordeste. Observe o modelo.

Sub-região	Posição geográfica	Clima	Atividades econômicas
Zona da Mata	Área litorânea desde o Rio Grande do Norte até a Bahia		
Agreste			Policultura
Sertão			
Meio-Norte			

8 Leia o trecho da notícia a seguir e, depois, faça o que se pede.

Quebradeiras de coco babaçu

Do babaçu, nada se perde. Da palha, cestos. Das folhas, o teto das casas. Da casca, carvão. Do caule, adubo. Das amêndoas, óleo, sabão e leite de coco. Do mesocarpo, uma farinha altamente nutritiva. [...] O tempo que o cacho com os cocos leva para cair é de exatos 9 meses. [...]

[...] A luta é antiga. As dificuldades impostas levaram as quebradeiras a se organizar: o MIQCB, rede de cooperativas, associações e comissões dedicada à luta pelo direito das comunidades que extraem o babaçu, tem mais de 20 anos. Desde então, a Lei Babaçu Livre tem sido a principal bandeira das quebradeiras. De poucos anos pra cá, no entanto, a reivindicação começou a ser outra. Mulheres do Maranhão passaram a participar de uma articulação estadual que reúne indígenas, quilombolas e outros tipos de comunidades camponesas, na Teia de Povos e Comunidades Tradicionais. No aprendizado com os outros grupos, perceberam que seu modo de vida, sem um território garantido, permanecerá ameaçado e violentado. Suas vidas submissas aos desmandos de fazendeiros. [...]

Xavier Bartaburu. Quebradeiras de coco babaçu. *Repórter Brasil*, 27 jan. 2018. Disponível em: <https://reporterbrasil.org.br/comunidadestradicionais/quebradeiras-de-coco-babacu/>. Acesso em: jul. 2018.

a) Em que sub-região do Nordeste se encontra o babaçu? Em que estado?

b) Explique: "Do babaçu nada se perde".

c) O texto apresenta uma ação coletiva que busca a defesa socioambiental da espécie do babaçu. Explique a importância desse movimento social.

d) Explique a importância de haver um "território garantido" para comunidades tradicionais, como a das quebradeiras de coco do babaçu.

9 Existem medidas ou projetos que podem ser utilizados para diminuir os efeitos da falta de água no Nordeste? Mencione exemplos.

10 Sobre a transposição do Rio São Francisco, responda:

a) Qual o objetivo do projeto?

b) Que estados do Nordeste abrange?

Visualização

A seguir apresentamos um mapa conceitual sobre o tema estudado nesta unidade. Trata-se de uma representação gráfica que organiza o conteúdo, composto de uma estrutura que relaciona os principais conceitos e as palavras-chave. Essa ferramenta serve como resumo e instrumento de compreensão dos textos, além de possibilitar consultas futuras.

NORDESTE

- é um complexo regional ou região geoeconômica
  - foi a primeira área de colonização na América
    - baseada, inicialmente, na exploração de pau-brasil
    - e, posteriormente, na **agricultura**
      - paralelamente a
        - tabaco
        - algodão
      - pecuária

- é formado pelos estados
  - Piauí
  - Ceará
  - Rio Grande do Norte
  - Paraíba
  - Pernambuco
  - Alagoas
  - Sergipe
  - Bahia
  - além da maior parte do estado do Maranhão
  - e o norte de Minas Gerais

- principalmente de **cana-de-açúcar**
  - gerou riquezas que tornaram Salvador, entre 1549 e 1763, a capital do Brasil
  - desenvolveu-se bem devido ao solo massapê e ao clima quente e úmido
  - cutivos
  - engenhos

- com mão de obra de indígenas e africanos
  - que foram escravizados

Fabio Nienow

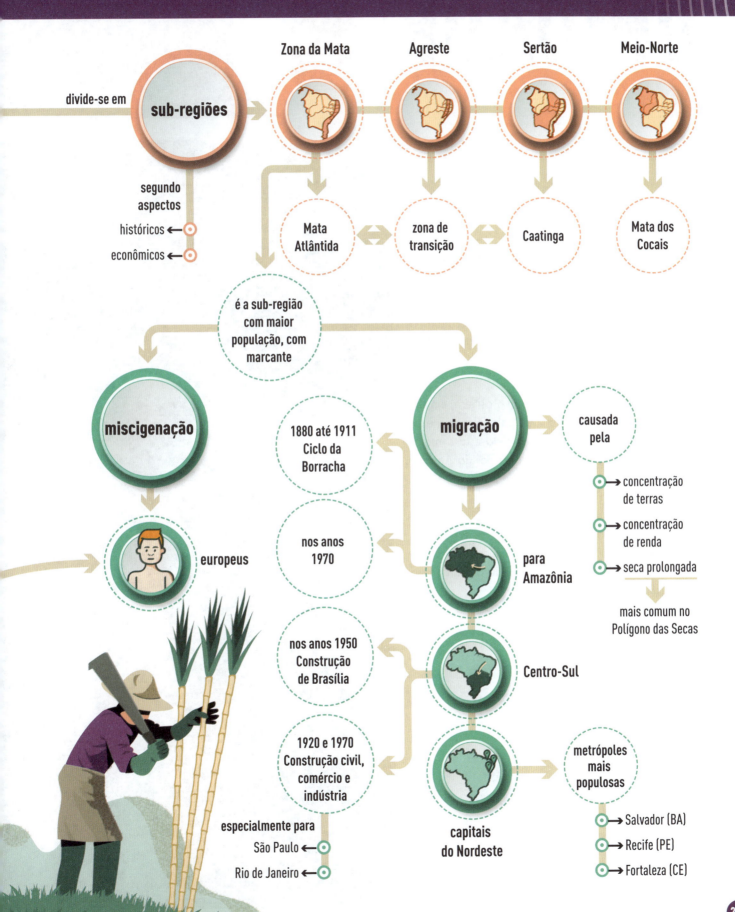

UNIDADE 8

> **Antever**

1 Descreva a relação entre os aspectos naturais e culturais dessa paisagem.

2 O que você sabe sobre a importância da Floresta Amazônica?

3 Diante do avanço das atividades econômicas na região, como é possível conservar as características desse espaço?

O maior complexo regional brasileiro, em termos de área, é representado pela imensa e exuberante Floresta Amazônica. Nela está a maior bacia hidrográfica do mundo, a do Rio Amazonas, e a maior concentração de povos indígenas do país. Sua gigantesca área e rica biodiversidade a tornam uma região estratégica para o Brasil. E se a manutenção da biosfera é parte fundamental para o equilíbrio das condições ambientais, não podemos negar a importância dessa floresta para o mundo todo.

Vista aérea da aldeia Pykararakre, da etnia kayapó, na margem do Rio Xingu, Terra Indígena Kayapó. São Félix do Xingu (PA), 2016.

Amazônia

CAPÍTULO 25 — Localização, ocupação e povoamento

Amazônia: localização e reconhecimento

Maior dos três complexos regionais, a **Amazônia** compreende cerca de 60% da área territorial do Brasil. Essa região abrange o território dos estados de Rondônia, Acre, Amazonas, Roraima, Amapá e Pará, além da maior parte dos estados de Mato Grosso e Tocantins e do oeste do estado do Maranhão. Sua população é de aproximadamente 24 milhões de habitantes (cerca de 12% da população nacional).

Dentre os três complexos regionais brasileiros, a Amazônia destaca-se por seu quadro natural: extenso relevo de terras baixas, a maior bacia hidrográfica do mundo, clima quente e úmido e a maior Floresta Tropical do planeta – a **Floresta Amazônica**. Além disso, seu quadro humano apresenta a maior concentração de povos indígenas do Brasil, além da grande presença de comunidades ribeirinhas.

Ampliar

Amazônia, Amazônias, de Carlos Walter Porto Gonçalves (Contexto).

O livro traça um panorama da Amazônia, mostrando sua diversidade e suas contradições.

Portal Amazônia
www.portalamazonia.com

Jornal com informações variadas sobre os estados da Amazônia.

Fonte: *Atlas geográfico escolar*. 7. ed. Rio de Janeiro: IBGE, 2016. p. 152.

Define-se como **Amazônia Legal** a área pertencente ao Brasil, cuja delimitação territorial foi instituída pelo governo federal em decorrência da necessidade de planejar o desenvolvimento econômico da região. Sua abrangência não se limita apenas à área da Floresta Amazônica.

O **bioma da Amazônia** estende-se a outros países da América do Sul: Guiana Francesa, Suriname, Guiana, Venezuela, Colômbia, Peru, Equador e Bolívia.

Observe seus limites no mapa abaixo.

Amazônia internacional

Fonte: Arnaldo Carneiro Filho e Oswaldo Braga de Souza. *Atlas de pressões e ameaças às terras indígenas na Amazônia Brasileira.* São Paulo: Instituto Socioambiental, 2009. p. 11; *Atlas geográfico escolar.* 7. ed. Rio de Janeiro: IBGE, 2016. p. 152.

Embora seja o maior complexo regional brasileiro em termos de área, a Amazônia tem os menores índices de povoamento. A baixa densidade demográfica (cerca de 4 hab./km^2) pode ser explicada por dois fatores: predominância dos elementos naturais, como a densa floresta e os grandes rios, e a forma de ocupação histórica do território nacional, que, como você já estudou, privilegiou outras regiões do país. No entanto, atualmente é crescente a importância da agropecuária e da mineração, além de algumas atividades industriais. Apesar das dificuldades para a ocupação humana de boa parte desse complexo regional, a região caracteriza-se por ser uma importante reserva estratégica, seja pela diversidade vegetal, animal e mineral, seja pela importância ecológica da Amazônia para todo o mundo.

Um dos graves problemas enfrentado nessa região é o desmatamento, que, segundo estudos, está prestes a atingir um determinado limite a partir do qual áreas da floresta podem passar por mudanças irreversíveis, que comprometerão sua rica biodiversidade. Outra questão é a disputa por terras, que envolve diferentes segmentos da sociedade, entre eles povos tradicionais e latifundiários.

Na página a seguir é possível perceber, por meio do infográfico, a complexidade das questões de ordem ecológica, social, econômica e ambiental do Complexo Regional Amazônico.

Ampliar

Instituto Chico Mendes de Conservação da Biodiversidade (ICMBio)

www.icmbio.gov.br/portal/centrosdepesquisa/biodiversidade-amazonica

Informações sobre a biodiversidade e unidades de conservação na Amazônia.

Viagem ecológica à Amazônia,

de Arlette Piai (Cortez)

Informações sobre a Amazônia, os habitantes nativos, lendas e tradições locais.

Fonte: Repórter Brasil. *Amazônia: trabalho escravo + dinâmicas correlatas*. Disponível em: <http://reporterbrasil.org.br/wp-content/uploads/2016/06/FINAL_folderAmz_2015_WEB.pdf>. Acesso em: jul. 2018.

Povoamento indígena

Antigamente, só vivíamos no mato, nunca tínhamos visto as coisas do branco, como facão, faca, machado, arma de fogo, fumo, panela, sal.

Antigamente, só usávamos flecha e borduna para matar os bichos, para criar nossos filhos.

Antigamente, nunca tínhamos visto avião, carro, barco, voadeira.

Antigamente, usávamos cama de buriti, palha de açaí e bananeira braba.

Para dormir, não precisávamos carregar nada como hoje.

Agora nós temos que carregar a rede para dormir.

Anhê Mekrangotire. *Geografia indígena*.
Parque Indígena do Xingu: MEC; ISA; Pnud, 1996.

Indígenas dançando a maniaka murasi, também conhecida como "dança da mandioca", na Aldeia Moikarakô, Terra Indígena Kayapó. São Félix do Xingu (PA), 2016.

Antes da chegada dos colonizadores portugueses, as terras amazônicas eram ocupadas por vários **povos indígenas**. Naquela época, estima-se que havia até 5 milhões de indígenas habitando o atual território brasileiro. Atualmente, segundo o Censo 2010, a população indígena está reduzida a 817 963 pessoas, e a maior parte dela reside na Amazônia.

Ao longo do processo de ocupação do território brasileiro, várias tragédias marcaram a vida dos povos indígenas: escravidão, doenças, perda de suas terras, massacres e outros males que quase levaram esses povos à extinção.

Como a ocupação da região amazônica por parte dos colonizadores europeus e o contato com eles ocorreram, em geral, mais tarde do que nas outras regiões, muitos povos indígenas continuam conservando integralmente suas culturas e tradições.

Nas décadas de 1960, 1970 e 1980, muitas de suas terras foram invadidas e tomadas para a construção de rodovias e a implantação de projetos de mineração e agropecuários. Atualmente, a maior parte dos povos indígenas vive em terras e reservas demarcadas pelo governo e ocupam cerca de 20% do território amazônico. Nelas procura-se preservar a cultura dos povos indígenas. Mesmo assim, são comuns os conflitos por terras nessas áreas, que muitas vezes acarretam mortes ou a expulsão de alguns grupos. Esses episódios são provocados, em geral, por posseiros, **grileiros** e alguns proprietários de terra que não reconhecem os direitos desses povos, mesmo sendo garantidos por lei.

Ampliar

Povos Indígenas no Brasil – Índios isolados

http://pib.socioambiental.org/pt/c/no-brasil-atual/quem-sao/Indios-isolados

Nesse *site*, quando se clica no nome de um povo indígena, abre-se uma página com fotografias e informações sobre ele.

Povos Indígenas no Brasil – Quadro geral dos povos

http://pib.socioambiental.org/pt/c/quadro-geral

Quadro geral com o nome dos diversos grupos indígenas e informações sobre número de indivíduos e estado onde vivem.

Glossário

Grileiro: aquele que se apropria ilegalmente da terra e apresenta título falsificado de propriedade.

Brasil: Terras Indígenas

55% dos indígenas que vivem em terras indígenas estão na Amazônia

45% dos indígenas que vivem em terras indígenas estão fora da Amazônia

Fonte: Instituto Socioambiental. Disponível em: <https://img.socioambiental.org/v/publico/pibmirim/onde-vivem/easelly_popTIsAL.jpg.html>. Acesso em: jul. 2018.

Embora estudos revelem que a população indígena vem aumentando 3,5% ao ano, muitas etnias – como a dos yanomâmi – tiveram sua população reduzida. No final da década de 1980, milhares deles morreram devido a uma epidemia de malária.

Entre as principais dificuldades dos povos indígenas na atualidade estão manter e garantir os direitos já adquiridos (como a regularização de terras e a participação política) e lutar por outros que ainda precisam ser conquistados.

Além dos povos indígenas, os caboclos estão entre os principais representantes da população da Amazônia. **Caboclo** é a denominação do indivíduo característico do espaço rural amazônico, sobretudo o ribeirinho. A família ribeirinha vive na floresta, às margens dos rios e igarapés da região.

Comunidade ribeirinha às margens do Rio Amazonas. Próximo a Manaus (AM), 2017.

Leia o texto a seguir e faça o que se pede.

Identidade indígena: o orgulho de ser índio

O reconhecimento da cidadania indígena brasileira e, consequentemente, a valorização das culturas indígenas possibilitaram uma nova consciência étnica dos povos indígenas do Brasil. Ser índio transformou-se em sinônimo de orgulho identitário. Ser índio passou de uma generalidade social para uma expressão sociocultural importante do país. Ser índio não está mais associado a um estágio de vida, mas à qualidade, à riqueza e à espiritualidade de vida. Ser tratado como sujeito de direito na sociedade é um marco na história indígena brasileira, propulsor de muitas conquistas políticas, culturais, econômicas e sociais.

[...]

É notório o interesse das novas gerações indígenas, mais do que aquele dos velhos anciãos, pela recuperação do valor e do significado da identidade indígena, como afirmou um índio bororo certa vez: 'É desejo de todo índio entrar e fazer parte da modernidade e seu passaporte primordial é a sua tradição'. Parece ser esta a razão principal da revalorização da identidade indígena. Entrar e fazer parte da modernidade não significa abdicar de sua origem nem de suas tradições e modos de vida próprios, mas de uma interação consciente com outras culturas que leve à valorização de si mesmo. Para os jovens indígenas, não é possível viver a modernidade sem uma referência identitária, já que permaneceria o vazio interior diante da vida frenética aparentemente homogeneizadora e globalizadora, mas na qual subjazem profundas contradições, como a das identidades individuais e coletivas. [...]

Gersem dos Santos Luciano. *O índio brasileiro: o que você precisa saber sobre os povos indígenas no Brasil de hoje.* Brasília: Ministério da Educação; Secretaria de Educação Continuada, Alfabetização e Diversidade; Laced/Museu Nacional, 2006. p. 38-40. Disponível em: <unesdoc.unesco.org/images/0015/001545/154565por.pdf>. Acesso em: jul. 2018.

① Apresente três situações mencionadas no texto que evidenciam a valorização dos povos indígenas na atualidade, segundo o autor.

② Em sua opinião, a que se deve a valorização apresentada pelo autor no texto?

③ Você valoriza sua cultura e suas tradições? Comente.

④ Reflita sobre a seguinte afirmação: A cultura das populações indígenas brasileiras é respeitada.

Conviver

Reúna-se em um grupo de três a quatro alunos e, juntos, leiam o texto que trata da importância da educação escolar indígena.

Alunos da Escola Municipal de Ensino Fundamental Indígena Kubenhika-ti, na Aldeia Moikarakô, Terra Indígena Kayapó. São Félix do Xingu (PA), 2016.

A Constituição Federal assegura às comunidades indígenas o direito de uma educação escolar diferenciada e a utilização de suas línguas maternas e processos próprios de aprendizagem. Cabe ressaltar que, a partir da Constituição de 1988, os índios deixaram de ser considerados uma categoria social em vias de extinção e passaram a ser respeitados como grupos étnicos diferenciados, com direito a manter 'sua organização social, costumes, línguas, crenças e tradições'.

Também a Lei de Diretrizes e Bases da Educação Nacional garantiu aos povos indígenas a oferta de educação escolar intercultural e bilíngue.

[...]

A proposta de uma escola indígena diferenciada, de qualidade, representa uma grande novidade no sistema educacional do país e exige das instituições e órgãos responsáveis a definição de novas dinâmicas, concepções e mecanismos, tanto para que estas escolas sejam de fato incorporadas e beneficiadas por sua inclusão no sistema oficial, quanto para que sejam respeitadas em suas particularidades. Para tanto, estão sendo implementados programas com os objetivos de proporcionar aos índios, suas comunidades e povos, a recuperação de suas memórias históricas; a reafirmação de suas identidades étnicas; a valorização de suas línguas e ciências; e de garantir aos índios, suas comunidades e povos, o acesso às informações, conhecimentos técnicos e científicos da sociedade nacional e das demais sociedades indígenas e não indígenas.

A educação bilíngue, adequada às peculiaridades culturais dos diferentes grupos, é melhor atendida por professores índios. É preciso reconhecer que a formação inicial e continuada dos próprios índios, enquanto professores de suas comunidades, deve ocorrer em serviço e concomitantemente à sua própria escolarização. A formação que se contempla deve capacitar os professores para a elaboração de currículos e programas específicos para as escolas indígenas; o ensino bilíngue, no que se refere à metodologia e ensino de segundas línguas e ao estabelecimento e uso de um sistema ortográfico das línguas maternas; a condução de pesquisas de caráter antropológico visando à sistematização e incorporação dos conhecimentos e saberes tradicionais das sociedades indígenas e à elaboração de materiais didático-pedagógicos, bilíngues ou não, para uso nas escolas instaladas em suas comunidades.

[...]

Ministério da Educação e Organização de Estados Ibero-americanos. Educação escolar indígena. *Sistema Educativo Nacional do Brasil*. Disponível em: <www.oei.es/quipu/brasil/educ_indigena.pdf>. Acesso em: jul. 2018.

1. Em duplas, reflitam e conversem sobre as questões a seguir.
   a) A importância de as questões indígenas estarem presentes na Constituição.
   b) O papel da escola indígena na preservação da cultura de cada grupo étnico.
   c) Uma proposta de política pública indígena que atenda as questões específicas dessa população, como acesso à educação e a recursos de telecomunicação.

2. Compartilhem com os demais colegas e o professor as suas conclusões sobre esse tema.

A ocupação europeia

Estudamos que, antes da chegada dos europeus à América do Sul, a região amazônica era habitada por diferentes povos que estavam dispersos pelo território. A presença dos **colonizadores portugueses** alterou de forma definitiva a vida das populações nativas da Amazônia. O modelo de ocupação implementado deu início ao processo de devastação e extinção de espécies vegetais e animais da região. O extrativismo foi a atividade econômica que impulsionou essa ocupação.

Antônio Parreiras (1860-1937). *Conquista do Amazonas*, 1907. Óleo sobre tela, 400 cm × 800 cm.

Durante o Período Colonial, as chamadas "**drogas do sertão**", que nada mais eram do que os produtos da floresta, representavam o grande interesse da Europa na Amazônia. A exploração desses produtos era realizada mediante o trabalho forçado dos indígenas. Os rios da região serviram como "estradas" fluviais para os colonizadores. A partir do século XVII, foram instaladas diversas fortificações ao longo do Rio Amazonas e de seus afluentes para garantir a posse da região à Coroa portuguesa.

Veja nas fotografias a seguir alguns exemplos de "drogas do sertão".

Castanha-do-pará. Belém (PA), 2015.

Urucum. Porto Velho (RO), 2010.

Guaraná. Maués (AM), 2015.

Diversas companhias religiosas fixaram-se na Amazônia com o objetivo de catequizar os nativos. Assim, nos fortes e nas missões se estabeleceram os primeiros povoados e vilas.

A partir de meados do século XIX, teve início na região a extração do látex, matéria-prima para a produção de borracha. A seringueira, árvore da qual se extrai o látex, passou a ser alvo dos exploradores.

O **ciclo da borracha** no Brasil (1879-1912) estava associado à necessidade de produção para os mercados internacionais, pois se iniciava, na época, a indústria de pneus e de automóveis norte-americana e europeia.

A extração do látex trouxe grandes mudanças econômicas e sociais, pois muitas pessoas migraram para a Amazônia, principalmente os nordestinos.

Extração do látex em floresta da Amazônia brasileira. Gravura do livro *Les merveilles de l'industrie*, de Louis Figuier, Paris, c. 1880.

Gravura da residência de um rico seringueiro feita por Franz Keller-Leuzinger (1835-1890) em 1867 para *Il Giro del Mondo (World Tour), Journal of Geography, Travel and Costumes*, v. I, n. 23, 6 maio 1875.

O ciclo da borracha teve seu declínio com a exploração de florestas do sudeste da Ásia, que tomaram o lugar do Brasil na produção. Esse declínio fez muitos trabalhadores voltarem ao lugar de origem deles, o que afetou a economia local. Embora a Amazônia seja um complexo regional ameaçado pela crescente destruição ambiental, existem atualmente muitas comunidades, empresas e órgãos governamentais que atuam na exploração e no aproveitamento dos recursos da floresta de acordo com os princípios do desenvolvimento sustentável.

1. Localize o Complexo Regional Amazônico, indicando hemisférios, limites e porção que ocupa no território brasileiro.

2. Pesquise e cole imagens que retratam a diversidade natural e cultural da Amazônia. Em seguida, elabore legendas que apresentem características desse complexo regional.

3. Que fatores contribuíram para a redução da população indígena da Amazônia?

4. O que motivou a ocupação portuguesa na Amazônia?

5. A fotografia abaixo registra uma tradição dos kayapós da Aldeia Moikarakô (PA): a corrida masculina de tora. Por que essa cena evidencia a importância das reservas para os indígenas?

Aldeia Moikarakô, Terra Indígena Kayapó. São Félix do Xingu (PA), 2016.

6. Explique por que posseiros e grileiros são exemplos de ameaça aos grupos indígenas da Amazônia.

7. Observe as fotografias abaixo e converse com o professor e os colegas sobre o uso de tecnologias da informação nas terras indígenas. Que vantagens podem ser propiciadas pelo uso dessas tecnologias? Seu uso pode ocasionar algum risco aos costumes tradicionais?

Palmas (TO), 2015.   Parque Indígena do Xingu (MT), 2018.

CAPÍTULO 26
Natureza, biodiversidade e exploração de recursos

Floresta Amazônica

Você já sabe que a Floresta Amazônica tem a maior biodiversidade do planeta. A biodiversidade que essa região apresenta revela sua importância ambiental não só para nosso país, mas para o mundo. Assim, é indispensável sua preservação, uma vez que rios, florestas e clima têm uma constante relação de interdependência.

Leia os versos da letra da canção *Saga da Amazônia*, de Vital Farias, sobre o assunto e observe a paisagem da floresta na fotografia a seguir.

Mata de várzea da Floresta Amazônica. Tefé (AM), 2017.

Era uma vez na Amazônia a mais bonita floresta
mata verde, céu azul, a mais imensa floresta
no fundo d'água as Iaras, caboclo lendas e mágoas
e os rios puxando as águas

Papagaios, periquitos, cuidavam de suas cores
os peixes singrando os rios, curumins cheios de amores
sorria o jurupari, uirapuru, seu porvir
era: fauna, flora, frutos e flores [...]

Vital Farias. *Saga da Amazônia*.
Disponível em: <www.letras.mus.br/vital-farias/380162/>.
Acesso em: jul. 2018.

1. O que os versos da canção e a fotografia revelam sobre a Amazônia?
2. O que a paisagem mostra quanto ao clima e à hidrografia da região?
3. Em sua opinião, que recursos naturais são obtidos da floresta e dos rios da Amazônia?

A **Floresta Amazônica** é uma floresta tropical bastante heterogênea, pois é composta de grande variedade de plantas. Também depende de muita umidade para se desenvolver, por isso é hidrófila, ou seja, uma vegetação que precisa absorver muita água.

Nessa floresta predominam árvores de folhas grandes e largas, denominadas latifoliadas, que ficam muito perto umas das outras. Como a floresta é densa, ou seja, fechada, as copas das árvores também ficam muito próximas entre si, chegando a impedir a entrada de luz. Muito altas, as árvores podem atingir de 60 a 65 metros de altura, aproximadamente. Há troca constante das folhas, por isso as copas se mantêm sempre verdes.

Embora pareça uniforme, como uma "imensa área verde", é possível estabelecer na Floresta Amazônica três diferentes níveis relacionados ao relevo, à umidade e ao tipo de solo. Dessa forma, as características atribuídas à Floresta Amazônica apresentam variações de aspecto da vegetação de acordo com o local onde se desenvolve.

Observe no esquema a seguir os níveis da floresta.

Níveis da Floresta Amazônica

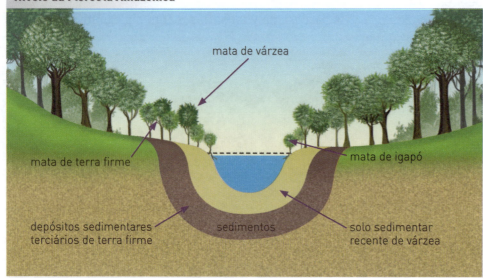

Fonte: *Manual técnico da vegetação brasileira*. 2. ed. Rio de Janeiro: IBGE, 2012. p. 65-67. Disponível em: <https://biblioteca.ibge.gov.br/visualizacao/livros/liv63011.pdf>. Acesso em: ago. 2018.

- **Mata de igapó**: ocupa as áreas mais próximas aos rios e permanece constantemente alagada. Nela, encontram-se árvores mais baixas (altura inferior a 20 metros) e plantas aquáticas.

Mata de igapó no Rio Amazonas. Próximo a Parintins (AM), 2017.

- **Mata de várzea**: ocupa as áreas que são inundadas durante o período de cheias. Essa é a parte da floresta cujo solo é mais fértil e, por isso, nos períodos de seca é aproveitada pela população ribeirinha para o cultivo de produtos de subsistência. O açaí e a seringueira são exemplos de árvores encontradas na mata de várzea, destacando-se como produtos do extrativismo vegetal.
- **Terra firme**: recobre as áreas mais elevadas, não atingidas pelas inundações, e abrange cerca de 90% da área total da Floresta Amazônica, com árvores que atingem de 30 a 60 metros de altura, como o mogno e a castanheira-do-pará. A proximidade das copas das árvores dificulta a entrada da luz solar no interior da floresta e interfere no desenvolvimento de plantas de pequeno porte.

Árvore em área de mata de várzea; a marca no tronco indica a altura que a água atinge na cheia. Tefé (AM), 2017.

Área de terra firme às margens do Rio Chandless, no Parque Estadual Chandless. Santa Rosa do Purus (AC), 2017.

Quanto ao solo, na área de ocorrência da Floresta Amazônica, a decomposição de folhas, de galhos e de restos vegetais e animais garante o acúmulo de nutrientes, que são absorvidos pelas raízes dos vegetais. Portanto, é possível afirmar que a floresta é autossuficiente. A acelerada decomposição do material orgânico, que tem como um dos fatores a extrema umidade da região, assegura a fertilidade do solo para o desenvolvimento e manutenção dos vegetais.

Sem esse material orgânico, os solos amazônicos são ácidos e com baixa fertilidade, com exceção da várzea, onde as terras que inundam são ricas em matéria orgânica. Além da floresta, a região da Amazônia também apresenta formações campestres que recobrem vastas extensões dos estados do Amazonas, de Roraima e da Ilha de Marajó, no Estado do Pará. O **Cerrado** também é encontrado na região, recobrindo especialmente áreas dos estados de Mato Grosso e Tocantins.

O clima predominante na Amazônia é o **equatorial**, que se caracteriza por ser quente e úmido. As temperaturas médias variam de 25 °C a 27 °C, com chuvas em grande quantidade. Esse fenômeno, aliado ao calor, responde pela rica vegetação. Nessa região é muito intensa a evapotranspiração, que é a evaporação de águas do solo e das superfícies líquidas somada à transpiração dos vegetais. Embora as temperaturas elevadas predominem na região, pode ocorrer um fenômeno denominado friagem, que provoca a queda da temperatura, evento que predomina no estado de Rondônia. Isso acontece porque, durante o inverno no Hemisfério Sul, a massa de ar polar proveniente do Atlântico Sul pode atingir o sudoeste da Amazônia.

Observe os mapas de clima e vegetação original da Amazônia.

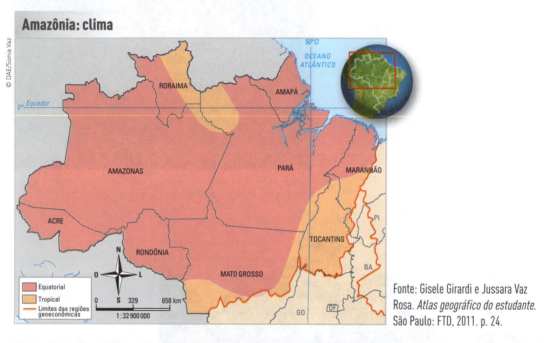

Fonte: Gisele Girardi e Jussara Vaz Rosa. *Atlas geográfico do estudante*. São Paulo: FTD, 2011. p. 24.

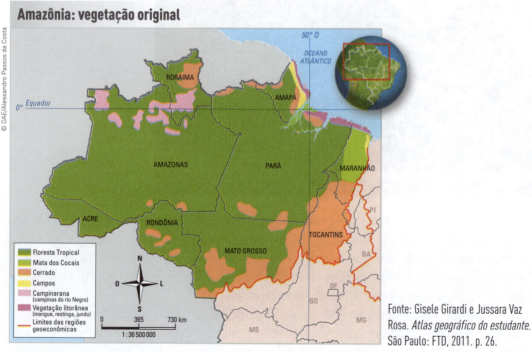

Fonte: Gisele Girardi e Jussara Vaz Rosa. *Atlas geográfico do estudante*. São Paulo: FTD, 2011. p. 26.

Perceba as inter-relações existentes entre as características climáticas e a formação vegetal da região amazônica.

As águas

O texto a seguir registra uma das inúmeras lendas que interpretam a ocorrência de um fenômeno natural. Leia-o e, depois, converse com os colegas: O que essa lenda explica?

> Dizem que a Lua queria se casar com o Sol, mas se isso acontecesse o mundo seria destruído porque o Sol queimaria tudo e as lágrimas da Lua inundariam a Terra. Como não puderam se casar, cada um foi para o seu lado. Ainda assim, a Lua chorou um dia inteiro e suas lágrimas correram pela Terra buscando o mar. Só que este não aceitou as lágrimas da Lua e elas tiveram que voltar, mas não deram conta de subir as altas montanhas de onde tinham descido e tiveram mais uma vez de descer, formando, no trajeto, o rio Amazonas.

Carlos Felipe e Maurizio Manzo. *O grande livro do folclore*. São Paulo: Leitura, 2000. p. 24.

Já estudamos que a região amazônica contém a maior bacia hidrográfica do planeta, formada pelo Rio Amazonas (o maior e mais volumoso do mundo) e seus numerosos e extensos afluentes. Assim como a Floresta Amazônica, a **bacia hidrográfica do Rio Amazonas** também extrapola os limites do território brasileiro, sendo constituída por uma complexa rede de drenagem que despeja no oceano cerca de 12% de toda a água doce superficial do planeta.

A grandeza da Bacia Amazônica deve-se, sobretudo, à quantidade de águas que ela recebe das chuvas, além do degelo da Cordilheira dos Andes. Observe no mapa ao lado a grande extensão territorial da Bacia do Rio Amazonas na região amazônica.

Fonte: *Atlas geográfico escolar: Ensino Fundamental do 6º ao 9º ano*. Rio de Janeiro: IBGE, 2010. p. 16.

As características dos rios amazônicos estão diretamente relacionadas ao relevo da região, formado por planaltos, planícies e depressões, com predominância de baixas altitudes. Observe-o em destaque no mapa abaixo.

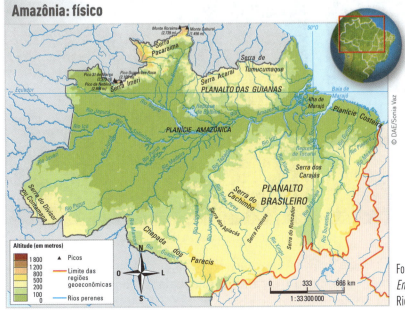

Fonte: *Atlas geográfico escolar: Ensino Fundamental do 6º ao 9º ano*. Rio de Janeiro: IBGE, 2010. p. 13.

263

Quase todos os rios são navegáveis, até por embarcações de grande porte, e são utilizados pela população em seus deslocamentos diários, desempenhando importante papel no transporte de pessoas e mercadorias. O comerciante que leva mercadorias de barco até os vilarejos ribeirinhos é conhecido popularmente como "regatão". O pagamento pelas mercadorias é geralmente feito com o produto da pesca, o açaí ou outros recursos naturais oriundos do trabalho diário.

Para os povos ribeirinhos, em especial, além de mercadorias, alguns serviços básicos, como saúde e educação, também chegam pelo rio.

Transporte escolar feito por embarcação. Aveiro (PA), 2014.

Muitas vezes, o ano letivo escolar tem que ser modificado e adaptado conforme o regime dos rios. Assim, para evitar maiores dificuldades de acesso durante o período da vazante (época em que as águas estão baixas) e para não comprometer o calendário escolar, as escolas, muitas vezes, iniciam as aulas em janeiro, quando o nível do rio está subindo, e terminam em outubro, quando a vazante forma extensas praias ao longo dos rios afluentes.

Palafitas na maré-alta. Macapá (AP), 2014.

Palafitas na maré-baixa. Macapá (AP), 2014.

Em menor tamanho, se comparada à Bacia do Rio Amazonas, a região amazônica também é composta de outra importante bacia hidrográfica: a do **Rio Tocantins-Araguaia**. O Rio Tocantins e seus afluentes, sendo o maior deles o Rio Araguaia, formam a maior bacia hidrográfica totalmente brasileira.

De olho no legado

A nossa biodiversidade espantosa seria resultado de uma invasão dos mares do Caribe na nossa floresta, há 12 milhões de anos.

Como explicar o fato de que a Amazônia concentra 10% de toda a biodiversidade do planeta? Com um dente de tubarão e uma lacraia do mar.

Uma série de cientistas já defendia que a Floresta Amazônica teria sido invadida por água salgada. Mas faltavam evidências concretas que cimentassem a teoria. Era uma possibilidade atraente: uma mudança ecológica desse tamanho poderia facilmente causar a pressão evolutiva necessária para que toda a diversidade de espécies que conhecemos se desenvolvesse.

Parque Nacional Yasuni. Equador, 2018.

Para confirmar essa hipótese, um time internacional cheio de grandes autoridades gringas foi reunido pelo Instituto Smithsonian de Pesquisa Tropical. O foco de seus estudos foi uma série de sedimentos encontrados em poços de petróleo na Colômbia e em rochas no norte do Brasil. Nas camadas mais profundas, encontraram o dente de tubarão e o crustáceo. Mas a prova mais relevante era bem menos impressionante: pólen, muito pólen.

Não do tipo que vem de flores e causa alergia na primavera, mas uma versão muito parecida produzida por plantas aquáticas e algas. Eles são úteis porque o pólen que surge em água salgada pode ser diferenciado daquele que vem da água doce.

Os cientistas analisaram 15 mil grãos individuais desse pólen, organizados ao longo do tempo em camadas. O que perceberam é que esses grãos formavam sanduíches: duas camadas de pólen marinho, separadas por várias camadas de pólen de água doce.

Para os pesquisadores, os resultados apontam para duas inundações de água salgada. A primeira, responsável pela primeira "fatia" do sanduíche, teria acontecido há 17 milhões de anos. Foi rápida e seguida de um tempo mais tranquilo, de readequação da fauna e da flora, que só durou entre 1 e 4 milhões de anos. Por fim, veio mais uma inundação, igualmente curta, direto dos mares do Caribe, fechando o sanduíche.

Mas como o mar teria invadido a Amazônia? Graças aos movimentos tectônicos. Os mesmos movimentos geológicos que "criaram" a cordilheira dos Andes também abaixara, temporariamente, o nível do solo ao redor das montanhas, deixando a água entrar do Caribe, atravessando a Venezuela, e chegando no Brasil. Tudo voltou ao normal quando os movimentos geológicos se estabilizaram. Até mais uma forcinha das placas tectônicas, milhões de anos depois, repetir todo o processo.

Se te disserem, portanto, que o sertão vai virar mar, não duvide: a floresta já virou. E não foi uma vez só.

Ana Carolina Leonardi/Abril Comunicações S.A. A Amazônia já foi mar (mais de uma vez). *Superinteressante*, 9 maio 2017. Disponível em: <https://super.abril.com.br/ciencia/a-amazonia-ja-foi-mar-mais-de-uma-vez/>. Acesso em: jul. 2018.

1. O que é biodiversidade?
2. Qual é a tese defendida no texto que explica a rica biodiversidade da Floresta Amazônica?
3. Admirada, a imensa biodiversidade da Amazônia desperta interesse de toda a comunidade científica mundial. Converse com o professor e os colegas sobre a forma pela qual a flora e a fauna amazônicas podem ajudar a desenvolver substâncias revolucionárias para aplicações diversas.

Viver

Os indígenas do Complexo Regional Amazônico têm várias lendas para explicar a origem da biodiversidade da Amazônia. Vamos conhecer duas delas?

Lenda da vitória-régia

Há muitos anos, às margens do Rio Amazonas, jovens e belas índias de uma tribo se reuniram para cantar e sonhar sonhos de amor. Elas ficaram por longas horas admirando a beleza da Lua branca e o mistério das estrelas, sonhando um dia ser uma delas.

Enquanto o aroma da noite tropical enfeitava seus sonhos, a Lua deitava sua luz intensa nas águas, fazendo Naiá, a mais jovem e mais sonhadora de todas, subir numa árvore alta para tentar tocá-la, mas sem êxito.

No dia seguinte, Naiá e suas amigas subiram as montanhas distantes para sentir com suas mãos a maciez aveludada da Lua, mas novamente falharam e retornaram à aldeia desapontadas, pois acreditavam que, se pudessem tocar a Lua, ou mesmo as estrelas, se transformariam em uma delas.

Vitória-régia (*Victoria amazonica*). Belém (PA), 2018.

Na noite seguinte, Naiá deixou a aldeia esperando realizar seu sonho. Ela tomou o caminho do rio para encontrar a Lua nas negras águas. No alto, imensa, resplandecente, a Lua descansava calmamente refletindo sua imagem na superfície da água.

Naiá, em sua inocência, pensou que a Lua tinha vindo se banhar no rio e permitir que fosse tocada e então mergulhou nas profundezas das águas desaparecendo para sempre.

A Lua, sentindo pena daquela tão jovem vida perdida, transformou Naiá em uma flor gigante – a Vitória-Régia – com seu inebriante perfume e pétalas que se abrem nas águas para receber em toda sua superfície a luz da Lua.

Lenda da Vitória Régia. Portal Amazônia. Disponível em: <www.portalamazonia.com.br/secao/amazoniadeaz/interna.php?id=65>. Acesso em: jul. 2018.

Lenda do Pirarucu

Pirarucu era um índio que pertencia à tribo dos Uaiás. Era um bravo guerreiro, mas tinha um coração perverso, mesmo sendo filho de Pindarô, um homem de bom coração, chefe da tribo.

Egoísta e cheio de vaidades, Pirarucu adorava criticar os deuses. Um dia ele aproveitou a ausência do pai para tomar índios da sua tribo como reféns e executá-los sem nenhum motivo.

Pirarucu. Manaus (AM), 2017.

Tupã, o deus dos deuses, decidiu puni-lo chamando Polo para que espalhasse o seu mais poderoso relâmpago. Também convocou Iururaruaçu, a deusa das torrentes, e ordenou que provocasse a mais forte tempestade sobre Pirarucu, quando estava pescando com outros índios às margens do Rio Tocantins.

O fogo de Tupã foi visto por toda a floresta. Pirarucu tentou escapar, mas foi atingido no coração por um relâmpago fulminante. Todos que se encontravam com ele correram para a selva assustados.

O corpo de Pirarucu, ainda vivo, foi levado para as profundezas do Rio Tocantins e transformado em um gigante e escuro peixe. [...]

Lenda Amazônica do Pirarucu. Portal Amazônia. Disponível em: <www.portalamazonia.com.br/secao/amazoniadeaz/interna.php?id=277>. Acesso em: jul. 2018.

❶ Pesquise outras lendas que tratam de espécies animais ou vegetais da Amazônia e apresente-as aos colegas.

❷ Você tem conhecimento de lendas que fazem referência a elementos naturais do estado em que você mora? Caso não conheça, pergunte aos seus familiares ou faça uma pesquisa sobre isso. Apresente aos colegas.

1. Apresente aspectos naturais que diferenciam a Amazônia dos demais complexos regionais do país – Centro-Sul e Nordeste.

2. Com base no climograma a seguir, explique as características climáticas da região amazônica.

Belém: Climograma

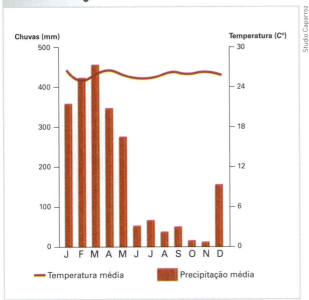

Fonte: Instituto Brasileiro de Geografia e Estatística.

3. Leia o texto a seguir e responda à questão.

    A luta pela preservação da floresta

    Aclamado como o país de maior diversidade biológica do mundo, o Brasil tem sua riqueza natural sob constante ameaça. [...]. A atividade agrícola de forma não sustentável e a extração madeireira continuam sendo os maiores problemas. [...]

    O desperdício da madeira, que gira entre 60% e 70%, agrava ainda mais a situação. A intenção do governo de desenvolver megaprojetos de infraestrutura para a Amazônia, causando degradação ambiental sem trazer benefícios para os habitantes da região, também não contribui para a situação. [...]

    A luta pela preservação da floresta. WWF. Disponível em: <www.wwf.org.br/natureza_brasileira/questoes_ambientais/biomas/bioma_amazonia/ameacas_amazonia/>. Acesso em: maio 2018.

    Segundo o texto, quais são as principais ameaças à preservação da floresta?

4. Leia o trecho da notícia a seguir e depois faça o que se pede.

    [...] A Amazônia segue o seu desafio de encontrar o modelo mais adequado para o desenvolvimento da região. Não podemos deixar que esse enorme patrimônio se transforme em fumaça, nem tão pouco somente admirá-lo como um bem intocável. Precisamos conhecer melhor suas potencialidades e vulnerabilidades, privilegiar os conhecimentos tradicionais e científicos, ao mesmo tempo que reunimos forças em prol de um desenvolvimento mais saudável e sustentável, onde o econômico, o social e ambiental possam efetivamente integrar o mesmo elo e promover o bem-estar humano duradouro na região.

    Rodrigo Medeiros e Eugênio Pantoja. Amazônia e o desafio do desenvolvimento sustentável. *Conservação Internacional Brasil*. Disponível em: <www.conservation.org/global/brasil/noticias/Pages/amazonia-e-o-desafio-do-desenvolvimento-sustentavel.aspx>. Acesso em: jul. 2018.

    Com base na leitura do trecho da notícia e em seus conhecimentos, justifique a afirmação: "Precisamos conhecer melhor suas potencialidades e vulnerabilidades, privilegiar os conhecimentos tradicionais e científicos".

5. Leia o trecho do texto e, em seguida, faça o que se pede.

    "Mar de água doce." Foi assim que Vincente Pinzón, o primeiro explorador a registrar uma viagem à região amazônica, em 1500, chamou o que hoje sabemos ser a foz do Rio Amazonas. E olha que ele não havia entrado nem 1 quilômetro rio adentro. Imagine como ele chamaria a região se tivesse vislumbrado o tamanho do Amazonas desde sua origem na Cordilheira dos Andes ou da selva que cerca os rios da região. [...]. Para os que se aventuram a visitá-la, a força e a beleza da Amazônia aparecem já ao primeiro olhar da janela do avião: é um imenso mar verde, formado pela copa das árvores. [...]

    Frederico Junqueira. A vida no meio da Amazônia. *Época*. Disponível em: <http://revistaepoca.globo.com/Revista/Epoca/0,,EMI206565-15228,00-A+VIDA+NO+MEIO+DA+AMAZONIA.html>. Acesso em: jul. 2018.

    Considerando o trecho e seus conhecimentos, escreva sobre as características naturais da Amazônia brasileira destacando aspectos da sua hidrografia e da vegetação.

CAPÍTULO 27
Atividades econômicas

Extrativismo vegetal e mineral

O **extrativismo vegetal**, que consiste na coleta de produtos em matas e florestas nativas, foi a atividade econômica inicial que impulsionou a ocupação da Amazônia por parte dos colonizadores portugueses. Independentemente disso, os grupos indígenas da região já praticavam esse extrativismo, que, ao lado da pesca, é até hoje um dos principais meios de subsistência das comunidades tradicionais.

A Amazônia é a região brasileira em que o extrativismo vegetal é mais intenso. Nela também ocorre a silvicultura, na qual a coleta é feita em florestas plantadas.

A **madeira**, a **castanha-do-pará**, o **látex** da seringueira, o **babaçu**, o **cupuaçu** e o **açaí** são exemplos de produtos da região, que é responsável pela liderança nacional na produção de extração vegetal. Segundo pesquisa do IBGE, o estado do Pará foi, em 2016, o maior produtor de açaí extrativo do Brasil, respondendo por 61,2% do total produzido no país, e o estado do Amazonas foi o maior produtor nacional de castanha-do-pará.

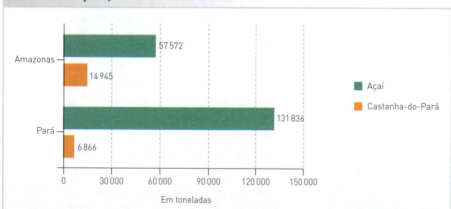

Quantidade produzida na extração vegetal de açaí e castanha-do-pará, no Pará e no Amazonas – 2016

- Amazonas: Açaí 57 572; Castanha-do-Pará 14 945
- Pará: Açaí 131 836; Castanha-do-Pará 6 866

Em toneladas

Fonte: IBGE. *Produção da extração vegetal e da silvicultura (PEVS) – 2016*. Disponível em: <www.ibge.gov.br/estatisticas-novoportal/economicas/agricultura-e-pecuaria/9105-producao-da-extracao-vegetal-e-da-silvicultura.html?=&t=resultados>. Acesso em: ago. 2018.

Fruto do açaí. Belém (PA), 2017.

Cupuaçu. Santarém (PA), 2017.

Outro tipo de extrativismo na Amazônia é o **mineral**. A região abriga algumas das maiores reservas minerais exploráveis do mundo, e atrai empresas nacionais e estrangeiras com grande capital. A partir da década de 1960, os garimpos no estado do Pará começaram a extrair grandes quantidades de **ouro**, o que atraiu pessoas de diferentes partes do Brasil. No sudeste do estado, onde se localiza a Serra de Carajás, encontra-se a maior concentração de **minério de ferro** do mundo. Nessa área também há **bauxita**, matéria-prima utilizada na fabricação do alumínio, no Vale do Rio Trombetas.

Imagem de satélite de mina em Carajás, no sudeste do Pará, intensa exploração de minério de ferro. 2017.

O **minério de manganês** encontrado na Serra do Navio, no Amapá, foi amplamente explorado durante mais de 50 anos e pode voltar a ser extraído. Utilizado na fabricação do aço, é matéria-prima importante para as indústrias siderúrgicas.

Rondônia é o estado brasileiro onde se concentram as maiores produções de **cassiterita**. As metalúrgicas extraem dela o estanho, metal usado para produzir chapas finas de aço e **folhas de flandres**.

Petróleo e **gás natural** também são recursos de destaque na região, explorados especialmente na Província Petrolífera de Urucu, no estado do Amazonas. O estado está entre os quatro maiores produtores de óleo e gás natural do país. A descoberta recente de novas jazidas aumentou as perspectivas de desenvolvimento do setor mineral na região.

Glossário

Folha de flandres: liga metálica de folha de ferro estanhado que não é encontrada na natureza, mas obtida mergulhando uma lâmina de ferro em estanho fundido, o que a deixa revestida pela camada protetora do estanho.

Embora os investimentos na mineração tenham trazido algumas melhorias econômicas, eles não geraram riquezas à população, pois vêm acompanhados de muitos problemas decorrentes dos grandes fluxos migratórios, como falta de infraestrutura, educação, saúde e outros serviços básicos para atender à demanda. Os grandes beneficiários do extrativismo mineral na Amazônia são as empresas estrangeiras ou os grupos estrangeiros que se associam às empresas nacionais. Em razão dessa exploração, muitos de nossos recursos minerais estão se esgotando, e milhares de povos indígenas da região estão sendo prejudicados pela ocupação das áreas onde vivem.

Usina de exploração de petróleo e gás natural. Província Petrolífera de Urucu. Coari (AM), 2015.

Cartografia em foco

Observe os mapas a seguir e faça o que se pede.

Amazônia: extrativismo vegetal

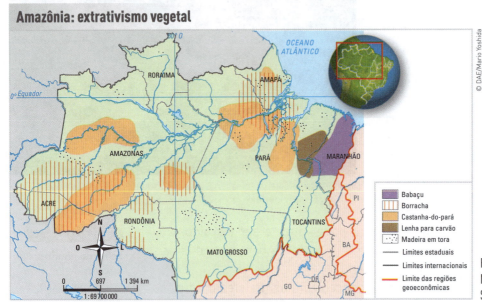

Fonte: Leda Ísola e Vera Lúcia de Moraes Caldini. *Atlas geográfico*. 3. ed. São Paulo: Saraiva, 2009. p. 42.

Amazônia: minérios

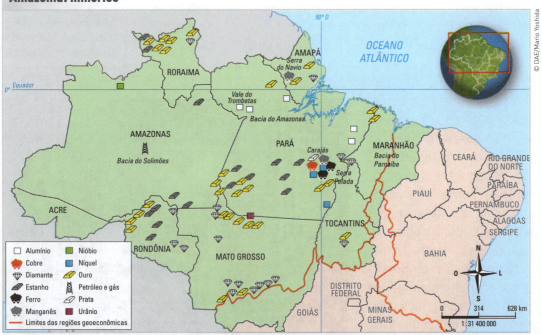

Fonte: Marcello Martinelli. *Atlas geográfico: natureza e espaço da sociedade*. São Paulo: Editora do Brasil, 2006. p. 20.

1. Que atividades econômicas da Amazônia os mapas retratam?
2. Com base na observação dos mapas, comente a importância dos recursos naturais do complexo amazônico para a economia da região.
3. Que minérios podemos encontrar na região? Que estado apresenta a maior diversidade?

A pesca e o potencial hidráulico

Extrativismo animal

A Bacia Hidrográfica Amazônica tem o maior reservatório de peixes de água doce do mundo. Quanto mais se pesquisa a biodiversidade da região, mais espécies são descobertas. São inúmeras as variedades de peixe, o que constitui uma grande fonte de recursos, e a **pesca** é uma das principais atividades econômicas da região. O tucunaré, o acará-açu, o tambaqui, o matrinxão, o pacu e o pirarucu são exemplos dessa grande diversidade.

Pescadores no Rio Negro (AM), 2017.

A pesca predatória – em períodos de desova ou em grande escala – tem comprometido as espécies amazônicas, e pode levar algumas delas à extinção. Além disso, a poluição das águas fluviais amazônicas, principalmente das áreas de garimpo de ouro, em que se utiliza o mercúrio, tem levado à diminuição das espécies.

Hidrelétricas

Além da grande variedade de peixes, os rios amazônicos apresentam o maior potencial hidrelétrico do país. Quatro grandes usinas hidrelétricas estão instaladas na Amazônia: a de Tucuruí, no Rio Tocantins; de Balbina, no Rio Uatumã; a de Samuel, no Rio Jamari (afluente do Rio Madeira) e a de Belo Monte, no Rio Xingu.

A distribuição de energia na região é mais complexa devido às características do espaço amazônico, como as grandes distâncias, tendo na Floresta Amazônica um obstáculo natural para que a energia chegue, principalmente, às comunidades mais isoladas. Essa população distante dos centros abastecidos pela energia convencional utiliza geradores a diesel, muito comuns em comunidades ribeirinhas e indígenas.

Com a construção dessas usinas, enormes áreas florestais, que abrigavam uma infinidade de espécies animais e vegetais, ficaram submersas nos reservatórios, o que causou um grande impacto ambiental. A formação do Reservatório de Balbina, por exemplo, alagou uma área de 2 430 km^2. A vegetação submersa aumentou a acidez da água, o que diminuiu o número de peixes no rio. Os indígenas da etnia waimiri-atroari, que viviam nessa área, perderam suas terras e a população foi drasticamente reduzida. Já no Reservatório de Tucuruí, exploradores de madeira chegam a retirar partes das árvores submersas, destinando-as à venda ilegal.

Esses são alguns exemplos de problemas sociais e ambientais decorrentes de obras que, por não terem considerado as características regionais, provocaram grandes alterações no espaço amazônico.

Em 2010, o Ibama concedeu licença prévia para a construção da Usina Hidrelétrica de Belo Monte, no Rio Xingu, no Estado do Pará. Em 2011, as obras se iniciaram, o que gerou grande polêmica. Leia a seguir alguns argumentos favoráveis e outros contrários a essa obra.

Argumentos favoráveis
- Abastecer o país de energia para as próximas gerações.
- Geração de milhares de empregos diretos e indiretos.
- Produção de energia para, ao menos, 18 milhões de pessoas.

Argumentos contrários
- Inundação de áreas que prejudicam os agricultores locais e a população ribeirinha, indígenas, pescadores etc.
- Alterações climáticas na região.
- Prejuízo para a biodiversidade (inundação).

Agropecuária

Os solos da Amazônia são, em geral, de baixa fertilidade, impróprios para a **agricultura**. Nas áreas florestais, as experiências com a derrubada da mata demonstraram que, com o desmatamento para a prática da agricultura, o solo empobrece; além disso, desprovido da mata que o protege, fica exposto às chuvas torrenciais da região, sofrendo constante erosão.

A própria floresta é responsável pela reposição de nutrientes no solo. Acredita-se que anualmente caiam, por hectare, cerca de oito toneladas de folhas mortas, galhos, flores e frutos. Esse material, decomposto, enriquece o solo, porém o desmatamento faz com que a erosão se torne mais intensa.

A **juta**, a **pimenta-do-reino** e a **malva** são exemplos de produtos comerciais da Amazônia. A pimenta-do-reino, cultivada em Tomé-Açu e na Zona Bragantina (área metropolitana de Belém), no estado do Pará, foi trazida pelos imigrantes japoneses. A juta e a malva são plantas que produzem fibras utilizadas na indústria têxtil e de sacarias.

Outros produtos originários da região que, anteriormente, eram apenas coletados, devido à grande demanda, hoje são também cultivados: **guaraná**, **açaí**, **pupunha**, **cupuaçu**.

Em geral, as tentativas do governo de estabelecer a ocupação da Amazônia por meio de projetos agropecuários nas décadas de 1960 e 1970 não foram bem-sucedidas. Na monocultura, o número de pragas proliferou, o solo tornou-se improdutivo e não restaram condições para que o cultivo continuasse. Como resultado, muitas áreas foram devastadas.

Atraídos pela esperança de enriquecer com a exploração do ouro ou pelo sonho de ser proprietário de terras na Amazônia, centenas de trabalhadores deixaram seu estado para se aventurar à procura de melhores oportunidades. No entanto, o que encontraram não correspondeu às expectativas.

A partir da década de 1980, com a expansão de novas fronteiras agrícolas no país, aumentaram as áreas destinadas à produção da **soja** no Brasil, o que acarretou o desmatamento de diversas áreas do Cerrado e da Floresta Amazônica. Na Amazônia existem facilitadores para esse processo, como o baixo custo das terras e o frequente não cumprimento da legislação ambiental.

A atividade que mais tem promovido o desmatamento da região desde a década de 1970 é a **pecuária**. Na Amazônia, segundo estimativa do Ministério do Meio Ambiente (MMA), 75% da área desmatada é ocupada pela pecuária: são 70 milhões de **bovinos**. A pecuária extensiva e de corte é a que predomina. Extensas áreas de florestas foram derrubadas para a plantação de capim, que serve de pasto para os rebanhos. Ao longo das grandes rodovias, como a Belém-Brasília, também se estabeleceram áreas de criação.

Ainda no início do século XX, introduziu-se a pecuária de **búfalos** na região, nos campos da Ilha de Marajó, do Baixo Amazonas e do Amapá. Esses animais se adaptaram às áreas de várzeas, periodicamente alagadas.

Plantação de soja em área desmatada da Floresta Amazônica. Belterra (PA), 2017.

Gado em área de pasto. Itaituba (PA), 2016.

Indústria e urbanização

Historicamente a atividade industrial não foi a base da economia da Amazônia. No entanto, ocorreu um impulso significativo em 1967, quando o governo federal criou a **Zona Franca de Manaus (ZFM)**. Com esse modelo, o governo pretendia atrair empresas para a Amazônia, oferecendo incentivos fiscais por 30 anos para as indústrias que se instalassem na região, bem como ao comércio e à agropecuária. Na época, o primeiro setor a se desenvolver foi o comércio de produtos importados sem taxas alfandegárias, seguido pelo industrial. Algumas das primeiras empresas a se instalar na ZFM eram oriundas do Japão.

Zona Franca de Manaus, capital do Estado do Amazonas, com grande concentração de indústrias. Manaus (AM), 2016.

A Zona Franca de Manaus compreende três polos econômicos – comercial, industrial e agropecuário –, que empregam parte da população local e dinamizam a economia regional. O Polo Industrial de Manaus (PIM) conta com cerca de 600 indústrias de alta tecnologia e produz, principalmente, equipamentos eletrônicos e motocicletas (conhecidas como "setor de duas rodas"). Em 2014, os incentivos fiscais foram estendidos até 2073, garantindo às empresas instaladas em Manaus mais 50 anos para investir e gerar empregos.

Apesar das tentativas de descentralizar a atividade industrial no país, mais concentrada no Centro-Sul, constata-se que a Amazônia apresenta pequeno desenvolvimento industrial, embora com aumento do número de estabelecimentos nos últimos anos. Destacam-se as indústrias ligadas à atividade mineral, que exploram e transportam matérias-primas.

Foram as atividades econômicas desenvolvidas na Amazônia, como o garimpo, a construção de estradas e a criação da Zona Franca de Manaus, que levaram grande contingente populacional para a região, oriundo, especialmente, do Nordeste.

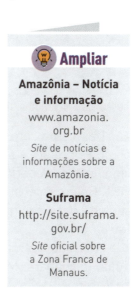

Ampliar

Amazônia – Notícia e informação
www.amazonia.org.br
Site de notícias e informações sobre a Amazônia.

Suframa
http://site.suframa.gov.br/
Site oficial sobre a Zona Franca de Manaus.

À esquerda, vista aérea de Manaus (AM); à direita, vista aérea de Belém (PA), as maiores cidades da Amazônia (2017).

Entre os três complexos regionais do país, a Amazônia é o menos urbanizado. As cidades de **Belém** e **Manaus** correspondem às metrópoles regionais. A recente urbanização da região tem formado novos núcleos urbanos e fortalecido outros, mais antigos. De qualquer forma, a urbanização também veio acompanhada de problemas inerentes às cidades brasileiras, como falta de infraestrutura e formação de favelas.

Observe a representação das regiões metropolitanas de Belém e Manaus nos mapas a seguir.

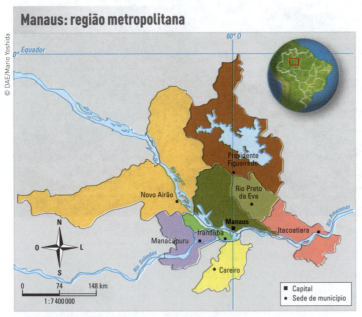 

Fonte: *Atlas geográfico escolar: Ensino Fundamental do 6º ao 9º ano.* Rio de Janeiro: IBGE, 2010. p. 31.

Fonte: *Atlas geográfico escolar: Ensino Fundamental do 6º ao 9º ano.* Rio de Janeiro: IBGE, 2010. p. 31.

De acordo com o Relatório de Pesquisa de Governança Metropolitana no Brasil do Ipea (2015), no que se refere à população, a Região Metropolitana de Belém apresenta uma taxa de crescimento significativa, superior a 60%, considerando que nos anos de 2000 e 2010 a taxa de crescimento foi de 90%. Belém se sobrepõe aos demais municípios, com uma população urbana estimada em 1 381 475, seguida por Ananindeua, Castanhal, Marituba, Santa Isabel do Pará, Benevides e Santa Bárbara do Pará.

A Região Metropolitana de Manaus é formada por 8 municípios: Manaus, Careiro da Várzea, Iranduba, Itacoatiara, Manacapuru, Novo Airão, Presidente Figueiredo e Rio Preto da Eva. Entre 2000 e 2010, a população de Manaus cresceu a uma taxa média anual de 2,51%, enquanto a do Brasil foi de 1,17%, no mesmo período.

1. Quais são os tipos de extrativismo na Amazônia?

2. Que tipo de extrativismo está sendo retratado na fotografia? Que benefícios ele proporciona para as pessoas envolvidas?

Coleta de látex na comunidade ribeirinha Nossa Senhora de Fátima. Manaus (AM), 2017.

3. A região amazônica abriga incalculável riqueza natural em seu subsolo e em suas águas e matas, porém a exploração predatória tem provocado a extinção de inúmeras espécies. Sobre essa temática, complete o quadro explicando como acontecem as atividades mencionadas.

EXTRATIVISMO VEGETAL	PECUÁRIA EXTENSIVA	EXPANSÃO DAS FRONTEIRAS AGRÍCOLAS

4. Leia o texto e faça o que se pede a seguir.

"[...] A Amazônia sempre foi cobiçada por capitalistas nacionais e estrangeiros em virtude de seus recursos naturais: madeira, borracha, castanha-do-pará, óleos e, mais recentemente, pelo ouro, manganês, ferro, bauxita, cobre, níquel, petróleo, água, etc. Contemporaneamente, é na disputa pelos recursos naturais e no processo de apropriação de territórios pelo capital que se concentram grande parte dos conflitos sociais amazônicos. A exploração dos bens naturais, especialmente o mineral, requer um controle territorial intenso. Não é possível extrair o minério sem remover o solo e o subsolo, sem promover modificações e impactos tanto socioespaciais como físico-ambientais. Como resultados destes processos, se têm a expropriação, a exclusão ou a eliminação dos grupos sociais preexistente no espaço, majoritariamente indígenas e povos tradicionais, assim como das práticas espaciais anteriormente promovidas. [...]"

Novo marco legal da mineração no Brasil: Para quê? Para quem? Disponível em: <www.ufjf.br/poemas/files/2014/07/Milanez-2012-O-novo-marco-legal-da-minera%C3%A7%C3%A3o.pdf>. Acesso em: set. 2018.

a) Identifique os recursos vegetais e minerais explorados na Amazônia, mencionados no texto.

b) De que forma a exploração desses recursos gera conflitos sociais e ambientais?

c) Segundo o autor, qual é o principal grupo social afetado pela cobiça na exploração dos recursos naturais da Amazônia?

5. Cite a importância dos recursos hidrológicos da Amazônia.

6. Que impactos ambientais e sociais foram provocados com a construção de usinas hidrelétricas na Amazônia?

7. Leia o trecho da reportagem a seguir e comente sobre a importância do PIM.

"[...] Diferentemente da indústria de alimentos. Aqui predomina a indústria eletrônica e de produção de motocicletas, que são bens duráveis. Em situação de dificuldade as pessoas podem deixar de comprá-los", explicou o economista e professor da Universidade Federal do Amazonas (Ufam), Mauro Thury.

Além de reduzir a produção, a crise também provocou o fechamento de fábricas. É comum encontrar nas ruas dos Distritos Industriais placas com ofertas de aluguel e venda de galpões que eram ocupados pelas linhas de produção.

Mesmo com desaceleração, o PIM é uma referência importante na fabricação de celulares, *tablets*, televisores e motocicletas no país. A japonesa Honda, a sul-coreana Samsung e a P&G são algumas das principais multinacionais que estão no Distrito Industrial de Manaus.

[...]"

Adneison Severiano e Leandro Tapajós. Enfrentando crise, Polo Industrial de Manaus faz 50 anos e busca caminhos. G1, 28 fev. 2017. Disponível em: <http://g1.globo.com/am/amazonas/noticia/2017/02/enfrentando-crise-polo-industrial-de-manaus-faz-50-anos-e-busca-caminhos.html>. Acesso em: ago. 2018.

CAPÍTULO 28
Degradação, conservação e sustentabilidade

A questão ambiental

Você já estudou que a Floresta Amazônica tem a maior biodiversidade do planeta. Contudo, ao longo da ocupação e do povoamento da Amazônia, parte da floresta foi devastada e degradada, acarretando problemas ambientais que interferem em seu equilíbrio natural e no modo de vida dos habitantes da região.

As atividades econômicas desenvolvidas na região são as principais responsáveis pelos impactos ambientais provocados na Amazônia, sobretudo a **pecuária**, que teve grande avanço nas últimas décadas. Esse avanço ocorre do sul para o norte, com grandes espaços desmatados, principalmente no norte de Mato Grosso e sul do Pará. O desmatamento é um processo que se inicia com a floresta intacta e pode levar alguns anos, quando termina com a conversão completa da floresta original em outras coberturas, como o capim, no qual é introduzido a pastagem.

No Brasil, o **desmatamento** e as **queimadas** são os principais emissores de gases de efeito estufa na atmosfera, o que o coloca entre os principais países emissores do mundo.

Área desmatada da Floresta Amazônica. Lábrea (AM), 2017.

Observe no gráfico a seguir a evolução do desmatamento na Amazônia Legal.

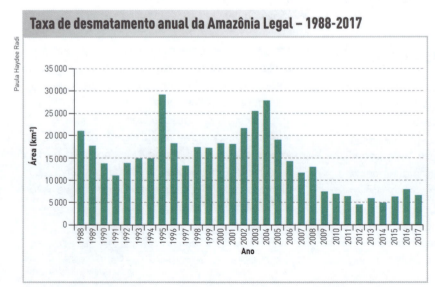

Fonte: Projeto de Monitoramento da Floresta Amazônica por Satélite (Prodes) (Inpe/Prodes 2017).

zoom

1. Qual é o período representado pelo gráfico?

2. Qual ano apresentou a maior taxa de desmatamento e qual apresentou a menor?

3. De acordo com os valores expressos no gráfico, é possível afirmar que o desmatamento tende a diminuir nos próximos anos?

Na maioria das vezes, o desmatamento e as queimadas na floresta, que visam abrir espaço para pastagens e para o plantio de soja, são ilegais e destroem espécies da flora e da fauna. Nesses casos, a fim de dificultar a detecção do desmatamento, realizada por monitoramento de satélites, costuma-se manter as árvores protegidas, como a castanheira, ou aquelas que não têm valor comercial.

No mapa ao lado é possível constatar a evolução nas áreas desmatadas da Amazônia entre 2015 e 2016.

Além das pastagens, o **cultivo de soja** e os **projetos de extrativismo mineral** também provocam desmatamento, assim como a expansão urbana, a extração de madeira e as queimadas naturais. Embora de grande importância para a economia da região e do país, a extração mineral retira a mata nativa e altera o solo e o subsolo da

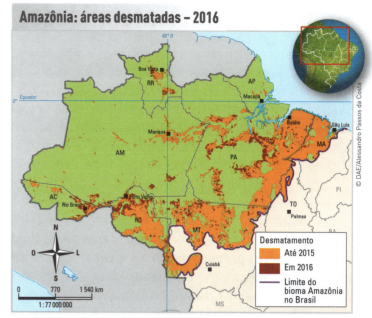

Fonte: Paulo Moutinho e Raissa Guerra. O desmatamento na floresta amazônica em 2016: o dragão acordou. *IPAM Amazônia*, 19 dez. 2016. Disponível em: <http://ipam.org.br/artigo-o-desmatamento-na-floresta-amazonica-brasileira-em-2016-o-dragao-acordou/>. Acesso em: ago. 2018.

área explorada. Os projetos de retirada de gás e óleo de Urucu (Amazonas), de ouro nos garimpos no Rio Madeira (Rondônia), da bauxita no Vale do Rio Trombetas e do ferro em Carajás (Pará) são exemplos de exploração mineral que provocam agressão ambiental na Amazônia.

A utilização do mercúrio, sobretudo na garimpagem manual, tem como objetivo facilitar o trabalho de separar o ouro dos sedimentos e da lama do rio. Contudo, o mercúrio contamina os peixes e, consequentemente, o risco de envenenamento de quem deles se alimenta.

Conviver

Leia os versos da canção que trata da floresta e suas ameaças ambientais.

Floresta amazônica

Nas matas, rios, Floresta Amazônica,
A natureza em meio à destruição.
O brilho do sol não mais encanta,
Em resposta à poluição.

Vida, missão; amor é se unir,
Para a Amazônia florir.
Nos igarapés, os peixes são vis,
A vida deve brotar neste chão.

A natureza chora pela desmatação.
Respeite os índios sem nação.
O manto negro, um sonho no fim;
Seus filhos a Terra herdarão.

O pranto da mata chega até os céus,
Dos olhos cegos de quem tudo vê.
Os mapas da Terra se consumirão
No fogo gerado pelas mãos.

Charles Daniel. Floresta Amazônica. Disponível em: <www.letras.mus.br/charles-daniel/1025653/>. Acesso em: jul. 2018.

❶ Reúna-se com um ou mais colegas e retratem, por meio de uma sequência de imagens, os versos da letra de canção. Apresentem a produção aos outros colegas da turma.

Projetos de sustentabilidade

A Amazônia, com sua densa floresta, abriga dezenas de povos cuja sobrevivência está diretamente relacionada às condições ambientais e à conservação da biodiversidade.

Segundo a geógrafa Bertha Becker (1930-2013), que durante anos pesquisou a ocupação e a devastação da Floresta Amazônica, a solução para evitar a degradação florestal é o emprego sustentável da produção. Diferentemente de somente preservar (não tocar), conservar é uma forma de utilizar a floresta sem destruí-la. Desse modo, cabe à exploração econômica, sobretudo a extrativa vegetal, com base no princípio da sustentabilidade, conservar e valorizar as riquezas naturais, mantendo a "floresta em pé" para gerar trabalho e renda sem deteriorá-la.

A sustentabilidade passa pelo monitoramento e controle do desmatamento e das queimadas, ações diretamente relacionadas à presença mais efetiva do Estado na fiscalização florestal.

Além de uma maior fiscalização, a criação de **Unidades de Conservação**, principalmente implementando novos **parques nacionais** e **reservas extrativistas**, contribui para que essas áreas, protegidas por lei federal, tenham preservados seus ecossistemas naturais e garantida a continuidade de atividades e aspectos culturais das comunidades tradicionais na Amazônia.

Glossário

Reserva extrativista: área utilizada por populações extrativistas tradicionais, cuja principal ocupação é o extrativismo e a agricultura de subsistência.

Ampliar

ICMBio
www.icmbio.gov.br
Site do Instituto Chico Mendes de Conservação da Biodiversidade, vinculado ao Ministério do Meio Ambiente.

Trabalhador em reserva extrativista da Amazônia. Laranjal do Jari (AP), 2017.

1. Você considera importante manter espaços de conservação ambiental como o apresentado na fotografia? Justifique.

2. Em seu estado há parques nacionais ou estaduais? Onde se localizam e qual é a importância deles para o meio ambiente e para a sociedade?

Atividades

1 Cite os principais fatores responsáveis pelo desmatamento da Floresta Amazônica.

2 Leia a charge a seguir e elabore um texto de acordo com sua interpretação.

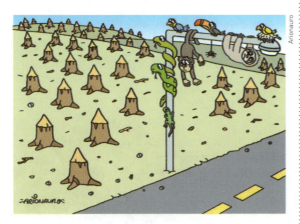

3 Cite os dois motivos que colocam o Brasil como um dos principais emissores mundiais de gases de efeito estufa na atmosfera.

4 De que forma a extração mineral compromete o ambiente amazônico?

5 Explique o que é o manejo sustentável da floresta e sua importância.

6 Leia o trecho do texto a seguir.

[...] Uma das últimas grandes reservas de madeira tropical do planeta, a Amazônia enfrenta um acelerado processo de degradação para a extração do produto. A agropecuária vem a reboque, ocupando enormes extensões de terra sob o pretexto de que o celeiro do mundo é ali. Mas o modelo de produção, em geral, é antigo e se esparrama para os lados, avançando sobre as matas e deixando enormes áreas abandonadas. [...]

A exploração predatória e ilegal de madeira continua a ser um enorme problema na região, e tem como principal consequência a degradação florestal, que é o primeiro passo para o desmatamento. Além disso, ela causa inúmeros conflitos sociais, como ameaças e assassinatos de lideranças que lutam para proteger a floresta. Como se não bastasse, essa madeira chega aos mercados nacionais e internacionais como se fosse legal, por meio de um processo de "lavagem" que utiliza documentos oficiais para dar status de legalidade à madeira tirada de locais que não possuem autorização – incluindo áreas protegidas, como terras indígenas e unidades de conservação. [...]

As promessas de desenvolvimento para a Amazônia também se espalham pelos rios, em forma de grandes hidrelétricas, e pelas províncias minerais, em forma de garimpo. Mas o modelo econômico escolhido para a região deixa de fora os dois elementos essenciais na grandeza da Amazônia: meio ambiente e pessoas. [...]

Fascínio e destruição. *Greenpeace*. Disponível em: <www.greenpeace.org/brasil/pt/O-que-fazemos/Amazonia/>. Acesso em: jul. 2018.

De acordo com o texto, o que tem provocado o rápido processo de degradação da Floresta Amazônica?

7 Explique por que o garimpo manual causa danos ao ambiente amazônico.

8 Leia o texto a seguir e responda às questões.

[...] Levando-se em consideração a área total desmatada, o estado do Pará foi o grande campeão, com uma área total de 2.992 km² degradada. Em seguida aparecem os estados do Mato Grosso (1.489 km²), Rondônia (1.376 km²) e Amazonas (1.129 km²).

A taxa consolidada de desmatamento é de 7.893 km². A área total desmatada neste período foi 27% maior que o registrado nos 12 meses anteriores. Esse valor, no entanto, é aproximadamente 1% abaixo do que o estimado pelo Inpe em novembro de 2016, que foi de 7.989 km².

O desmatamento observado em 2016 é 72% menor em relação à área registrada em 2004, ano em que foi iniciado pelo governo federal o Plano de Ação para Prevenção e Controle do Desmatamento na Amazônia Legal - PPCDAm. Os dados estão disponíveis para consulta no *site* www.obt.inpe.br/prodes. [...]

Lucas Raposo da Câmara. Amazonas lidera crescimento de desmatamento na Amazônia Legal. Portal Amazônia, 29 ago. 2017. Disponível em: <http://portalamazonia.com/noticias/amazonas-lidera-crescimento-de-desmatamento-na-amazonia-legal>. Acesso em: jul. 2018.

a) Que fatores podem ser responsáveis pela ocorrência do problema destacado no texto?

b) Quais são as consequências desse problema ambiental?

279

Caleidoscópio

HABITANTES DA FLORESTA

A Floresta Amazônica se caracteriza por densa vegetação e pela altura de algumas árvores, que formam quatro níveis distintos – cada um com o próprio ecossistema.

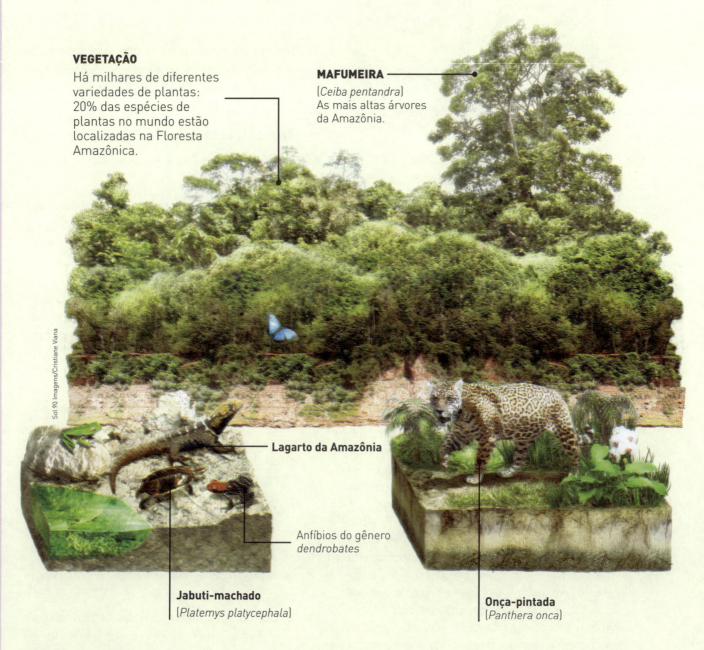

VEGETAÇÃO
Há milhares de diferentes variedades de plantas: 20% das espécies de plantas no mundo estão localizadas na Floresta Amazônica.

MAFUMEIRA
(*Ceiba pentandra*)
As mais altas árvores da Amazônia.

Lagarto da Amazônia

Anfíbios do gênero *dendrobates*

Jabuti-machado
(*Platemys platycephala*)

Onça-pintada
(*Panthera onca*)

Fonte: Instituto Chico Mendes. Portal da Biodiversidade. Disponível em: <https://portaldabiodiversidade.icmbio.gov.br/portal/>. Acesso em: set. 2018; Fábio Poggiani. *Estrutura, funcionamento e classificação das florestas: implicações ecológicas das florestas plantadas.* Piracicaba: Universidade de São Paulo, 1989. Disponível em: <http://www.ipef.br/publicacoes/docflorestais/cap3.pdf>. Acesso em: set. 2018.

Na figura foram utilizadas cores-fantasia. Os elementos não estão representados proporcionalmente entre si e seu tamanho não corresponde ao tamanho real.

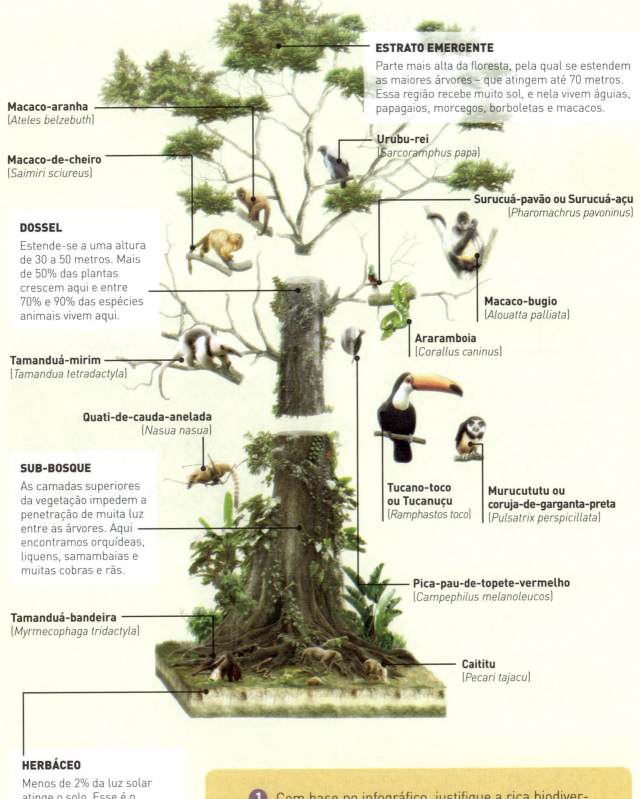

ESTRATO EMERGENTE
Parte mais alta da floresta, pela qual se estendem as maiores árvores – que atingem até 70 metros. Essa região recebe muito sol, e nela vivem águias, papagaios, morcegos, borboletas e macacos.

Macaco-aranha (*Ateles belzebuth*)

Macaco-de-cheiro (*Saimiri sciureus*)

DOSSEL
Estende-se a uma altura de 30 a 50 metros. Mais de 50% das plantas crescem aqui e entre 70% e 90% das espécies animais vivem aqui.

Urubu-rei (*Sarcoramphus papa*)

Surucuá-pavão ou Surucuá-açu (*Pharomachrus pavoninus*)

Macaco-bugio (*Alouatta palliata*)

Tamanduá-mirim (*Tamandua tetradactyla*)

Araramboia (*Corallus caninus*)

Quati-de-cauda-anelada (*Nasua nasua*)

SUB-BOSQUE
As camadas superiores da vegetação impedem a penetração de muita luz entre as árvores. Aqui encontramos orquídeas, liquens, samambaias e muitas cobras e rãs.

Tucano-toco ou Tucanuçu (*Ramphastos toco*)

Murucututu ou coruja-de-garganta-preta (*Pulsatrix perspicillata*)

Pica-pau-de-topete-vermelho (*Campephilus melanoleucos*)

Tamanduá-bandeira (*Myrmecophaga tridactyla*)

Caititu (*Pecari tajacu*)

HERBÁCEO
Menos de 2% da luz solar atinge o solo. Esse é o hábitat dos maiores animais, assim como de milhares de invertebrados.

① Com base no infográfico, justifique a rica biodiversidade da Floresta Amazônica.

② Relacione o tipo da fauna aos quatro diferentes níveis da floresta.

③ Quais atividades humanas podem ameaçar a rica biodiversidade da Amazônia?

Retomar

1 Observe o mapa e faça o que se pede.

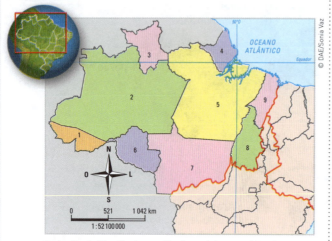

Fonte: Gisele Girardi e Jussara Vaz Rosa. *Atlas geográfico do estudante*. São Paulo: FTD, 2011. p. 16.

a) Identifique os estados e suas capitais. Utilize os números indicados no mapa para elaborar uma legenda.

b) Dê um título ao mapa.

2 Copie o quadro abaixo e complete-o com informações referentes aos aspectos naturais predominantes na Amazônia brasileira.

NATUREZA	Características
Clima equatorial	
Floresta Amazônica	
Bacia Hidrográfica Amazônica	

3 A região amazônica abriga incalculável riqueza natural em seu subsolo e em suas águas e matas. Essa riqueza vem sendo explorada desde o século XVII, mas nos últimos 50 anos a exploração econômica intensificou-se. Sobre essa temática, explique as diferentes atividades econômicas desenvolvidas na Amazônia.

- extrativismo vegetal
- agropecuária
- indústria

4 Desde a década de 1970, a Amazônia vem passando por profundas modificações socioespaciais resultantes principalmente de uma política de ocupação e exploração econômica da região, e pela expansão da fronteira agropecuária. Sobre essa temática, elabore legendas para as figuras, incluindo uma característica para as atividades representadas.

a)

b)

Canarana (MT), 2018.

5 O extrativismo é uma atividade tradicional na Amazônia e contribuiu para a ocupação da região. Diferencie o extrativismo mineral do vegetal e cite um exemplo para cada forma de extração.

6 Clima, vegetação, relevo e águas superficiais são elementos interdependentes. Por isso, a manutenção da Floresta Amazônica está diretamente associada à manutenção dos demais elementos. Leia a seguir o trecho de um texto que aponta alguns impactos ambientais provocados quando se rompe o equilíbrio natural das florestas. Depois, responda à questão.

Efeitos hidrológicos

[...] Resultados de pesquisas feitas em microbacias experimentais em diversas regiões do mundo vêm demonstrando que a remoção da floresta causa profundas alterações no ciclo hidrológico. A principal delas, resultante de todas as outras (entre elas a redução da evapotranspiração e o aumento do escoamento superficial), é a ampliação da vazão dos cursos-d'água locais.

A ampla distribuição geográfica desses experimentos, abrangendo diversas categorias de vegetação e tipos de clima, elucidou importantes questões. Após um determinado desmatamento, o aumento no volume de água que deixa a área será proporcional à intensidade e à frequência da precipitação e também à quantidade de biomassa removida da floresta. A floresta amazônica, constantemente substituída por empreendimentos agropecuários (principalmente cultivo de soja e formação de pastagens), é extremamente chuvosa e suas florestas armazenam enorme quantidade de biomassa. Por essa razão, o primeiro impacto observado é a redução da evapotranspiração e da interceptação no dossel, o que faz com que a bacia passe a conduzir um volume de água muito maior do que nas condições originais.

Sem a floresta, as gotas de chuva não são mais amortecidas pelo dossel e chegam ao solo com grande energia, o que facilita os processos erosivos. [...] Assim, é convertida em escoamento superficial, reforçando a erosão. [...]

Ralph Trancoso, Arnaldo Carneiro Filho e Javier Tomasella. Amazônia, desflorestamento e água. *Ciência Hoje.* Rio de Janeiro, SBPC, v. 40, p. 36-37, jul. 2007.

Segundo o texto, de que forma o desmatamento altera o ciclo hidrológico?

7 Leia o trecho da notícia e responda à questão.

Microsoft vai produzir no Brasil *videogame* Xbox

A Microsoft anunciou ontem que seu *videogame* Xbox 360 será produzido no Brasil, na Zona Franca de Manaus. O presidente da empresa no Brasil, Michel Levy, que fez o anúncio oficial em Brasília, acredita em quedas de até 40% do preço do console, além de outras reduções, em menor grau, no preço de *games* que também deverão ser produzidos no país.

O Brasil será o segundo país do mundo a possuir uma unidade de fabricação de aparelho. Atualmente, a Microsoft produz o Xbox apenas na China, em parceria com a fábrica Flextronics, que abrirá sucursal na capital do Amazonas para fabricar o produto localmente. É a primeira fábrica de consoles da gigante eletrônica fora de território chinês. [...]

Murilo Roncolato. Microsoft vai produzir no Brasil *videogame* Xbox. *Estadão*, 28 set. 2011. Disponível em: <www.estadao.com.br/blogs/jt-seu-bolso/2011/09/28/microsoft-vai-produzir-no-brasil-videogame-xbox/>. Acesso em: jul. 2018.

Se a Região Amazônica é responsável pela produção de somente 5% da riqueza nacional e tem a menor população relativa do Brasil, por que a empresa decidiu instalar uma filial de produção de seus *video games* na região?

8 Que frases estão relacionadas à possibilidade de se realizar a atividade extrativista na Amazônia de forma sustentável? Justifique.

a) Coleta de frutos e sementes, mantendo as árvores produtoras, como a castanheira.

b) Formação de cooperativas de extrativismo, regulando a atividade e organizando os produtores.

c) Realização de estudos técnicos para conhecer as dinâmicas naturais da Floresta Amazônica.

d) Derrubada da vegetação florestal para plantio de espécies produtivas.

e) Criação de reservas extrativistas, concentrando a atividade e preservando áreas frágeis.

9 Leia o texto e responda às questões.

[...] Um dos casos mais simbólicos da poluição em decorrência do garimpo é o do Rio Crepori, no oeste do Pará. A mancha de sedimentos que deságua nas águas cristalinas do Rio Tapajós pode ser percebida até 30 quilômetros rio abaixo. Estima-se que ela signifique a sedimentação no leito do Tapajós de 4 toneladas de mercúrio por ano. O metal pesado contamina peixes, que, ao ser consumidos, acabam provocando doenças neurológicas em seres humanos. [...]

Leonardo Coutinho. As sete pragas da Amazônia. *Veja*, São Paulo: Abril, n. 1926, p. 106, 12 out. 2005.

a) A que tipo de atividade e poluição nas águas da Bacia Amazônica o texto se refere?

b) Qual é a consequência desse fato para os peixes e para os seres humanos?

Visualização

A seguir apresentamos um mapa conceitual sobre o tema estudado nesta unidade. Trata-se de uma representação gráfica que organiza o conteúdo, composto de uma estrutura que relaciona os principais conceitos e as palavras-chave. Essa ferramenta serve como resumo e instrumento de compreensão dos textos, além de possibilitar consultas futuras.

AMAZÔNIA DO BRASIL

é formada pelos estados
- Rondônia
- Acre
- Amazonas
- Roraima
- Amapá
- Pará

além da maior parte dos estados de
- Mato Grosso
- Tocantins

e o oeste do
- Maranhão

é um complexo regional ou região geoeconômica

destaca-se pela **Bacia Amazônica** com muitos rios navegáveis

Floresta Amazônica
- estende-se por vários países
- áreas de Cerrado

caracterizado por ser quente e úmido

influenciada pelo **clima equatorial**

característica **latifoliada e densa**

inclui a área da **Amazônia Legal**

instituída para planejar e prevenir o

é afetada pelo **desmatamento**

reduz a biodiversidade protegida nas Unidades de Conservação

284

Referências

ALMEIDA, Rosângela Doin de. *Do desenho ao mapa*: iniciação cartográfica na escola. São Paulo: Contexto, 2010.

_____. *O espaço geográfico*: ensino e representação. São Paulo: Contexto, 2010.

_____. (Org.). *Cartografia escolar*. São Paulo: Contexto, 2010.

_____. (Org.). *Novos rumos da Cartografia escolar*: currículo, linguagem e tecnologia. São Paulo: Contexto, 2011.

ANGELO, Claudio. *O aquecimento global*. São Paulo: Publifolha, 2007.

ATLANTE Geografico Metodico de Agostini. Novara: Istituto Geografico De Agostini, 2007.

ATLAS geográfico escolar. Rio de Janeiro: IBGE, 2009.

_____. 7. ed. Rio de Janeiro: IBGE, 2016.

_____. Ensino Fundamental do 6º ao 9º ano. Rio de Janeiro: IBGE, 2013.

ATLAS nacional do Brasil Milton Santos. Rio de Janeiro: IBGE, 2010.

BERTOLINI, William Zanete; VALADÃO, Roberto Célio. A abordagem do relevo pela Geografia: uma análise a partir dos livros didáticos, 2009. *Terræ Didatica*. Disponível em: <www.ige.unicamp.br/terraedidatica/>. Acesso em: jun. 2018.

BRASIL. Ministério da Educação. *Base Nacional Comum Curricular*. Disponível em: <http://basenacionalcomum.mec.gov.br/abase/>. Acesso em: set. 2018.

BROTTON, Jerry. *Uma história do mundo em doze mapas*. Rio de Janeiro: Zahar, 2014.

CALDINI, Vera; ISOLA, Leda. *Atlas geográfico Saraiva*. São Paulo: Saraiva, 2013.

CARLOS, Ana Fani. *A cidade*. 8. ed. São Paulo: Contexto, 2009.

_____. (Org.). *A Geografia na sala de aula*. São Paulo: Contexto, 2010.

_____. *Novos caminhos da Geografia*. São Paulo: Contexto, 2002.

_____. *O lugar no/do mundo*. São Paulo: Labur Edições, 2007.

CASTELLAR, Sonia Maria Vanzella; CAVALCANTI, Lana de Souza; CALLAI, Helena Copetti (Org.). *Didática da Geografia*: aportes teóricos e metodológicos. São Paulo: Xamã, 2012.

_____. (Org.). *Educação geográfica*: teorias e práticas docentes. São Paulo: Contexto, 2010.

CASTRO, Iná (Org.). *Geografia*: conceitos e temas. Rio de Janeiro: Bertrand Brasil, 2010.

CASTROGIOVANNI, Antonio Carlos. *Geografia em sala de aula*: práticas e reflexões. Porto Alegre: UFRGSA--GB, 1999.

_____. (Org.). *Ensino de Geografia*: práticas e textualizações no cotidiano. Porto Alegre: Mediação, 2008.

CAVALCANTE, Lana de Souza. *O ensino de Geografia na escola*. Campinas: Papirus, 2012.

CHERNICOFF, Stanley et al. *Essentials of Geology*. Nova York: Worth Publishers, 1997.

COELHO, Ricardo Motta Pinto. *Gestão de recursos hídricos em tempos de crise*. Porto Alegre: Artmed, 2016.

CORREA, Roberto Lobato. *O espaço urbano*. 3. ed. São Paulo: Ática, 1995. (Série Princípios).

DAMIELI, Augusto et al. *O céu que nos envolve*. São Paulo: Odysseus, 2011.

DREW, David. *Processos interativos homem – meio ambiente*. Rio de Janeiro: Bertrand, 1989.

FARIS, Stephen. *Mudança climática*. Rio de Janeiro: Campus, 2009.

FERREIRA, Graça Maria Lemos. *Atlas geográfico*: espaço mundial. São Paulo: Moderna, 2013.

FRIEDMANN, Raul. *Fundamentos de orientação, cartografia e navegação terrestre*: um livro sobre GPS, bússolas e mapas para aventureiros radicais e moderados, civis e militares. Curitiba: Editora UTPR, 2008.

GANERI, Anita. *Vulcões violentos*. São Paulo: Melhoramentos, 2005.

HAWKING, Stephen. *Uma breve história do tempo*. São Paulo: Saraiva, 1988.

IBGE. Cidades. Disponível em: <https://cidades.ibge.gov.br/>. Acesso em: jun. 2018.

MARTINELLI, Marcello. *Atlas geográfico*: natureza e espaço da sociedade. São Paulo: Editora do Brasil, 2012.

MOREIRA, Marco Antonio. *Mapas conceituais e aprendizagem significativa*. Disponível em: <https://www.if.ufrgs.br/~moreira/mapasport.pdf>. Acesso em: jun. 2018.

NOVO atlas geográfico do estudante. São Paulo: FTD, 2008.

POPP, José Henrique. *Geologia geral*. Rio de Janeiro: LTC, 2013.

PRESS, Frank et al. *Para entender a Terra*. 4. ed. Porto Alegre: Bookman, 2006.

PROGRAMA Antártico Brasileiro (Proantar). *Histórico*. Disponível em: <www.mma.gov.br/biodiversidade/biodiversidade-aquatica/programa-antartico-brasileiro>. Acesso em: jun. 2018.

REGO, Nelson. *Geografia*. Práticas pedagógicas para o Ensino Médio. Porto Alegre: Artmed, 2007.

RODRIGUES, Sabrina Coelho; SIMÕES, Marcello Guimarães. *Livro digital de Paleontologia*: Paleontologia na sala de aula. Disponível em: <www.paleontologianasaladeaula.com/>. Acesso em: jun. 2018.

ROSA, André Henrique; FRACETO, Leonardo Fernandes; MOSCHINI-CARLOS, Viviane (Org.). *Meio ambiente e sustentabilidade*. Porto Alegre: Bookman, 2012.

SANTOS, Milton. *Metamorfoses do espaço habitado*. São Paulo: Hucitec, 1988.

_____. *A natureza do espaço*. São Paulo: Edusp, 2008.

SIMIELLI, Maria Elena. *Geoatlas*. São Paulo: Ática, 2012.

SOS Mata Atlântica. *Atlas da Mata Atlântica*. Disponível em: <www.sosma.org.br/projeto/atlas-da-mata-atlantica/>. Acesso em: jun. 2018.

STADEN, Hans. *Primeiros registros escritos e ilustrados sobre o Brasil e seus habitantes*. São Paulo: Terceiro Nome, 1999.

TEMPO & CLIMA. Rio de Janeiro: Abril Livros, 1995. (Coleção Ciência & Natureza).

TEMPO & ESPAÇO. 4. ed. Rio de Janeiro: Instituto Ciência Hoje, 2003. v. 7. (Ciência Hoje na Escola).

TUNDISI, José Galizia. *Recursos hídricos no século XXI*. São Paulo: Oficina de Textos, 2011.

WHATELY, Marussia. *O século da escassez*. São Paulo: Claro Enigma, 2016.